The Evolution of
Financial Institution
in British

中外经济比较研究

英国金融组织变迁

马金华 ◎ 著

社会科学文献出版社
SOCIAL SCIENCES ACADEMIC PRESS (CHINA)

"中外经济比较研究"丛书总序

  "文革"后，中央财经大学的经济史研究一直在进行，仅因专职人员调离学校受到过一定的影响。进入 21 世纪以来，随着经济系，特别是经济学院的建立，经济史学科受到校、院各级领导的高度重视，学校开始有意识地加强经济史学科人员的培养。随着中央财经大学理论经济学被确立为国家一级学科，经济史博士点很快成立。为此，经济学院专门设立了经济史研究中心和中外经济比较研究中心。在此基础上，经济学院在 2014 年专门设立了经济史学系，目前有 8 人专职从事经济史的研究；若加上分布在金融学院、财政税务学院、财经研究院、马克思主义学院等从事经济史研究的同仁，已达 20 人，初步形成了一个知识结构完整、老中青结合的经济史学科团队。

  自 2014 年以来，以经济学院经济史学系为主体的研究团队，立足学科前沿，以全球化的视野，初步建立了三个学术研究与交流平台：一是设立"经济史与制度经济学"论坛，邀请国内外著名经济史学者来校做讲座，如陈争平、武力、萧国亮、贺耀敏、魏明孔等；二是举办以经济史为主题的学术研讨会，如 2015 年举办了"清朝以来中外金融制度变迁学术研讨会";三是开办双周论坛,邀请国内外中青年经济史学者来校开展以论文交流为主的学术活动,促进了经济史学科的发展。

为了促进经济史学科的发展和研究水平的提升,中央财经大学科研处在经过多方论证后,确定了以中外经济比较研究为主题的史学研究系列丛书的写作。本套丛书由我负责,计划出九本:兰日旭的《中外金融组织变迁:基于市场-技术-组织视角》,路乾的《美国银行业开放史:从权利限制到权利开放》,徐华的《从传统到现代:中国信贷风控的制度与文化》,伏霖的《经济转型与金融制度变迁:日本经验的中国镜鉴》,孙菁蔚的《欧洲金融组织演化史》,孙建华的《近代日本在华交易所(1906~1945年)》,肖翔的《中苏(俄)银行体制演变史:从"大一统"到市场化》,马金华的《英国金融组织变迁》,徐华、徐学慎的《中国企业的资本结构、公司治理和文化基因》。

在这些研究的基础上,我们致力于打造具有中央财经大学特色的经济史学术研究平台,将经济史学科建设得更好。

兰日旭

2016 年 6 月

前　言

　　英国在西方发达国家中是最先发展资本主义的国家，也是工业革命和原始积累的典型，早在 19 世纪，英国就享有"世界工厂"之称。英国金融业已有 600 多年的发展史，伦敦城也以"世界的银行"之名而饮誉国际金融业。在世界银行业发展史上，英国占有极其重要的地位，它具有丰富的内容和悠久的历史传统，具备了世界银行体制发展的一切特征，并且最终以独特的"自然构造方式"，深深地影响了世界银行制度的发展。英国在金融领域创造和积累了丰富的经验，形成了极其复杂、完善、多样化的金融组织体系，为众多的国家所效仿。英格兰银行是最早的资本主义商业银行，它由一家私营商业银行逐步发展成为中央银行，在这一过程中，建立了一整套规范而又有效的管理制度。英格兰银行形成的三大职能，即发行的银行、政府的银行和银行的银行，也成为西方各国建立中央银行制度的一种传统模式。不仅如此，除英格兰银行外，英国的其他银行金融机构和非银行金融机构、政策性金融组织和互联网金融组织的发展模式在全世界也较为典型，并且具有一套完整的行之有效的金融监管体系和制度，其金融管理机构集中，银行设置为分支行制，金融市场管理严格且很发达，成为许多国家模仿的传统模式，也给我国金融组织体系管理运营带来许多借鉴和思考。

本书以金融机构为主线，从不同方面论述了英国金融组织的变迁。第一章综述了英国金融组织体系的基本机构、分类演变和体系特点。第二章阐释了英国银行业的起源与发展，从早期的金匠商人到今天银行的混业经营模式。第三章集中论述了英格兰银行产生和发展的艰难历程。第四章和第五章分别介绍了除英格兰银行之外的英国银行金融机构和非银行金融机构情况。第六章和第七章介绍了近年来英国政策性金融组织和互联网金融组织发展概况。第八章分析了英国银行业从早期非正式监管到法定监管体系确立再到全方位监管模式的发展，揭示了未来英国金融监管体系的改革方向。第九章分析了英国金融组织变迁的启示和借鉴。

在本书的撰写过程中，充分吸收了近年来英国金融史的科研成果，在此，向金融史学前辈和各位同仁表示诚挚的谢意。中央财经大学经济学院的兰日旭教授、孙菁蔚副教授提供了很好的写作建议和素材帮助。中央财经大学财政税务学院王朝芳、刘锐、薛迪参与了全书资料翻译和文字整理工作。社会科学文献出版社经管分社陈凤玲为本书的出版可谓不遗余力，对此，一并深表谢忱。由于作者才疏学浅，水平有限，错误和不足之处在所难免，敬请广大读者指正。

目　录

第一章
英国金融组织体系

英国金融组织体系是指由英国国家法律形式确定的银行和非银行金融机构，以及各类金融机构在整个金融体系中的地位、职能和相互关系。

第一节　英国金融组织体系基本结构

英国金融业发展至今，其金融组织体系大体有六种组织，它们各自有不同的地位、职能。

一　英格兰银行

英格兰银行成立于 1694 年，最初是一家私人银行，后来逐渐演变成典型的现代中央银行，专门负责执行政府的货币政策，并监控金融市场。英格兰银行与英国财政部是两个各自独立的机构，各有各的职权，但在执行金融政策时又是互相配合的。

二　零售性银行

过去被称为一级银行，现在是指那些在英国国内设有广泛分支机构，或直接参加英国清算体系的银行，主要从事货币传递业务，为社会提供支付机制。主要有清算银行（即商业银行，又称存款银行）、英格兰银行银行部、国民划拨银行、信托储蓄银行、贴现行等。

三　批发性银行

曾被称为二级银行，以经营外国货币为主的批发性银行是在二战以后，由于以美元和黄金为基础的国际货币体系的建立，资本的国际流动加剧，欧洲货币市场形成以后出现的主要从事中介业务、大额存款、长期信贷和国际业务的银行。到目前为止，由承兑行（又称商人银行）、英国海外银行、外国银行和国际银行财团所构成的批发性银行已迅速发展成为英国金融机构的重要力量。

四　非银行金融机构

非银行金融机构主要有证券经纪公司、保险公司（包括人寿保险和一般保险公司）和投资信托、联合信托、养老基金等，特征是不接受存款。这些非银行金融机构都是通过各种信用途径来筹集全社会的剩余资金，从而为工业、商业、金融业和政府部门的长期资金融通提供服务，以满足全社会各行业对货币资金的需求。

五　政策性金融机构

政策性金融机构主要有投资于公债的国民储蓄银行（由邮政储蓄银行演变而来）、互助性的非营利的房屋互助协会、英国农业支付署、出口信贷担保署和中小企业管理局等。它们可以吸收存款。

六 互联网金融组织

自 2008 年国际金融危机以来，英国银行业进入相对收缩的状态，这为互联网金融等替代融资渠道的发展带来了机遇。在当前互联网技术和产业渗透至各个经济部门的背景下，英国也成为首批金融业与互联网产业融合发展最早的国家之一。英国的互联网金融模式主要有：P2P 商业贷、P2P 消费贷、P2P 商业贷（房地产）、票据融资、股权型众筹、股权型众筹（房地产）、社区股份、回报型众筹、养老金融资、捐赠型众筹、债务型证券化产品等。

第二节 英国金融机构分类演变

在过去很长一段时间里，英国金融业的分类以其职能为根据，即按各类金融机构所经营的业务性质，划分为银行与非银行两类金融机构。这类划分是有积极意义的，因为银行是最早最重要的金融中介，长期单独充当交换媒介和支付手段，这样分类可以突出其重要性。对金融业进行适当分类，能反映其结构间的变化，但对金融业严格分类很困难，因为各类金融机构的业务常常随经济发展而变化，同时因竞争加剧，彼此间业务交叉更为常见。而且非银行金融机构职能和发展很不平衡，其相对重要性也有很大变化。

英格兰银行对银行体系的名称和划分标准不断进行调整，做过多次修订。

《1979 年英格兰银行法》对接受存款的金融机构划分为承认银行和许可接受存款人。以后，英格兰银行主要为统计目的，将银行业机构归类为英国银行部门，包括伦敦清算银行、苏格兰清算银行、北爱尔兰银行、英格兰银行银行部、贴现行、国民划拨银行、承兑行（商人银行）、其他英国银行、海外银行和国际银行财团，这实际上取消了银行一级、二级之划分。其他金融机构有信托储蓄银行、国民储蓄银行。

1981 年 11 月，英格兰银行将信托储蓄银行和金融行扩大到银行金融机构范围内，并将原先的银行金融机构改称为英国货币部门，将其余的金融机构划归为非货币部门。当时，英国的货币部门包括清算银行、承兑行、贴现行、其他英国银行、海外银行、信托储蓄银行、国民划拨银行及其他认可接受存款机构；非货币部门主要包括房屋互助协会、国民储蓄银行、保险公司、养老基金、联合信托公司、投资信托公司等。

1983 年 9 月，英格兰银行对英国货币部门中的各类金融重新划分为零售性银行、批发性银行和其他金融机构。因此，当时英国的金融组织体系有五种地位、职能和关系。一是中央银行（英格兰银行），专门负责执行政府的货币政策，并监管和调控金融市场。二是零售性银行，过去被称为一级银行，当时是指那些在英国国内设有广泛分支机构，或直接参加英国清算系统的银行，主要有清算银行、英格兰银行银行部、国民划拨银行、信托储蓄银行等。三是批发性银行，曾被称为二级银行，主要指从事中介业务、大额存款、长期信贷和国际业务的银行，包括英国承兑行、海外银行、贴现行等；四是其他非银行金融机构，主要有证券经纪公司、保险公司和投资银行等。五是政府性金融机构，主要有投资于公债的国民储蓄银行、互助性的非营利的房屋互助协会等。

进入 80 年代以后，随着金融创新产品的不断涌现，非银行金融机构与银行金融机构经营业务相互渗透加剧，国际金融业竞争日趋激烈，英国政府逐步放松了对金融机构的管制，英格兰银行的业务范围不断扩大，而以伦敦交易所 1986 年"大地震"为代表的重大改革举措实质上导致了银行业与证券业的混业经营。《1987 年英格兰银行法》取消了对银行的两级划分和其他有关接受存款、业务范围和银行称谓等诸多限制，统一由英格兰银行发给牌照的称为"获准机构"，改两级认可制为单一认可制；所有接受存款的机构都被归入"授权机构"。1989 年 7 月，英格兰银行决定将金融机构划分为银行和其他金融机构两大类，即将原先的货币部门改为英国的银行，而非货币部门则被称为其他金融机构。根据这一分类法，英国的银行主要包括零售性银行（主要有清算银行、英格兰银行银行部、国民划拨银行、信托储蓄银行）和其他银行（主要包括承兑行、贴现行、海外银行、国际银行财团）。其他金融机构主要包括接受存款的房屋互助协会、金融行和非接受存款的保险公司、养老基金、投资信托公司等，还有公营金融机构国民储蓄银行。截至 1992 年 2 月，英格兰银行发给牌照的"获准机构"共有518 家，其中零售性银行 22 家、承兑行 26 家、其他英国银行118 家、外资银行 209 家和外国银行在英国的分行 217 家、贴现行 8 家。此外，由于税务等原因，许多银行在英法海峡间的英国属地海峡群岛开设附属机构。这些机构不受英政府或英格兰银行管辖，但业务又和英国本土紧紧相连，故也被计入在英国活动的银行同业中。

英格兰银行 1992 年又修订了金融机构的分类，根据交易量大小划分金融机构，制定业务分工的准则，零售性银行业务与批发性银行业务相分离；管理全国支付体系、发挥商业银行作用的零售性银行与以承兑行这种传统金融机构为代表的批发性银行并存。英国的金融机构分为银行金融机构和非银行金融机构两大类（见图 1-1），银行金融机构又可分为零售性银行、批发性银行。零售性银行主要包括巴克莱银行、国民西敏寺银行、劳埃德银行等清算银行，北爱尔兰银行，英格兰银行银行部，国民划拨银行，信托储蓄银行，贴现行及较小的地方银行；批发性银行主要包括承兑行（商人银行）、外国银行及财团银行等。非银行金融机构包括接受存款的房屋互助协会、金融行、国民储蓄银行（由邮政储蓄银行演变而来）和不接受存款的保险公司（包括人寿保险公司和一般保险公司）、养老金基金、联合信托公司、投资信托公司等其他金融机构。上述分类方法一直延续至今。

进入 90 年代以来，英国各金融机构业务日益交叉重叠，银行业、证券业、保险业之间不再存在明晰的分离界限，百货公司式的金融中介机构日益膨胀。零售性银行和批发性银行之间的界限逐步缩小。近年来特别是进入 21 世纪以来，零售性银行批发性业务不断增加，而所吸收的活期存款在其总负债中的比重日趋下降，互联网金融组织和政策性金融组织蓬勃兴起。

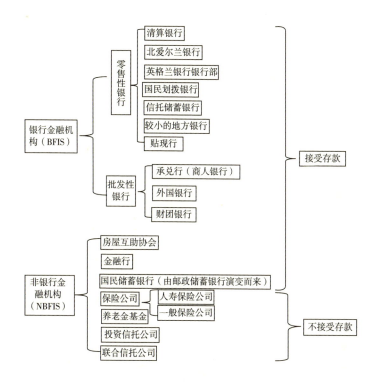

图 1-1 1992 年英国金融组织体系

第三节 英国金融组织体系的特点

英国的金融组织发展最早，没有成熟的经验可以借鉴。因此，在不断探索的过程中逐渐形成了独特的银行制度，主要表现为分行制和专业化。18 世纪 50 年代，以国债制度的建立为核心，以英格兰银行为代表的银行网络体系，以伦敦证券交易所的早期发展为基本内容的英国近代金融体系已具雏形，是英国率先迈入工业化大门至关重要的因素。

一 最典型的中央银行制度

英国中央银行产生最早，独立性较强，是最典型的中央银行制度，成为世界其他国家中央银行所采纳和模仿的传统模式。

英国是现代银行体制的发源地。1694 年，根据苏格兰人皮特逊的计划建立的英格兰银行是世界上最早产生的（瑞典第一国家银行除外）、一直发展至今的第一个私人股份制商业银行；同时，在国家政权的支持下，逐渐由具有发行货币、代理国库而又经营一般商业银行业务的兼营式中央银行，演变为高度专业的现代中央银行的典型；它还是世界上独占货币发行权最早的股份制中央银行。《1946 年英格兰银行法》使英格兰银行正式成为中央银行，该法有效地使英格兰银行国有化了。在该法颁布之前，英格兰银行自 1694 年成立后一直行使着中央银行的职能，却以一家私营企业身份运营。《1946 年英格兰银行法》从法律上确立了英格兰银行从属于英国财政部的地位，这种状况直到 1997 年才得到改变。英格兰银行的产生和发展历史年久资深，影响广泛，结构复杂，在其数百年的发展过程中，已形成较为完善的中央银行制度。从某种意义上讲，英国银行体制产生发展的历史，也是近代世界银行体制发展的历史。

二 高度集中的分支银行制

英国是总行-分支行制度的主要代表国家之一。在三百多年

的现代银行发展史中，英国形成了完善的分支行制度模式，主要
商业银行的分支行遍布国内外，在银行体系中起着重要的作用。
最初，英格兰典型的银行是私人银行，即由一个人独自或少数人
合伙经营的银行。它们一般规模很小，大多只在当地乡镇经营。
后来，越来越多的私人银行和合股银行合并，形成了仅存的几家
大银行。通过在各地设立分支机构来控制全国大部分金融业务，
逐渐形成了西方商业银行的典型模式——高度集中的分支银行
制。因此，所谓英国模式最突出的是分支银行制，如伦敦清算银
行各总行设在伦敦，分支行遍布全国各地。分支银行制的形成可
以说是由英国银行早期发展的两个趋势推动的，即合股银行的发
展造成了私人银行的衰退以及银行合并，结果是银行家数不断减
少，而分行家数急剧增加。同时，银行的合并运动更有力地推进
了分支银行制的发展。银行的合并不仅表现为早期股份制银行吞
并私人银行，使其成为自己的分行，而且股份制银行之间也有吞
并与收购发生，最终生存下来的银行分行规模大增，银行数量不
断减少而分支行数量急剧增加。到1921年时，最大的一家伦敦清
算银行经营着7500个以上分支行，其中"五大行"垄断着全局。
清算银行系统，包括伦敦清算银行、苏格兰清算银行和北爱尔兰
银行有13500个分支行，单伦敦清算银行就有12000个分支行。
分支银行制有其独特的优势：银行分支行机构众多，有利于最大
限度地吸收存款，为客户提供便利的服务，有利于各银行之间的
业务竞争；机构可以随着业务发展的状况适时增减，设置灵活，
有利于获得规模经济效益；可以分散风险，保障银行的安全运营
和稳定发展。内部分工明确，可以向客户提供更专业的服务，提

高银行自身的效益；系统内部实行层层控制，有利于金融监管部门对银行业的管理。

三　自然、直接、充分的银行集中垄断

自然的、直接的银行集中垄断是英国银行业的一个主要特征。生产高度集中垄断的历史趋势推动英国银行业形成了较高程度的集中垄断。银行集中垄断在很大程度上是市场机制作用的必然结果，英国政府对此既不阻挠也不鼓励，是随着商品经济发展的不同阶段，通过竞争和淘汰，经由改组、合并和兼并而实现的。其突出特点是股份制存款银行吞并私人独资和合股银行，伦敦大银行吞并地方性小银行，从而使少数大银行垄断全国金融市场。

伦敦清算银行通过不断合并，到 20 世纪 50 年代中期已形成五大行六小行的局面，1986 年开始经过新的大合并浪潮以后，又形成四大行二小行的局面，实际上是四大行的垄断局面。苏格兰清算银行没有卷入 20 世纪初银行大合并的浪潮，20 世纪 40 年代末银行数仍维持 8 家，但 50 年代和 60 年代也两度发生合并和再合并，只剩下 3 家。其实，在清算银行系统，四大行不仅控制着伦敦清算银行，而且控制着苏格兰清算银行和北爱尔兰银行。六家伦敦清算银行、三家苏格兰清算银行和两家北爱尔兰银行都各与四大行之一有联系，或其子银行便是其联系银行的成员之一，足以看出银行高度集中垄断的局面。图 1-2 是伦敦清算银行的合并历程，图 1-3 是苏格兰清算银行的合并历程，表 1-1 是四大行的高度垄断表现。

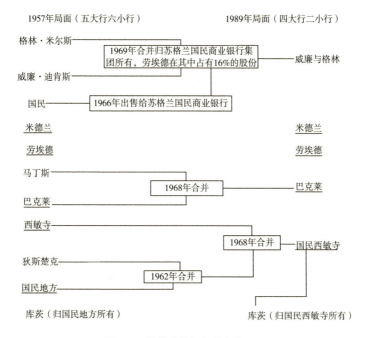

图 1-2 伦敦清算银行的合并历程

注：银行行名下有横线者为五大行或四大行。

资料来源：转引自陈国庆：《英国金融体系的特征和新发展》（下），《南开经济研究》1990 年第 4 期，第 10 页。

除清算银行由四大行垄断外，英国共有 31 家大银行被列入《银行家》所编的 1988 年"世界 1000 家银行"，这 31 家大银行有英格兰银行认定的八家最大银行，其总资产合计占这些大银行总资产的 85%，利润合计占 93%，这又从经营和效益上反映出银行集中化形成的高度垄断。[①] 表 1-2 是 1988 年英国八家最大的银行。

---

① 陈国庆：《英国金融体系的特征和新发展》（下），《南开经济研究》1990 年第 4 期，第 10~12 页。

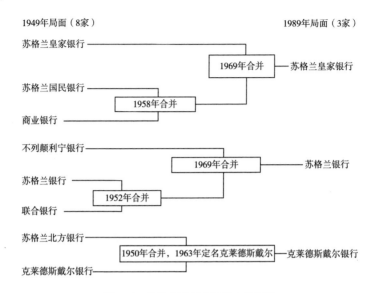

图 1-3 苏格兰清算银行的合并历程

资料来源：转引自陈国庆：《英国金融体系的特征和新发展》（下），《南开经济研究》1990 年第 4 期，第 11 页。

表 1-1 四大行的高度垄断

四大行	伦敦清算银行	苏格兰清算银行	北爱尔兰银行
巴克莱	巴克莱银行	苏格兰银行（联）	
国民西敏寺	国民西敏寺银行 库茨银行（子）		厄尔斯特银行（子）
米德兰	米德兰银行	克莱德斯戴尔银行（子）	北方银行（子）
劳埃德	劳埃德银行 威廉与格林银行（联）	苏格兰皇家银行（联）	

注：联：联系银行；子：子银行。

资料来源：V·默罗：《世界银行手册》，1986，第 321 页；J·L·汉森：《货币理论与实践》，陈国庆译，1988，第 66 页。转引自陈国庆：《英国金融体系的特征和新发展》（下），《南开经济研究》1990 年第 4 期，第 11 页。

表 1-2　1988 年英国八家最大的银行

单位：百万美元

银行名	在英国银行中名次	在 1988 年"世界 1000 家银行"中名次*	按总资产排列在 1000 家中名次	资本	总资产	利润	职工人数
国民西敏寺	1	1	17	10907	178505	2546	111000
巴克莱	2	2	14	10545	139368	2517	118410
劳埃德	3	18	40	5867	93800	1723	75100
米德兰	4	21	37	5499	100849	1254	59093
信托储蓄银行集团	5	47	108	3364	40078	748	42243
标准麦加利	6	85	99	2166	42874	567	30796
苏格兰皇家银行	7	86	120	2152	36508	521	22584
苏格兰银行	8	121	156	1446	24483	311	14333

*按资本顺序排列。

资料来源：《世界 1000 家银行》，《银行家》1989 年 7 月号。转引自陈国庆：《英国金融体系的特征和新发展》（下），《南开经济研究》1990 年第 4 期，第 12 页。

四　专业化的商业银行制

英国金融银行的另一表现是专业化，英国的商业银行、储蓄银行和投资银行业务严格区分开来，形成了专业化的商业银行制度。这种专业化又推广到其他金融中介。因为受真实票据理论的影响，传统上的清算银行（英国的商业银行）一直以主要发放短期贷款为经营原则，对企业只能做短期融通（主要是所谓的自动清偿贷款），而不能做长期放款。它们统治着短期存贷市场和支付系统，直到 20 世纪初，还极少通过购买公司股票和债券等形式对工商业进行直接投资。而为企业进行长期融资是其他专业机构的职能，因此，当长期资金需求增大时，英国设立了许多新的专业机构。如 1928 年设立的农业抵押公司；1945年设立的工业金融公司和工商业金融公司，后来二者合并组成产业金融公司，并附设专门为高技术融资的部门；1977 年设立的产业股份资本公司，专门为股票未上市的公司以及已经上市的小公司筹集股本。

对个人的金融服务一样具有专业化的特点。商业银行忽视了小额储蓄，无法满足个人对金融服务的需求，因此，需要各种储蓄银行为家庭提供专门服务。清算银行不经营住房抵押贷款，也不经营养老金保险，由各类储蓄银行专门为其服务；随后专业化又推广到经营消费信贷的金融行、专门承兑贸易票据的承兑行（商人银行），以及专门提供住房抵押贷款的房屋互助协会、专门从事人寿保险的保险公司与养老金基金；后来又出现投资信托公司和联合信托公司。它们各有专门法规——如信托储蓄银行法、友谊社法、房屋互助协会法等，得到政府的鼓励，比较快地发展起来，同时它们分属各种不同的协会或联合会，遵守不同会章的约束。

五　由自我监管到银行监管

英国的金融监管比较有特色。英国的金融制度比较健全，金融机构都很注重自己的声誉。与之相反的是，英国的金融监管法律并不健全，长期以来英国甚至缺乏一套完整正规的金融监管法律，并且金融监管机构也很少对金融机构进行定期的现场检查，发现了问题它们一般也是通过"道义劝说"的方式来加以纠正。在世界各国中，英国是银行法规最少、管理最为宽松而又保持银行体制相当稳定和高效率的国家。英国的金融制度缺乏立法性，往往依赖在长期的实践中形成的传统惯例和习惯性原则来约束和指导各金融机构的行为。英国金融管理当局和金融机构之间的关系也十分特殊，金融管理当局在金融监管上没有一整套正规的监管制度，往往通过"道义劝告"和"君子协定"这些典型的英国原则来进行监督和调节。监督管理工作仅限于向各银行索取资料，提出建议和劝告，在自我约束的基础上完成。《1946 年英格兰银行法》虽规定了金融监管的一些具体措施，但很长时间内这些措施并未真正实施过。在英国银行业中，监督和被监督双方的相互理解、信任和合作比法律条文规定更为重要。此外，双方对金融业务共性和彼此相互影响依赖的整体性有深刻认识，这是以自我约束为特征的监督管理制度的基础。

20 世纪 70~80 年代，英国银行业发生了两次比较大的危机，促使英国金融监管逐步走向法制化、正规化的道路，先后颁布了《1979 年英格兰银行法》和《1987 年英格兰银行法》，实行分业监管体制，涉及英格兰银行、财政部、证券与投资管理局、贸易工业部等政府部门，主要有 9 家监管机构。尽管法制化程度不断加深，但法律赋予金融监管机构广泛的自决权，因而监管体制仍然是监管与自律相结合，自律的作用非常明显。自 20 世纪 80 年代以来，以新型化、多样化、电子化为特征的金融创新改变了英国传统的金融运作模式，发生在银行业、保险业、证券投资业之间的业务彼此渗透，使英国金融业多元化混业经营的趋势加强，英国金融监管也走向"混业模式"。《2000 年金融服务与市场法》（FSMA）的颁布，将对金融服务业进行直接监管的机构由原先的多家变为一家，成立了金融行业唯一的监管局——金融服务监管局（FSA），金融服务监管局的成立在一定程度上表明英国开始对金融机构和金融市场进行强有力的监管。

六　英国的金融业高度国际化、全球化

伦敦是西方最早和非常重要的国际金融中心。由于英国金融业早期管理偏松，其他金融机构发展速度很快，大量外资流入使得英国金融业外币业务比重增长。大量的外国金融机构在伦敦设立了分支机构。随着金融中介的竞争日益激烈，商业银行之间的区别开始模糊，业务经营方式由专业化向混业化、全能化转变。银行业务国际化程度高，伦敦一直是世界重要的国际金融中心，有大量的外国银行；同时，英国银行也开辟了广阔的海外市场，汇丰银行、巴克莱银行等的国际业务占有很大份额，并且在海外有广大的分行网。20 世纪 60 年代中叶以后，在伦敦设立机构的外国银行数目直线上升。1960 年，在伦敦设立直接代表机构（即设立分行、子公司和代表处）的外国银行不到 80 家，没有间接

代表（即由其他银行或联合企业或国际银行财团代表的）。1985年，直接代表机构增加到 399 个，间接代表 64 个，共 463 个。1989 年合计数字又增加到 521 个，代表 515 家外国银行与准银行机构，其中分行 256 个，子公司 68 个，代表处 177 个，国际银行财团 20 个。从 1975 年起，外国银行在英国的业务活动就占据优势。1989 年底，全英银行总资产为 12342 亿英镑，其中外国银行为 7300 亿英镑，占 59%；全英银行总存款为 11361 亿英镑，其中海外银行为 7119.6 亿英镑，占 63%；总贷款为 7717 亿英镑，其中海外银行为 5958 亿英镑，占 77%。[①] 由表 1-3 可知，早在 20 世纪 80 年代，英镑以外的其他通货存款总额已经超过英镑存款总额，外国银行存贷款业务已经成为英国金融业务的主要组成部分。

表 1-3　1983~1989 年英国银行、海外银行、国际银行财团存款数额

单位：百万英镑

年份	全英银行	零售性银行	英国承兑行	其他英国银行	海外银行			国际银行财团
					美国	日本	其他	
英镑存款								
1983	156755	88921	8415	26634	8418	4806	17918	1642
1984	180119	96574	9800	29066	10896	8321	23753	1709
1985	108572	109859	11358	32353	12461	10499	30170	1873
1986	253557	131261	14609	37060	13183	14215	40910	2319

---

① 刘振芳：《英国金融机构的国际化》，《欧洲》1994 年第 6 期，第 37 页。

续表

年份	全英银行	零售性银行	英国承兑行	其他英国银行	海外银行			国际银行财团
					美国	日本	其他	
1987	304220	157718	18863	39277	13978	17777	56607	2318
1988	368952	191286	24131	41306	14474	26904	70850	—
1989	469461	266422	28916	38524	17338	33315	84946	—
其他通货存款								
1983	439302	30412	12604	45909	93532	118039	124923	13883
1984	534136	34219	13663	52258	102945	158658	156196	16197
1985	499530	42301	12054	34099	83886	166435	147444	13312
1986	591173	50535	13372	28060	82949	226318	176536	13404
1987	543860	42812	12786	24832	76315	205622	181493	12722
1988	568204	43242	13276	21402	78984	216649	194651	—
1989	666669	63482	15623	11203	96826	246342	233193	—

资料来源：有关各期《英格兰银行季度公报》。

七 银行业务交叉向综合化、集团化、电子化发展

随着竞争的加剧，欧洲货币市场的产生引起外国通货业务的激增，平行货币市场出现并很快超过传统的贴现市场，大批外国银行涌进伦敦。清算银行不得不从传统的专业化经营向业务多样化综合性经营发展。清算银行先是打破传统的短贷市场和支付系统，开展多样化的银行业务，接着与金融行联合，参加消费信贷，主要的银行各自获得一家金融行作为独家所有的子公司。随

着对金融业的管制放松、允许各类金融机构进入其非传统的活动领域，英国金融业务进一步交叉，形成没有业务界限、无所不包的金融集团。这样清算银行又经营承兑行业务、发行信用卡、经营单位信托、开办保险经纪公司等，以至于长期垄断住房抵押贷款的房屋互助协会等也开始被大银行收购兼并，如米德兰银行收购托马斯·库克集团这个著名的旅行支票发行公司，劳埃德银行收购经营房地产经纪的黑马经纪公司。1986 年证券交易所大改革后，放宽对会员资格的限制，银行又纷纷收购证券中间商或经纪人行号。英格兰银行甚至允许清算银行在贴现行参股。英国的四大行都发展成为集团，集团的子公司与联系公司遍布全球。表 1-4、表 1-5 和表 1-6 分别是劳埃德集团、巴克莱集团、米德兰集团在国内国外的子公司与联系公司和主要业务情况。

表 1-4　劳埃德集团国内子公司及联系公司和主要业务情况

公司名称	主要业务
子公司：	
黑马经纪公司	房地产经纪、调查及迁址服务
黑马人寿保险公司	与单位信托联系的人寿保险和普通人寿保险
国际代理公司	信用代理
亚历克斯·劳里代理公司	信用代理
劳埃德及苏格兰人公司	消费信贷、租赁及信用代理
劳埃德联合航空租赁公司	飞机及有关设备的租赁
劳埃德银行出口金融公司	出口金融
劳埃德银行保险服务公司	保险经纪和保险掮客

公司名称	主要业务
劳埃德银行（LABCO）公司	金融期货经营与清算
劳埃德银行单位信托管理公司	单位信托管理
劳埃德消费信用公司	消费信贷及租赁
劳埃德租赁公司	金融租赁
佩格苏斯持股公司	对未挂牌公司资本投资
劳埃德银行金融（男人岛）公司	定期存款与放款
劳埃德银行金融（泽西）公司	定期存款与放款
劳埃德银行国际（格恩西）公司	投资、银行及金融服务
劳埃德银行信托（海峡群岛）公司	投资、信托及纳税服务
联系公司：	
银行家自动清算服务公司（24%）	自动货币传递服务
国际商品清算所持股公司（22%）	伦敦商品与期货市场的清算与保证
工业投资人集团（14%）	工业金融
联合信用卡公司（30%）	经营 Access 信用卡
旅行支票联合公司（36%）	全世界范围的英镑旅行支票
约克郡银行（20%）	银行及金融服务

注：括号内数字为参股百分数。

表 1-5　巴克莱集团国内外公司及主要业务情况

机构名称	主要业务
国内：	
巴克莱银行	在英格兰、苏格兰、威尔士、海峡群岛和男人岛有约 2900 个分行，经营国内银行业
巴克莱卡	

续表

机构名称	主要业务
巴克莱承兑行	法人咨询、公司创立筹资、资本发行、国际证券、承兑、中期贷款等
巴克莱开发资本公司	开发及资本更新、管理与雇员收买
商业信用公司	有 100 多家分公司
高地租赁公司	租赁、租购、分期付款
巴克莱银行信托公司	信托管理、个人投资管理、个人纳税及金融计划、养老金
巴克莱投资管理公司	法人投资管理
巴克莱房地产投资管理公司	房地产投资及管理
巴克莱单位信托及保险公司，下属：	
巴克莱单位信托管理公司	管理英国及海外单位信托
巴克莱人寿保险公司	与单位信托相关的人寿保险和养老金
巴克莱保险服务公司	保险经纪与咨询
巴克莱国际保险经纪人公司	全世界范围内保险经纪与咨询
巴克莱银行金融公司（分设在泽西、格恩西和男人岛）	英镑与国外通货存款的承兑
股票登记与发行	为公司及地方机关登记与发行股票
巴克莱期货公司	金融期货的经纪与研究
海外：	
在约 80 个国家有子公司和联系公司	约有 2400 个分公司

表 1-6　米德兰集团国内外公司情况

英国国内	海外
米德兰银行信托公司	联合米德兰公司（澳大利亚）
米德兰银行工业股份持股公司	汉德尔斯菲兰兹米德兰银行（瑞士）
米德兰银行集团国际贸易服务公司	米德兰（加拿大）银行特林考斯与伯格哈特公司（西德）
前进信托集团	米德兰（新加坡）银行（新加坡）
克莱德斯戴尔银行	米德兰金融（香港）公司（香港）
米德兰集团保险经纪人公司	米德兰 SA 银行（法国）
北方银行	—
萨缪尔·蒙塔古公司	—
托马斯·库克集团	—

资料来源：张忠如：《英国金融》，中央编译出版社，1996。

　　除了原来的清算银行之外，20 世纪 80~90 年代及以后，英国新进入零售性银行市场的竞争者主要有以下几种类型：一是房屋互助协会，如阿倍国民、哈利法克斯等规模较大者往往拥有相当庞大的资产规模及分支网络，并且其经营实力也不在传统的清算银行之下。二是一些实力雄厚的大型工商集团，如经营范围涉及航空、广播、音像、饮料等行业的英国维京集团（Virgin）在 1995 年便开始提供低息个人住房抵押贷款。此外如塞恩斯伯里的特易购（Tesco）、玛莎百货（Marks & Spencer）等大型超市集团也纷纷在集团下设置专门的银行部门，利用其广泛的连锁网络及品牌效应进入零售性银行市场，为消费者提供范围有限但定位明确的零售金融业务。三是英国国内的保险公司从 20 世纪 90 年代之后也越来越多地涉足零售性银行业务。自 1994 年明珠保险公司成为首家获准正式经营银行业务的保险公司之后，英国的普天寿、标准寿险等许多大型保险公司均已开设了存款及个人抵押贷款等业务，并在短时间内得到迅速发展，成为英国零售性银行市场上的后起之秀。

20 世纪 80 年代之后，各类机构的业务日益相互渗透，彼此间界限日益模糊。其中主要从事传统存贷款业务的清算银行通过与其他金融机构的并购、合作或自行设立等方式越来越多地涉足保险、证券、资产管理等业务，逐渐向业务综合化、全能化的方向发展。如国民西敏寺银行建立了资本市场部，巴克莱银行拥有了承兑行 BZW，米德兰银行合并了承兑行蒙塔古等。这种银行业务综合化的发展趋势，一方面壮大了清算银行的综合实力，另一方面则使得英国本土的专业承兑行面临着日益狭小的生存和发展空间，即有的评论者指出的"英国承兑行的衰落"。与此同时，面对信息技术的飞速发展和日益强大的竞争压力，英国银行业应用先进的电子、通信技术，以更新的银行经营方式提高服务效率；同时，在英国的银行数量明显下降、平均资产规模有所提高，从而增强了英国银行业的国际竞争力。

总之，英国银行业有着悠久的历史和优良传统，使它拥有全球同行最高的声誉和相当大的稳定性。它有着出色的经营管理技巧和灵活准确的资产负债调配及运营，同时，也有着出色的服务、稳健的经营并对外负无限的责任，因此，经营稳健和信誉卓著是英国银行业成功的关键所在。作为老牌的资本主义国家，英国的银行体系是随着英国客观经济环境的实际需求以及在世界经济地位的壮大，一步步建立和完善起来的。因此，英国的银行制度呈现出渐进式的、自然构造式的特点，人为干预的因素很少。

第二章
英国银行业的起源与发展

　　金融业起源于公元前 2000 年巴比伦寺庙和公元前 6 世纪希腊寺庙的货币保管和收取利息的放款业务。公元前 5 世纪至公元前 3 世纪，雅典和罗马先后出现了银钱商和类似银行的商业机构。在欧洲，早期的银行首先出现于地中海沿岸的意大利，如 1171 年设立的威尼斯银行、1407 年成立的热那亚银行。早期的银行大多数是私人性质的银行，私人银行往往被高利息诱惑，把钱贷给经常延期拒付的王室或者不可靠的商人，而王室往往延期甚至拒绝偿还。这造成工商业贷款需求得不到满足，借贷规模也受限。伴随着新大陆发现后航线的转移，欧洲商业中心逐渐从地中海沿岸一带转至大西洋沿岸。意大利的商业中心地位逐渐丧失，荷兰因其地理优势逐渐崛起，银行业也得到快速发展。与此同时，葡萄牙、西班牙、荷兰以及英国的一些港口城市地位逐渐突出，商业贸易随之繁荣兴盛，伴随而来的便是对银行业务的大量需求。银行也从意大利迅速传播至大西洋沿岸的国家及地区。像荷兰的安特卫普、阿姆斯特丹，英国的伦敦等，开始出现一些银行机构，较典型的如 1609 年成立的阿姆斯特丹银行。该银行是 17 世纪荷兰经济发展的重要支柱。后来英格兰银行的成立在很大程度上借鉴了阿姆斯特丹银行的一些金融技巧。[①]

第一节 从金匠商人到私人银行

最初，典型的英格兰银行是私人银行，即由一个人独自或少数人合伙经营的银行。它们一般规模很小，大多只在当地乡镇经营。私人银行的历史，比英格兰银行要悠久得多，甚至可追溯到都铎王朝和斯图亚特王朝时期。私人银行主要集中在伦敦。那个时候，在伦敦伦巴德街上，一些金匠、珠宝店铺开始经营资金保管业。金匠一开始是一些从事珠宝和金银器皿制造与销售的商人，起初，商人或市民将资金存入金匠店铺是为了获得安全保障，而店铺许诺可以随时支取，但不支付利息。金匠商人在亨利八世统治时期得到发展，"1545年允许收取利息的法令使金匠们又一次得到发展"。[②] 在英国纸币未流通前，商人们手中持有的是金属货币，携带、储存皆不方便，因此需要一个安全的钱币存放地点。一开始他们选择存放在伦敦塔，但国王不时染指金融，后来发生了伦敦塔资金被扣押事件。1640年查理一世因为财政枯竭通知铸币厂不许支付，强行从伦敦塔"借走"12万英镑，经激烈抗议始迟迟发还。伦敦塔，这个人们心目中安全的现金寄存地点被毁，从而为金匠商人们提供了又一次良好的发展时机，金匠

---

① 杨璇：《英格兰银行建立的原因探究》，吉林大学硕士学位论文，2012，第6~8页。

② 〔美〕查尔斯·金德尔伯格：《西欧金融史》，徐子健、何建雄、朱忠译，中国金融出版社，2010，第59页。

商人遂大规模地代人保管金银，还收取一定的保管费。当时还出现了一些票据，一开始只是给存户的收据，但后来为了存户方便，金匠商们开始把一张面值较大的收据转化为一张张面值较小的等额票据，这样就方便了商人们的商业支付。这些票据还可以转让，金匠商人可以在票据上背书，从背书上就能找到票据持有人的线索，这种做法使得借贷更安全可靠。后来金匠由于资金大量聚集，便发现他们只需手头留一小部分钱，余下的大部分便可以借出或者投资，于是逐渐涉足放款业务。他们一开始代人保管金银是要收取保管费的，后来他们开始从事贷款后，便开始给这些存款户支付一定的利息。当然，存款利息是大大低于贷款利息的，金匠商人们便从中渔利。至 17 世纪 70 年代金匠已经执行了银行的三种主要职能——收储存款、发放贷款和发行钞票，由此逐渐演变成为金匠银行家（Gold-smith Bankers）。1672 年，查理二世再次犯规，让财政部汇票赎回暂停，英国国王的信用降到谷底，与此同时，金匠店铺充分利用政府信用低落期，以提供利息为诱饵，争取存款大赚利息。在查理二世时代，金匠店铺给出的存款利息甚至达到 6%。[①] 18 世纪前，私人银行处于萌芽之中，金匠店铺只是兼营银行业务。到 18 世纪后，随着经济社会的发展以及资本流转的加速，金匠业务和私人银行业务混合在一起，金匠则摇身一变成为银行家。即便在 18 世纪末的伦敦，一些著名

---

① E. Lipson, *The Economic History of England*, Vol. Ⅲ, London: A. & C. Black Ltd., 1931, p. 230.

银行家往往还经营着金匠店铺。[①] 经过一段时间的演变，金匠业务逐渐形成了所谓的"金匠原理"，实现了人类货币金融史上的一次重大飞跃——货币经营业和货币贷放业的最初结合，最初形态的银行在英国出现了。在"南海泡沫"中许多新银行如雨后春笋般纷纷开业，然后随着危机爆发又纷纷倒闭，大浪淘沙，生存下来的都是资金雄厚、经验丰富的私人银行，而且逐渐放弃金匠业务，转向银行业务发展。

"1700 年之后，私人银行发展迅速。"[②] 1725 年，私人银行数目为 24 家，1750 年为 30 家，1770 年为 50 家，1785 年上升到 52家，1800 年达到了 70 家。[③] 私人银行一般不在各地设立分支机构，而伦敦是私人银行的集聚地。依据地理位置及业务范围，伦敦私人银行大致可分为两类：一类是伦敦西区的银行，这些银行靠近议院，也就是靠近绅士和贵族的住宅区。这类银行几乎不同商人打交道，甚至认为与商业挂钩有损于其地位，因此不涉足商业汇票的贴现，也不充当地方银行的代理人。这类银行的主要客户是贵族、乡绅及富裕的绅士，为他们从事抵押或透支放款。在每年 5 月和 11 月的季节性波动中，银行将租金从乡下汇到伦敦西区贵族住宅区，为贵族阶级提供在欧洲旅游用的旅游支票；有些土地所有者贷款资助市政厅新建或扩建乡村宅邸、圈地、排水工程、公路和水渠；许多人借款是为了消费，包括为即将婚配的子

① E. Lipson, *The Economic History of England*, Vol. Ⅲ, London: A. & C. Black Ltd., 1931, p. 244.

② Milton Briggs, *Economic History of England*, London: W. B. Clive, 1914, p. 311.

③ Peter Mathias, *The First Industrial Nation: An Economic History of Britain 1700 – 1914*, London: Methuen & Co., Ltd., 1983, p. 168.

女准备彩礼或嫁妆等。[①] 另一类是伦敦城的银行，位于金融中心区，其在私人银行中占主导地位，主要业务包括：经营政府债券和英格兰银行、东印度公司和南海公司的股票，为工业家及商人的汇票或支票贴现，向股票经纪人提供短期贷款，向各类工业家及商人提供不超过一年的短期贷款。由于不经营长期贷款，私人银行一直保持着较好的金币储备以及较高的清偿能力，这有利于应对危机时期的现金挤兑。值得注意的是，工业革命开始后，伦敦城的私人银行迅速扩张的一项业务，就是充当各地方银行的代理行。地方银行需要在伦敦设立一个代理机构，以处理与资金流通有关的各项业务，最主要的就是进行地方银行之间的票据结算以及贴现，这一业务渐渐地由伦敦城的私人银行来代理，私人银行与地方银行之间建立起密切的联系。正因为如此，当由于地方经济衰退，地方银行面临挤兑危机时，伦敦城的私人银行往往及时提供现金支持，从而使地方银行避免倒闭的命运。可见，通过担任地方银行的金融代理，私人银行与"诸多地方银行建立起联系，进而形成一个覆盖全国的银行网络"，[②] 从而推动了全国性金融市场的形成。[③]

在很长一段时间内，英国政府不允许设立英格兰银行以外的其他股份公司性质的银行。19 世纪 20 年代的银行业危机推动新

---

① 〔美〕查尔斯·金德尔伯格：《西欧金融史》，徐子健、何建雄、朱忠译，中国金融出版社，2010，第 88 页。

② M. W. Thomas (ed.), *A Survey of English Economic History*, London: Black & Son Ltd., 1957, p. 307.

③ 刘金源：《论 18 世纪英国银行业的兴起》，《历史教学》2013 年第 7 期，第 40~41 页。

法案的颁布，政府开始允许在伦敦以外设立股份制银行。股份制银行实力雄厚，能在不同地方设立营业处。[①] 随着股份制银行设立的分行越来越多，私人银行不断减少——1826 年以前几乎所有银行都是私人银行，1850 年以后私人银行只占银行总数的 77%，1913 年甚至只占 41%。而分行数日益增多的股份制银行不断发展，到第一次世界大战前，已经拥有 98% 的营业处，成功地占据了英格兰银行与威尔士银行业的统治地位。

然而，发生在 19 世纪中叶的体制改革却是一个漫长的过程，这恰恰是因为那一时期金融尚不稳定，私人企业在一些地区仍然占据主导地位或拥有举足轻重的力量。在货币市场方面，一些贴现行不再受理大部分的业务，只保留了十几种现场可以操作的业务；而在国内商业银行业务方面，伦敦私人银行一直坚持到 1890年才进行体制改革。这一时期，海外企业银行和融资公司一波又一波地不断涌现。后者积极活跃在企业推广和铁路融资上，但大多都是短期的二流业务。正是这一业务模式的发展导致了私人银行的最终消亡。大型商业银行，尤其是英国的大型商业银行，都是在大量私人银行一体化进程中形成的，例如，国民西敏寺银行集团就是合并了 100 多家银行形成的，该银行现在是苏格兰皇家银行集团旗下银行。[②]

---

① 19 世纪 80 年代，伦敦及地方银行已在各地设有 80 个营业处的庞大分行网络，英格兰国民地方银行则设有 150 个营业处。

② Youssef, Cassis and Philip Cottrell, *The World of Private Banking*, London: MPG Books Group, 2009, p. xix.

第二节　从地方银行到清算银行

18 世纪，除了位于伦敦的英格兰银行外，伦敦城外的其他地方城镇的商人也开始为顾客提供存贷款业务和贴现票据等服务，由此涌现了商人开办的地方银行（Country Bank），又称乡村银行、清算银行。

18 世纪中叶前，限于交通的落后，货币的运输经常用四匹大马车来运输，安全没有保障，在英格兰和苏格兰的地方城市里，一些有名望的商人为追求利润，主动为顾客提供存贷款业务和票据贴现业务，人们特别是那些与现金经常打交道的人基于货币运输危险性的考虑也愿意将闲置资金以一定利息存放于当地信誉较高的商人处，商人以更高的利息将钱借贷出去，从而获利。由此从事信贷业务的商人逐渐成为专职银行家，其商铺也演变成地方银行。[①] 17 世纪末 18 世纪初，战争使得英国政府面临严重的财政危机，且经济部门日益增加的资本需求难以满足，在此背景下银行业在英国迅速兴起。经过长期发展，地方银行和私人银行在规模和业务范围上均有了长足的发展。地方银行在全国范围内的快速发展，促进了区域资本流通以及资本的跨区域流转；私人银行通过充当地方银行的代理，直接与地方银行建立了联系，间接促进了地方银行之间的联系，从而形成了覆盖全国的银行网络。

18 世纪中后期，英国进入现代经济的快速发展时期，新兴工

---

① 〔英〕克拉潘：《现代英国经济史》（上卷第一分册），商务印书馆，2011，第 334 页。

业的快速发展造成对社会资金的需求迅速增加，工业发展带来的
巨额利润诱使社会资本由低利润地区向高利润地区流动，各地专
门从事银行业务的地方银行家也随之不断增多，地方银行不断壮
大。伦敦是当时的金融中心，很多地方银行家为了能够与伦敦金
融界（主要是伦敦的著名私人银行）拉上关系，经常派人常驻伦
敦。而伦敦的私人银行也愿意和地方银行保持紧密联系，以便将
业务拓展到地方，资金实力好的地方银行在伦敦市场上购买票
据，转而为商人进行票据贴现。相互的利益关系共同推动地方银
行和私人银行发展。

英国第一家地方银行是 1716 年由格洛斯特的呢绒商兼服装
商詹姆斯·伍德创立的，直到 1760 年工业革命后，各地商人才陆
续组建起地方银行。1750 年，伦敦城外的地方银行只有十几家，
随后便快速增长，1784 年为 120 家，1797 年为 290 家，1800 年为
370 家，1810 年至少有 650 家，1820 年时总数已超过 780 家。①
在乡村地区，一些谷物商和农场主也开始涉足银行业务，如威尔
士地区的畜牧商就建立起"黑公牛银行""黑绵羊银行"等。工
业化开始后，一批企业家，如阿克莱特、威尔金森、沃克斯、瓦
特等也建立起自己的银行。这些企业家之所以热衷银行业，一方
面，因为他们可以通过自己的银行获取现金，以发放工资及从事
支票兑现业务；另一方面，便于为其日益增长的资本找到投资渠
道。部分地方银行由于实力雄厚，信誉度高而一直维持下来。例
如，钢铁巨头桑普森·劳埃德和他的合伙人泰勒于 1764~1765 年

---

① 〔法〕费尔南·布罗代尔：《15 至 18 世纪的物质文明、经济与资本主义》，施康强、
顾良译，生活·读书·新知三联书店，2002，第 703 页。

在伯明翰创办的银行，后来就演变为今天著名的劳埃德银行；1775 年格内家族在诺维奇创办的地方银行，成为今天巴克莱银行的前身。[①]

地方银行除了开展存贷款业务外，还有另一项重要业务——发行纸币。虽然当时英国金融市场上英格兰银行发行的纸币处于主导地位，但它发行的纸币并不能受到所有地区群众的欢迎。比如，在英国北部各郡，人们就会尽量避免接受或使用英格兰银行的纸币。[②] 这为地方银行发行纸币提供了空间。虽然地方银行承诺随时接受其发行的纸币并兑换成金币，但这类纸币也仅在本地流通，其认同度在本地范围之外显著降低。总体来说，地方银行的业务范围比较狭窄。

《1708 年英格兰银行特许状》规定：禁止成立 6 人或 6 人以上的私人股份制银行，这一方面大大促进了小型地方银行的建立和发展；另一方面又造成地方银行规模小以及抗风险能力差，也决定了地方银行在开展各类业务时无法同英格兰银行展开竞争。尤其是在面临经济危机或金融危机的时候，它们很容易因贷款不能及时收回而经营困难，甚至破产。由此，在地方银行从事的借贷业务中，短期借贷成为主流，以确保其有足够资金来应对随时而来的提现要求。不过，当遇上地方性经济不景气以及其他各种原因导致的挤兑风潮时，地方银行就只好向英格兰银行或伦敦的私人银行寻求帮助。一旦遇到全国性经济危机，当英格兰银行或伦敦的私人银行也自身难保时，地方银行难免走向倒闭。为此，

---

① 刘金源：《论 18 世纪英国银行业的兴起》，《历史教学》2013 年第 7 期，第 37~41 页。
② 〔英〕克拉潘：《现代英国经济史》（上卷第一分册），商务印书馆，2011，第 33 页。

除了个别地方银行发展势头良好以外，多数地方银行的寿命短暂。在 1772 年、1783 年、1793 年、1814 ~ 1816 年、1825 年由经济危机造成的挤兑风潮中，"大多数地方银行倒闭了，由此造成的灾难性影响是其他国家无法相比的"。[①] 通常的情况是，一家银行的倒闭，带动若干家与其有业务往来的银行也走向倒闭。即便在经济繁荣的年份，有时也会有地方银行因经营不善而倒闭。[②] 但不可否认，地方银行在服务地方经济、促进资本流通、推动经济发展方面发挥了重要作用。工业化开始后，地方银行成为各地资金集散中心。各行业的闲散资金存入地方银行以获取利息，而银行家又把这些资金以短期贷款的形式提供给急需资本的企业主。银行家在获取利润差额的同时，也解决了工业化之初企业家的融资难题。地方银行还在促进资本的跨区域流转方面发挥作用。例如，在东盎格利亚及西部农村地区，每年秋冬季节，这里的地主和农民富余的钱很多，储蓄额较大。与此形成对照的是，英格兰中部几个郡、兰开夏，以及约克郡西区等工业区的企业家在年底因支付工资或扩大再生产而急需用钱，愿意为贷款而支付利息。如此，地方银行就充当起桥梁，通过自己的业务往来，把农业区的储蓄吸收过来，再通过伦敦的中间媒介，"以银行托收的形式把钱随时借给另一个需要钱的地区"。[③] 历史学家艾什顿指

---

① John Ramsay McCulloch, *Historical Sketch of the Bank of England*: *With an Examination of the Question as to the Prolongation of the Exclusive Privileges of That Establishment*, Nabu Press, 2010, p. 8.

② M. W. Thomas (ed.), *A Survey of English Economic History*, London: Black & Son Ltd. , 1957, p. 307.

③ 〔英〕W. H. B. 考特：《简明英国经济史：1750 年至 1939 年》，方廷钰等译，商务印书馆，1992，第 107 页。

出："银行业对于工业革命的主要贡献，在于汇集短期资本，并将其从资本需求很少的地区转移到急需资本的其他地区。"[1] 这是对地方银行作用的高度概括。[2]

1823 年英国兴起了一股投机浪潮，其间大概成立了 600 家新的股份公司，其中很大一部分以鼓吹南美洲贸易的美好前景来招股集资。不少地方银行也向这些公司发放了贷款，所以很多地方银行在 1825 年危机时无法按期收回贷款。很多地方银行在英格兰地区倒闭，另有 37 家乡村银行倒闭。地方银行发展的不稳定性逐渐引起人们的关注，1826 年，英国议会通过新银行法令，开始有条件地批准在伦敦以外地区创办股份制银行。[3]

第三节 股份制商业银行的发展

17 世纪，作为迅速崛起的经济强国之一，荷兰的银行率先实施了低息贷款制度，这一革命对英国产生了极其重要的影响。为了适应国内外商业迅速发展的需要，英国的商业银行通过两种途径发展了起来：一是高利贷性质的银行逐步向新型的商业银行转变。这类银行以私人及合伙银行为主，规模小，发展受到一定的限制；二是英国的新兴资产阶级建立起来的股份制商业银行。

1694 年英王威廉三世采用了苏格兰人皮特逊的计划，以政府

---

[1] T. S. Ashton, *The Industrial Revolution 1760 - 1830*, Oxford University Press, 1969, p. 85.
[2] 刘金源：《论 18 世纪英国银行业的兴起》，《历史教学》2013 年第 7 期，第 39~40 页。
[3] 安月雷：《从私人银行到中央银行：试论 18 世纪英格兰银行职能的转变》，华东师范大学硕士学位论文，2009，第 35 页。

力量协助英国商人自行组织建立了英格兰银行。皮特逊计划的主要特点是通过股份公司的形式筹措资金,然后贷给政府;同时,在政府的授权下发行可兑换银行券,以供贷放和流通。英格兰银行不但满足了英国财政需要,开创了银行大规模贷款给政府的先例,而且满足了新兴资产阶级实行低利政策,以促进资本主义经济发展和以强大的金融力量给英国高利贷者以致命打击的愿望。因此,英格兰银行的建立可以说从此开创了近代股份制商业银行的新纪元,标志着现代银行制度的确立,为各国银行制度提供了一个良好的典范。股份制银行也由此成为英国商业银行的主导,在英国金融资本的集中过程中起着重要的推动作用。英格兰银行在 18 世纪承担起为政府服务以及充当商业银行的银行等职能;《1844 年银行特权法》的颁布,意味着英格兰银行独自占据了货币的发行权。自此,英格兰银行一方面有政府做强大后盾,为政府部门提供所需资金;另一方面又作为普通的商业银行参与市场,与其他银行形成竞争。在长期的发展中,英格兰银行的中央银行职责逐渐明确,不再以赢利为其目的,也不再直接对个人或公司进行服务,开始纯粹地充当政府部门的监管机构。

从 17 世纪中叶到 18 世纪初,在英格兰银行不断发展壮大的同时,英国其他一些私人银行也开始迅速蓬勃发展。1775 年一般私人银行有 150 家,1790 年增加到 350 家。1826～1850 年,大多数的私人银行或者合伙银行在与股份制银行的竞争中败下阵来,面临被兼并或者破产的命运,18 世纪中叶,由于英格兰银行基本确立了作为英国中央银行的地位,其他地方性私人股份制商业银行为了适应时代的需要,逐渐放弃了在竞争中处于劣势的银行券发行权，而全力发展更为有利和更有前途的存款业务。

随着银行券发行业务为英格兰银行独占化、地方私人银行和伦敦私人银行发券业务的分立以及贴现行的建立，逐渐形成了英国通货的三级弹性供给制度。这种英国式的银行体制，使银行体系各成员得到充分的发展，又彼此联系，强化了整个银行体系。到19世纪末，英国银行体制基本上趋于完善，其间虽有政府的人为干预，但均属最低级的法律规范和引导，与大多数国家银行体制发展中的政府强烈干预形成鲜明对比，完成了英国银行制度的"自然初始构造"。

进入20世纪以来，英国建立了具有较高独立性和权威的中央银行，同时形成了以短期资金融通为特征的商业银行体系。1913年，私人银行和合伙银行只占到英国银行业的41%。一战爆发前，股份制商业银行已经完全垄断了英国的银行业。大的股份制商业银行一方面吞并了私人银行或合伙银行，另一方面采取大鱼吃小鱼的手段兼并规模较小的股份制商业银行，从而使得资本高度集中。1995年，四大股份制清算银行：巴克莱银行、国民西敏寺银行、劳埃德银行，以及米德兰银行，牢牢地占据了英国商业银行的垄断地位。至此英国基本形成了以四大清算银行为主、其他不同类型的银行为补充的局面。

第四节 各类银行综合化的混业经营

20世纪70年代以后，英国政府逐步放松了对银行业的种种限制，使得零售性银行的业务扩张，银行的经营逐步向全能化发展。巴克莱银行、国民西敏寺银行、米德兰银行和劳埃德银行过去一直主宰着英国的商业银行业务。它们都属于全能银行，除了为用户和企业提供全方位的银行服务外，还经营人寿保险、旅游、不动产和信托投资等行业，而且通过附属公司提供证券承销和其他投资银行业务。英国对金融业的监管是十分宽松的，更多的是依赖行业自律和道义劝告。金融监管不要求银行的各部门之间设置"防火墙"，对其业务范围的限制十分有限，但是要求金边证券的承销与发行必须由附属公司来进行。对附属于银行的保险公司几乎不存在限制，银行的不动产投资也没有约束，可以投资非金融企业的股票，而非金融企业也可以投资银行股票。

随着银行业的发展，英国的商业银行也开始慢慢地向混业经营的模式过渡。1963 年，英国的商业银行被批准可以从事大额可转让定期存单（CD）业务。这标志着银行业多元化业务经营的开始。1973 年，商业银行开始从事中长期存贷款、利率互换等一系列业务，银行的中间业务利润占业务支出的比例开始快速上升。20 世纪 80 年代以来英国银行业发生了剧烈变化，金融工具的不断创新和银行业务逐步实现电脑化，在更大的规模和更高的层次上实现各类银行业务及机构的交叉结合与一体化。非银行金融机构进一步发展和壮大。非银行金融机构是伴随着银行的产生而产生的，它是金融业务迅速发展的必然结果，同时，也促使金融体系逐步健全。非银行金融机构的发展状况可作为一个国家金融体制发达程度的重要标志。英国包括长期信用银行、储蓄协会、信托投资公司、财务公司、抵押银行和房屋互助协会在内的非银行金融机构负债占全部金融体系负债的一半以上，也推动金融业在国民经济中的地位不断提高，表明英国金融业更加成熟，更有优势和活力。

20 世纪 90 年代以来，英国的分业经营模式开始发生重大变革，尤其是时任首相撒切尔夫人为了振兴英国的金融业，在 1986 年提出了金融体制自由化改革，更是加快了英国提供综合金融服务的步伐。1986 年 10 月 27 日的改革被称为英国金融历史上的"大震荡"。这次改革，取消了证券经纪商和证券交易商的传统界限，将两者统称为证券经纪人，可以进行自由买卖；对英国金边债券市场进行了改革，通过政府的经纪商进行债券市场的交易，营造一个高流动性的国债市场，来满足政府融资的需求；并且允许银行和外国投资者进入证券市场。取消固定佣金制，改为通过谈判确定费用的方法；建立自动报价的计算机系统。这次改革对英国经济金融及世界金融业产生重大影响，对于建立一个全球性的证券市场起到积极的推动作用。[①] 之后不久，伦敦又开通了 24 小时全球性证券交易。商业银行开始涉足多个领域，如住房抵押贷款、租赁等。另外，这次改革还通过了《1986 年金融服务法》，这部法律的意义是重大的，它从法律上确立了证券与投资业委员会在监管金融市场和金融服务业上的权威性和管理体制的基本框架。改革提高了英国金融市场在国际上的竞争力，促进了金融机构的效率，也推动了英国银行混业经营时代的来临。英国金融业自"大地震"后，大型金融机构转向多元化金融集团的混业经营。四大清算银行全面进入了混业经营的时代。其中劳埃德银行集团、巴克莱银行集团、国民西敏寺银行集团及汇丰、渣打等银行

---

① 钱东宁：《历史悠久的英国银行业》，《西欧研究》1990 年第 3 期，第 46~48 页。

集团的业务领域都涵盖了银行、证券、保险、信托等各个方面（见表 2-1），已成为与德国、法国等欧洲大陆国家业务范围类似的金融集团。比如，巴克莱银行就成立了巴克莱保险服务公司、金融公司等一系列子公司来开展多元化业务。另外，英国的银行业也开始了跨国并购的步伐。2004 年，苏格兰皇家银行就以 105 亿美元收购了美国第一宪章银行。[①] 英国金融业形成多元化的多个金融集团，这种多元化金融集团被称为"银行-母公司集团"。金融集团多是由原有的清算银行、承兑行通过跨领域交叉经营形成的，非银行业务通过具有专业资本的全资子公司进行，银行与从事非银行业务的子公司之间存在一定的"防火墙"隔离。这种商业银行经营模式一方面便于英国银行业与欧洲联盟银行业务标准相衔接，另一方面又能够有效维持原有金融体系特点，充分发挥金融市场作用，防止金融混业中产生的道德风险、交叉感染、利益冲突、银行安全网过度扩大等弊端。

表 2-1　英国金融服务及其供应商

金融服务	清算银行	大住房金融协会	小住房金融协会	保险公司	单位信托	非金融公司
结算服务	▲	▲			▲	
消费贷款	▲	▲	▲			▲
商业贷款	▲					
人寿保险制造业务	▲	▲		▲	▲	▲
人寿保险分销业务		▲	▲	▲		▲

① 钱东宁：《历史悠久的英国银行业》，《西欧研究》1990 年第 3 期，第 46~48 页。

金融服务	清算银行	大住房 金融协会	小住房 金融协会	保险公司	单位信托	非金融 公司
普通保险批发业务	▲			▲		
普通保险零售业务	▲	▲		▲		▲
基金管理业务	▲	▲		▲	▲	▲
私人养老保险业务	▲	▲		▲	▲	▲
信用卡业务	▲	▲			▲	▲
独立金融咨询业务	▲	▲	▲			
抵押贷款业务	▲	▲	▲			
证券自营业务	▲	▲				
证券经纪业务	▲	▲				
证券承销业务	▲			▲		
投资银行业务	▲					
代理通融业务	▲					
租赁业务	▲					
金融衍生交易业务	▲					

资料来源：杨胜刚：《比较金融制度》，北京大学出版社，2005。

　　随着金融体制的一体化和自由化与金融深化的进一步发展，英国银行业正在逐步走出传统的银行业务范围，在伦敦金融市场上不同种类从业机构的业务界限和各种银行业务的业务特征日益模糊甚至消失，金融业务的交叉现象日益明显。这一切表明，非银行金融机构和商业银行机构整体正在为国民经济各部门提供全方位的综合性服务，并渗透到社会经济生活的所有方面；同时，金融体系的总规模和业务量极大地脱离实际生产和交易，金融深化的进程在明显加快。综合化的银行制度，克服了专业银行的发展局限，然而也为银行的业务经营带来了更大的风险。随着综合金融集团的发展，越来越多的工商企业开始向银行业务渗透，给英国传统银行业带来了一定的冲击，也向未来英国银行的改革取向和监管体系提出新的挑战。

第三章
英格兰银行的产生和发展

英格兰银行是英国的中央银行，它通过货币政策委员会（MPC）对英国的货币政策负责。1694 年，英国商人们建立英格兰银行，标志着现代银行业的兴起和高利贷的垄断地位被打破。英格兰银行享有在英格兰、威尔士发行钞票的特权，苏格兰和北爱尔兰由一般商业银行发行钞票，但以英格兰银行发行的钞票做准备；作为银行的最后贷款人，保管商业银行的存款准备金，并作为票据的结算银行，对英国的商业银行及其他金融机构进行监管；作为政府的银行，代理国库，稳定英镑币值及代表政府参加一切国际性财政金融机构。英格兰银行经过三百多年的不断发展和职能调整转换，至今仍是全世界最大、最繁忙的金融机构。

第一节　英格兰银行的产生

英格兰银行由私人银行演变而来，但英格兰银行并非英国最早的私人银行。英格兰银行的兴起有复杂的政治、经济、财政等背景。

一　对外战争导致财政吃紧

16世纪至17世纪下半叶，英国对外战争接连不断。1588年与西班牙作战，1650年向葡萄牙发动战争，17世纪中叶发生三次英荷战争，1655~1659年发生第一次英西战争，1689~1697年发生九年战争等。战争背后是财力的较量。特别是自1649年克伦威尔成为英国的独裁者以来，克伦威尔曾讨伐爱尔兰和苏格兰，攻占西班牙在西印度群岛的殖民地，与瑞典、法国、葡萄牙都有战事发生；查理二世发动两次荷兰战争，取代了荷兰的海上霸权地位。1688~1815年，英格兰或大不列颠卷入了7场战争，在世界范围内发生了数不清的小规模冲突。对外战争军费开支的扩大对财政收入提出很大的要求。这意味着服务于日益见长的国家债务的财政制度和行政制度产生于持续的冲突与危机当中；另外，国王的各种特权随着时代前进而与日俱减，1692年土地税以统一税率征收，总额逾200万英镑，但这一巨款直接解入国库，不经包税人之手，因而国王既不能从中直接受益，也不能左右其用途。1693年皇家矿产法案公布，结束了在民间矿产内发现的金银归国王所有的历史，皇家失去了矿产资源专有权。此时的英国国王威廉三世不得不开征各种税收，如消费税、印花税、土地评估税等。尽管如此，税收仍难以满足日益增长的财政开支。1694年，政府总收入为400.4万英镑，总支出为560.2万英镑，其中军事开支为449万英镑，财政亏空为159.8万英镑。[①] 政府财政入

---

① B. R. Mitchell, *British Historical Statistics*, Cambridge, Cambridge University Press, 1988, pp. 575-578.

不敷出，威廉三世不得不仿效前任国王，以一定期限内某项税款为抵押，向民间筹资借款，由此造成政府债务迅速增长。在 1688 年以前，政府由于信誉不佳，债务很少超过 200 万英镑，但到 1693 年时，政府已欠下约 600 万英镑的债务，[①] 1695 年，政府债务已达 840 万英镑左右，1697 年更是达到 1670 万英镑（见表 3-1）。"政府债务在革命之后仅九年当中即增加了一个数量级"，[②] 国家财政几乎陷入崩溃，皇室的经济状况空前拮据。从表 3-2 中数据分析，1688~1691 年英国平均每年总军事支出占总支出的 78%，1692 年占到 80%，1693 年占到 83%，这些数据足以证明军费支出是当时英国所面临的一大难题。从表中也可看到，英国国库收入在大多数年份都不够军事一项开支。面对这种窘状，王室必须想尽一切办法筹集资金。在当时的环境下，战争无疑是一个抛不开的因素，战争笼罩了一切，英格兰银行也是在这个大环境下诞生的。

表 3-1　1686~1697 年英国的总债务情况

时间	总债务（百万英镑）
1686~1688 年	2.0
1688~1691 年	3.1
1692 年	3.3
1693 年	5.9

---

① P. G. M. Dickson, *The Financial Revolution in England: A Study in the Development of Public Credit*, London: Macmillan, 1967, p. 344.

② 〔美〕约翰·N·德勒巴克、〔美〕约翰·V·C·奈编《新制度经济学前沿》，经济科学出版社，2003，第 281 页。

时间	总债务（百万英镑）
1694 年	6.1
1695 年	8.4
1696 年	10.6
1697 年	16.7

资料来源：〔美〕约翰·N·德勒巴克、〔美〕约翰·V·C·奈编《新制度经济学前沿》，经济科学出版社，2003，第 278 页。

表 3-2　1688~1693 年英国财政收支情况

时间	总收益（万英镑）	总支出（万英镑）	总军事支出（万英镑）	总债务（万英镑）
1688~1691 年	861.3	1154.3	895.7	310
1692 年	411.1	425.5	339.3	330
1693 年	378.3	557.6	465.1	590

资料来源：〔美〕约翰·N·德勒巴克、〔美〕约翰·V·C·奈编《新制度经济学前沿》，经济科学出版社，2003，第 278 页。

二　新兴资产阶级反对高利贷的斗争

英格兰银行的崛起从某种程度上也代表着新兴资产阶级政府反对贵族高利贷的斗争。

17 世纪 50~70 年代，英国为了打败日益发展的商业竞争对手荷兰，并力求保住开始建立的海上优势和争夺殖民地，三次挑起对荷兰的战争。值英荷大战时期，英国国库空虚，查理二世宣布暂停支付金匠商人们的借款，并对其中一些重大款项毁约，于是金匠铺发生挤兑风潮，大批公众跑去兑换现金，金匠商人们此时难以兑现，便遭受重大损失，纷纷倒闭，从此势衰。此次事件使得公众对金匠商人们的信任度降低，抱怨不休，他们贷给商人们的短期借款有时利息过高，而当时的法定利息仅为6%（见表3-3）。此外，金匠商人们还对他们手中的钱币从分量和成色上取巧，以从中获利，更加重了民怨；他们给王室的贷款利息率也很高（见表3-4），由表3-4可以看出，王室平时无战事时贷款的利息率相对比较低，有税收担保时利息率也比较低，但英国的战争接二连三，战时因财政紧张往往不能以税收作担保，所以才出现25%～30%这样的高利息率。这样的高利息率对王室来说无疑是个沉重的负担。在同一时期的荷兰，政府借款的利息率低至3%。[1] 因此，无论是民众还是王室都开始要求摆脱金匠商人这种私人银行的束缚，急需成立一个为大众服务的大型银行机构，英格兰银行便应运而生。[2]

表3-3 英国的法定利率（1571～1714年）

时间	法定利率（%）
1571～1624年	10
1624～1651年	8
1651～1714年	6

资料来源：Sidney Homer and Richard Sylla, *A History of Interest Rates*, the Third Edition, revised, New Brunswick and London：The Rutgers University, 1996, p.131.

---

[1] Sidney Homer and Richard Sylla, *A History of Interest Rates*, the Third Edition, revised, New Brunswick and London：The Rutgers University, 1996, p.126.
[2] 杨璇：《英格兰银行建立的原因探究》，吉林大学硕士学位论文，2012，第17～18页。

表 3-4　王室贷款利率（1640~1690 年）

时间	国王贷款	贷款保障	利率（%）
1640 年	查理一世	平时利率	8
1660~1670 年	查理二世	—	8
1665 年	查理二世	由税收保障	8~10
1660~1685 年	查理二世	—	10~20
1660~1685 年	查理二世	最高利率	30
1680 年	查理二世	由税收保障	6
1690 年	威廉三世	由税收保障	10~12
1690 年	威廉三世	无保障	25~30

资料来源：Sidney Homer and Richard Sylla, *A History of Interest Rates*, the Third Edition, revised, New Brunswick and London: The Rutgers University, 1996, p.126.

　　从金匠商人的势衰，即可看出高利贷已经引起民众（主要指新兴资产阶级）、王室不满，因此他们展开了对高利贷的斗争。高利贷攫取了新兴资产阶级的大部分利润，所以代表新兴资产阶级的政府通过制定法定利率及设立新式银行的方式同高利贷进行斗争。高利贷是与新兴资产阶级的要求相悖的，其势必会被资产阶级所抛弃，新兴资产阶级的另一斗争手段便是"建立资产阶级自己的股份银行，通过银行集中大量的社会闲散资金，支持资本主义经济的发展"。[①] 1688 年，英国光荣革命爆发，来自荷兰的威廉三世成为第一位立宪意义上的英国国王，他同时也是荷兰总督，跟随他而来的也有荷兰的财富和商人金融理念，通过君主立宪政体，国王的权力被关进了笼子。1694 年，对抗法国的九年战

_____

① 汪祖杰：《现代货币金融学》，中国金融出版社，2003，第 28 页。

争已经打了五年，英国每年的开支由 200 万英镑上升到 500 万到 600 万英镑，政府财力山穷水尽。威廉三世四处举债，某些贷款利率甚至高达 30%，他甚至在给下属的信中埋怨道："看在上帝的名义上，赶快为这里的军队找到一些信贷。"[1] 新兴资产阶级逐步掌握国家政权，便着手建立了适应他们利益的新式银行——英格兰银行，英格兰银行作为一种筹集方式，首要目的就是为政府筹措军费。它的建立标志着高利贷垄断地位在英国的消亡。英格兰银行正是顺应新兴资产阶级的要求而产生的。

三　议会权力高于王权原则确立

随着资本主义经济的快速发展，新兴资产阶级迅速发展，出现了农业资本家、城市工商业者，以及由包税商发展而来的大金融资产阶级。这个新兴的阶层要求限制王权，扩大议会权力，极力反对陈旧的天主教，后来逐渐演化为"辉格党"。封建土地贵族则坚定地支持王权，进而要求限制议会权力，后来逐步演变为"托利党"。辉格党占主导的议会一直围绕制税权和财政监督权与国王展开斗争。

1688 年发生的光荣革命是议会与国王长期斗争的结果。查理一世曾因践踏议会权力最后被送上断头台。1688 年通过的《权利法案》的内容主要包括对国王权力的约束，对议会权力的保障以及对公民权利的保护。规定不经议会同意，不得废止法律或停止法律的实施，否则视为非法；"借口国王特权，不经议会同意，

---

[1]　徐瑾：《英国从"中间区域"突围——战火中诞生的英格兰银行》，http://www.docin.com/p-1276215558.html。

即为国王课税，或供国王使用而课税，而其时限与方式与议会规定不符者，均为非法"；国王不得压制国民陈诉的权力，否则视为非法；除非议会同意，否则国王不得在和平时期征募并维持常备军；"不应要求过多的保释金，亦不应课以过重罚金，更不得施加残暴与异常的刑罚"。[①] 这些条款最终确立了议会高于王权、法律高于王权的原则。在此之后，英国的权力结构发生变化。议会成为国家的最高权力机关，征税权转移到议会，国王要征税必须要得到议会也就是臣民的同意，这就意味着国王在征税问题上需要和其臣民协商，协商机制引申到金融领域，便于规范金融市场各个主体的行为，也规范了国王与其臣民之间的借贷关系。国王借贷还与不还必须与其臣民协商，这便避免了光荣革命前国王赖账、私自降低利率或私自延长借贷期限等行为的发生，因而维护了资本市场的良性发展，作为债务人的国王的权力被约束，维护了债权-债务关系的正常运转。不仅如此，辉格党占主导的议会一方面在与王室争夺征税特权，另一方面也围绕财政支出的监督权领域展开斗争。17 世纪时，议会成立了两个委员会，即 1620 年詹姆斯一世时的"供应委员会"和 1641 年查理一世时的"方式与方法委员会"，其目的正是为了管理王室的收支等事宜。查理二世时期，下院提出成立一个委员会来检查王室账户，并揭露了王室的一些不正当用途及浪费等。光荣革命后，由于议会成为国家的最高权力机构，并且议会逐步发展为一个常设性的机构，因而对王室支出的控制力度逐渐加大。自 1690 年起，议会又对税

---

① 罗可群、伍方裴：《中外文化名著选读》（下册），广东高等教育出版社，1996，第 563 页。

收的用途加以控制，规定专款专用，国王不能随意挪用，还有专门机构对此进行审查。同年，议会还成立了一个公共账户委员会。这些举措使得英国的财政管理越来越走向理性运作，因而增加了政府的信用，这在某种程度上也促进了英格兰银行的诞生。[①]

辉格党和托利党人在光荣革命之后虽然在政治上实现了联合，但其在商业、金融政策、对外战争等问题上还是有很大的分歧。辉格党支持政府对外作战，支持政府举债。托利党则反对对外战争，反对政府举债。威廉三世上任初期对两党采取平衡政策，后来因为威廉三世与托利党人之间在对外战争政策上发生了分歧，加之托利党人对詹姆斯二世还有一些忠诚，威廉三世开始倚重辉格党人。1693 年后期重要大臣都由辉格党人担任。出身农民，后在伦敦经商致富，深谙荷兰银行制度的商人威廉·佩特森早在 1691 年就曾向政府呈交了一份关于成立英格兰银行的计划报告，但是没有被批准，于是在 1693 年通过一位辉格党议员查理斯·蒙塔古向议会再次提出成立英格兰银行的议案报告，全部立法手续亦经他促导直至通过。[②] 下议院在讨论和修改该议案时，一些辉格党人担心如果国王可以自由从该银行借钱，君主立宪政体就会独立于议会，因此修正案中规定禁止该银行未经议会批准向王室贷款或购买王室的土地；同时为了平息商人们的担心，该银行也被禁止从事商品交易。[③] 1694 年英格兰银行成立时，辉格

---

① 杨璐：《英格兰银行建立的原因探究》，吉林大学硕士学位论文，2012，第 26 页。
② 〔美〕戴维·罗伯兹：《英国史：1688 年至今》，鲁光桓译，中山大学出版社，1990，第 6 页。
③ John Giuseppi, *The Bank of England: A History from Its Foundation in 1694*, London: Evans Brothers Limited, pp. 9-10.

党理事多达 23 名，辉格党采纳了成立银行的建议并随后付诸实施。当时辉格党的代表人物查尔斯·蒙塔古任财政大臣一职，掌管着财政大权，他在有关如何实施长期借款的 79 个建议中支持威廉·佩特森成立银行的提议，[①] 使得其建议最终付诸实施。米歇尔·甘特佛兰（英格兰银行第一任副总裁）认为成立银行有助于降低利率，鼓励工商业发展，增加贸易等。[②] 可以看出，英格兰银行是辉格党占主导的议会与伦敦富商、金融家等联手发起成立的，也是议会与国王斗争的结果和表现。

四　议会批准成立英格兰银行

在英格兰银行建立之前，有关成立银行的提议层出不穷。早期的这些提议虽然由于各种原因并未被当时的政府所采纳，却为威廉·佩特森提议的逐渐成熟奠定了思想基础。1691 年，威廉·佩特森与几个合伙人，包括米歇尔·甘特佛兰以及其他的伦敦商人，向政府提出了一项成立国家银行的计划：他和他的合伙人贷给政府 100 万英镑，政府作为回报，每年支付利息 65000 英镑，并且他们发行的票据应被视为法定货币。由于政府拒绝了其法定货币的提议，这项计划落空。后来，他们把贷款给政府的数额增加至 200 万英镑，但仍没有与政府达成协议。其后佩特森又上呈了一个报告，即建议成立一个英格兰银行总裁公司，他们将筹集120 万英镑贷款给政府，作为回报，政府每年支付 10 万英镑的利

---

① David Armitage, "The Projecting Age: William Paterson and the Bank of England", *History Today* 44 (6), 1994, p. 8.

② Godfrey Michael, *A Short Account of the Bank of England*, London, 1695, p. 2.

息，并享有发行与其所借款项数额相等的钞票的特权。1694 年，佩特森的这一报告被拿到议会讨论，虽然遭到金匠商人们的强烈反对，但最终还是被议会所采纳。

议会先是通过了《吨税法令》，规定：凡认购国债者有权组成一个机构，命名为"英格兰银行总裁公司"。为偿还银行贷款，政府以吨税和酒税作担保。经过激烈的讨论后，《英格兰银行法》最终在 1694 年 3 月 25 日获得议会和国王的批准。《1694 年英格兰银行法》的通过是银行家与政府博弈和妥协的结果。一方面，银行家可以将资金存入而避免被政府强行征用；另一方面，政府可以避免无款可筹而又急于用钱的尴尬境地，同时也使政府发行的国债有了稳固的保证。

1694 年 7 月 27 日，在议会的批准和英王威廉三世的支持下，英格兰银行正式成立，性质为私人股份制银行，实收资本为 120万英镑，英格兰银行共由 1520 个股东组成，投资额从 25 英镑到1 万英镑不等，投资 1 万英镑的是国王和女王。英格兰银行章程规定，总裁需投资英格兰银行股票的金额为 4000 英镑，副总裁为3000 英镑，董事为 2000 英镑，每年 3 月 25 日到 4 月 25 日，由投资 500 英镑以上的股东选举总裁和董事。663 个符合条件的股东参加了第一届股东选举大会，约翰·胡布隆、迈克尔·戈弗雷分别被选为英格兰银行第一任总裁和副总裁，威廉·佩特森也成为24 位董事中的一员。

英格兰银行的组建，采取了股票认购方式。1694 年，英格兰银行按照规定发行了 120 万英镑的股票，仅一天就被认购了 1/4，3 天后又被认购 1/2，不到两周的时间就全部认购完毕，这也充分显示了普通民众对声誉良好而稳定的新银行的认可与支持，认购最多的当属伦敦城商人。不难发现，英格兰银行成立的目标，在于为政府提供有保障的贷款，而这种贷款分为两类：一是需要政府在几周或几个月之内用现金偿还的短期贷款；二是没有约定归还期限的长期贷款，只需支付利息，无须支付本金，这种贷款后来演变成为长期国债。认购者有 1286 个商人 [这 1286 个商人有来自伦敦的金融人士、荷兰的投资者（约占 1/3）、犹太人以及英格兰在国外的侨民等]，他们组成一个银行机构，即英格兰银行总裁公司，随即贷款给政府 120 万英镑，利息是 8%，并获得了同等数额钞票的发行权。其后，政府给英格兰银行总裁公司颁发了特许状，这标志着英格兰银行的最终成立。①

金融史学家金德尔伯格指出，除了为战争筹资外，英格兰银行的私下目的是贷出银行券牟利。无论出于何种具体动机，最终的结果是促成英格兰银行这样一个意料之外情理之中的机构诞生："既不是金匠的金匠作坊演变为银行家的银行，也不是商人中的精英为了私人目的而创立了一个效率更高的支付机制。"

第二节　英格兰银行的发展

英格兰银行并不是自建立开始就是现代意义上的英国中央银行，直到 18 世纪末它才具备了现代意义上的中央银行的某些特征。英格兰银行成立之初是一个由议会批准设立的私人股份制银

---

① 杨璇：《英格兰银行建立的原因探究》，吉林大学硕士学位论文，2012，第 19～21 页。

行，与其他银行的最大特殊之处就在于政府是英格兰银行的首要客户，一开始就与政府有着密切的关系，向政府提供贷款是它成立的目的之一。由于与政府有着比较密切的关系以及在英格兰地区具有无可替代的至高地位，英格兰银行在履行公共职能方面更具优势。银行董事会经常要在自身利益与公共利益之间进行平衡，积极地关注公共利益，使英格兰银行朝着特殊的方向发展，英格兰银行的中央银行职能也就是在这个缓慢的过程中慢慢培育出来的。

随着英格兰银行与政府财政部门之间的关系越来越密切，到18世纪中叶，英格兰银行完成了从私人性质的股份制银行向英格兰中央银行的演变，由此，英格兰银行通过开展相关业务发挥着政府银行的职能，这包括：向民间筹集资金以向政府贷款，负责政府债券的发行，组织短期国库券的认购，像接受存款一样接受政府债券或为政府债券兑现，为政府收购金银货币并行使铸币权，为海外商业和贸易提供结算等。在向中央银行演变的过程中，英格兰银行的实力也越来越雄厚，其资产总额由1694年的120万英镑，发展到1742年的1078万英镑，1797年已达1759万英镑。对于英格兰银行在18世纪的演变，马克思做了精辟的总结：英格兰银行开始营业的第一笔生意，就是以8%的利息贷款于政府；同时它由议会授权用同一资本铸造货币，这同一资本又以银行券的形式贷给公众。它可以用这些银行券来办理期票贴现、抵押货物、购买贵金属。这样，不久，这些由银行自己制造的信用货币又变成了铸币，英格兰银行用这些铸币贷款给国家并代国家支付公债利息。它一只手拿出去，另一只手拿更多的进来，这还不够；当它拿进来时，它仍然是国民的永远债权人，直到最后一个铜板付清为止。它逐渐成了国家的贵金属必然贮藏所和全部商业信用的重心。[①]

一 与合股银行的竞争

在最初的英格兰银行法中，并没有规定英格兰银行是国家的银行，也没有赋予银行什么特殊的垄断权，即使是在英法战争之类的特殊情况下，英格兰银行仍然是独立于政府的私人股份制银行，其向政府借款是有条件的。英格兰银行建立之初，就以8%的利率贷款120万英镑给政府，以支持英国在欧洲大陆的军事行动。但是英格兰银行的建立在当时还是具有深远意义的——它的建立打破了高利贷者在英国信用领域的垄断地位，股份制银行与合股银行相比规模较大，能在不同的地方设立营业处，资金实力雄厚，从而在竞争中占据优势，可以说英格兰银行的建立极大地促进了股份制这一制度在英格兰地区银行业中的确立。英格兰银行作为唯一股份制银行的垄断地位在英格兰地区维持了一个多世纪，据统计，1826年以前，英格兰地区除了英格兰银行以外几乎所有的银行都为合股银行，英格兰和威尔士特许经营的552家发行银行中，超过2/3的银行只有3名或更少的参股者。[②] 这是因

---

① 马克思：《资本论》第一卷，载《马克思恩格斯全集》第23卷，人民出版社，1957，第954页。

② Dieter Ziegler, *Central Bank, Peripheral Industry: The Bank of England in the Provinces, 1826-1913*, Leicester: Leicester University Press, 1990, p.5. 转引自〔美〕R. 西拉、〔德〕R. 蒂利、〔德〕G. 托特拉主编《国家、金融体制与经济现代化》，吕刚译，四川人民出版社，2002，第116页。另外，大约还有250家不发行自己货币的乡村银行，特别是在曼彻斯特和利物浦。参见 John Clapham, *The Bank of England*, Cambridge: Cambridge University Press, 1944, pp.90-91。

为《1697 年英格兰银行法》明确规定，英格兰银行是英格兰地区唯一的股份制银行，禁止其他类似的银行成立。《1708 年英格兰银行法》规定，在英格兰禁止成立 6 人或 6 人以上的股份制银行或公司，从此英格兰银行便取得了在英格兰和威尔士的股份制银行垄断权。英格兰银行能够获得这独一无二的特权，是与其在 1706 年向政府提供了 150 万英镑向法国作战的经费分不开的。[1]英格兰银行成立之初与其他的合股银行没有什么明显的区别，是一家经营金银买卖与商业期票贴现及货物抵押贷款等业务的股份制商业银行，享有发行银行券的权利。[2]当时，英国其他独资及众多的合股银行也有银行券的发行权，只不过英格兰银行由于和政府有着密切关系，有着政府的支持和保护，自身力量慢慢壮大，并最终垄断了银行券的发行权。按照英格兰银行和政府的协定，英格兰银行贷款 120 万英镑给政府，政府以几种税收作为抵押，允许其发行 120 万英镑的银行券，同时国王和王后分别出资 1 万英镑认购英格兰银行的股票。英格兰银行的这些"特权"当然会遭到合股银行和商业公司的嫉妒和排挤，合股银行只能经营普通的银行业务，并且不能将储户的存款全部用来放贷，必须保持一定量的现金储备，以备储户零散提兑，所以在与英格兰银行竞争时明显处于劣势。虽然英格兰银行发行的银行券也要有相应的黄金储备作后盾，但是由于其最初的资本总额较大，在短时间内其他合股银行的资力尚无法超越。合股银行虽自知势单力薄，但是为了长远的生存，用尽办法也要在英格兰银行尚未发展壮大

---

[1] R. D. Richards, *The Early History of Banking in England*, Routledge, 2012, p. 191.
[2] 杨德森：《英格兰银行史》，商务印书馆，1926，第 6 页。

时将其击垮，张伯伦和布里斯科等人发起创办地产银行的计划就是很好的例证。这个计划建立的银行以其全部地产为担保，要求政府赋予其发行等额银行券的权利，以分享英格兰银行从政府那里得到的优惠待遇，同时愿意贷款 256.4 万英镑给政府，政府用盐税作担保。1696 年 4 月，张伯伦等人的计划得到政府的批准，地产银行开始发行股票筹集资金，但在实际的筹资过程中人们观望不前，承购者寥寥无几，财政大臣曾以国王的名义承购 5000 英镑的股票以作响应，此后又零零散散地有人承购了 2100 英镑的股票，但始终未能足额完成股份认购。该行的发起人兼行长张伯伦见状也无可奈何，最后因被怀疑有挪用银行款项的嫌疑而被迫逃往荷兰，计划最终落败。虽然筹建地产银行的计划最终失败了，但是其影响很深远，政府不必要的干涉行为，已经深深影响了英格兰银行的信誉，更为严重的是这次事件使英格兰银行的特权地位受到新成立银行的挑战。[1]

在英格兰银行陷入困境的同时，却又偏偏遇到了英国的货币重铸事件。1696 年，威廉三世见市面上流通的货币缺损比较严重，于是颁布法令进行货币重铸。货币的重铸导致了银行每天可用于货币兑换的完整硬币数量受到了限制，合股银行家抓住机会，趁机收集大量英格兰银行的银行券向其兑换完整的硬币，以期破坏英格兰银行的信用，由此引发了 1696 年 5 月 4 日的挤兑风潮。[2] 这次风潮使原本就已陷入困境，且有点失去政府信任的英

---

[1] John Giuseppi, *The Bank of England: A History from Its Foundation in 1694*, London: Evans Brothers Limited, p. 28.

[2] 杨德森：《英格兰银行史》，商务印书馆，1926，第 13 页。

格兰银行面临破产的境地，幸得时任银行总裁兼伦敦市长约翰·胡布隆积极宣传银行的信用和政府的大力支持，并维持银行正常营业，普通存户所持银行券一律照付，这才稍稍安定了民心；在此基础上，为银行渡过难关，股东大会又宣布放弃当年股息，这才使得英格兰银行有资金去平息这次风潮。①

二 与南海公司的竞争

英格兰银行所面临的下一个竞争对手便是南海公司。1720年，由南海公司引发的南海泡沫危机对英格兰银行产生了深远的影响。南海公司是一家成立于1711年的特许贸易公司，17世纪后期至18世纪初，英国政府在与法国政府长期持续的竞争中形成了巨大的债务，这些债务严重影响了政府信誉和偿债能力。1711年，英国政府债务总计超过900万英镑。1720年初，英国国债面值高达约5000万英镑，1720年英国债券市场的利率水平为4%~5%，而这些国债利率大大高于市场水平，使英国政府不堪重负。为了摆脱困境，英国政府仿效法国政府采用了一种"嫁接办法"来清理负担沉重的短期国债市场，具体做法是：同大的垄断公司合作，用公众持有的国债来换取这些公司的股票，作为交换条件，政府为参与国债换股票的公司提供融资渠道和授予这些公司能够赢利的特权。即债转股的方式，所谓"债"即各种国债，"股"则是南海公司的股票。国债转换改变了原有的债务关系，政府仍需继续偿债但负担减轻，且省去了管理之烦。1720年

---

① 安月雷：《从私人银行到中央银行》，华东师范大学硕士学位论文，2009，第11~13页。

3月1日，南海公司与英格兰银行竞标这次"债转股"。英格兰银行当局看到南海公司有垄断金融业的意图，表示愿意向政府提供500万英镑的无息贷款，以期获得承购所有国债的权利。但是南海公司方面坚持不让，为了战胜英格兰银行，南海公司董事约翰·布伦特将出价总额提高到7567500英镑。[1] 由于南海公司用股票向议员和国王亲信行贿，1720年4月，英格兰银行的申请遭到了政府的拒绝，议会接受了南海公司的方案，南海股价立即从129英镑上涨到160英镑。[2] 未及数星期，大半国债均已转为南海公司的股票。南海公司中标的条件是，如果它获得3100万英镑的国债，就同意给予政府750万英镑贷款，而南海公司承揽的国债由政府按年支付5%的利息，且这一收益水平维持到1727年，之后年利率减少到4%。[3] 1720年4月14日，南海公司第一次发行新股时价格为每股300英镑，至8月24日第四次发行新股时每股竟上涨到1000英镑。[4] 主要原因是该公司不断向市场散布"在墨西哥、秘鲁一带发现巨大金银矿藏"，"金银财宝就要源源不断运回英国"之类的虚假信息，大大唤起了民众的投资热情，争先恐后地抢购南海公司的股票认购证。票面价值100英镑的股票，在接连不断的"利好"消息的冲击下，疯涨到1050英镑。南海公司的股价在不到8个月内上涨900%，这在资本市场发展的早期是一个天价。然而，无论是官方还是市场，都没有足够的信息来

---

[1] John Torbuck, *A Collection of the Parliamentary Debates in England*, London: Great Britain Parliment, 1741, p. 261.

[2] John Carswell, *The South Sea Bubble*, London: Cresset Press, 1960, p. 113.

[3] 李国运：《南海公司事件案例研究》，《审计研究》2007年第2期，第93页。

[4] 李国运：《南海公司事件案例研究》，《审计研究》2007年第2期，第92页。

支持公司对投资者做出的那些承诺。为了获得更多的现金和融通债务，南海公司分三次向公众提供股票预约认购，总共发行了87500股，还承诺所有持有国债的人都可以把尚未兑换的国债年金转换为南海公司的股票，结果有52%的短期年金和64%的长期年金被转换成南海公司的股票。这些举动给南海公司的股票投机大开了方便之门，轻而易举地筹集到了一大笔资金。

南海公司股票的一路狂升，导致全国的投机浪潮一浪接一浪，甚至带动当时全国新成立的175家公司的股票和其他公司的股票也成为投机对象，一时间，购买南海公司股票成了所有人发财致富的最快方式，连国王乔治一世也加入购买股票的队伍。南海公司为了防止因现金流入其他新成立的股份公司而影响到自身的股价，甚至向议会检举其他新成立的公司。1720年6月，英国国会通过了《泡沫公司取缔法》，法案否认了所有未得到国王或议会赋予法人资格的公司，消息传出，股民们纷纷抛售手中的股票，股市开始狂落，银行倒闭，公众的怀疑目光也逐渐扩展到南海公司。深陷困境之下，南海公司向英格兰银行求救，希望英格兰银行以每股400英镑的标准来支持它的股票，并持有其有担保债务的一大部分，但英格兰银行最终还是拒绝救援。1720年8月31日，南海公司股票市值为1640万英镑，此后不到一个月市值就蒸发掉1030万英镑，同年10月，伦敦的股票指数平均跌去一半。[①] 许多人的财富之梦顷刻之间化为泡影，损失惨重。因为南海泡沫起源于政府国债，因此政府的公共信用一落千丈，甚至有

---

① 王利民：《"南海泡沫"的由来及破灭》，《经济导刊》1994年第1期，第53页。

人公开叫板国王退位，严惩南海公司负责人。寻求南海事件的政治解决，采取有效措施恢复国家信用成为当时政府亟待解决的关系国家命运的问题。议会由此展开对南海公司背后黑幕的彻底调查，核查公司财务状况，发现南海公司债务高达 1450 万英镑，[①]南海公司自身根本无力偿还，倒闭是唯一出路。但南海公司成立源于政府国债，如果南海公司倒闭意味着政府的债务违约，议会两院的许多人本身就是原国债持有者和南海公司的股东，所以议会不能让南海公司倒闭，必须想办法拯救。1721 年 8 月，议会颁布了名为《恢复公共信用法》的拯救方案，规定免除南海公司承诺给政府的 700 多万英镑，但政府贷给它的 100 万英镑汇票仍需偿还；将南海公司股价降为 300 英镑和 400 英镑，不再要求股东缴纳后期款；国债持有人的国债转股票价格也相应降低；对股票买卖合同进行调整，以减少损害。[②] 同时，政府的一些头面人物也运用他们的政治影响力引导英格兰银行给予南海公司支持，英格兰银行经过较长时间的思考，最终向已经焦头烂额的南海公司伸出了援助之手，筹集了 300 万英镑资金贷给南海公司，同时将自己的 377.5 万英镑政府债券转化为南海公司的股票。英格兰银行进行股票认购时，投资者非常踊跃，人们将此戏称为支持公共信用，[③] 英格兰银行从而成为南海公司的最大股东，此举也使得

① John Carswell, *The South Sea Bubble*, London: Cresset Press, 1960, p. 238.
② Richard Dale, *The First Crash: Lessons from the South Sea Bubble*, Princeton: Princeton University Press, 2004, pp. 146-147.
③ John Giuseppi, *The Bank of England: A History from Its Foundation in 1694*, London: Evans Brothers Limited, p. 44.

英格兰银行在公众心目中的地位大增。[①] 南海公司泡沫是一场空前的金融灾难，但无意间成全了英格兰银行的历史地位。

三　充当最后贷款人

中央银行的成熟，离不开金融危机的推动，在 18 世纪类似南海泡沫破灭这样的案例中，英国经济体系受到了很大冲击，英格兰银行也受到经济冲击。最初当银行挤兑危机出现的时候，英格兰银行极不情愿救助别的银行。当时英格兰银行也没有完全确立中央银行的地位，某种程度上只是一个商业机构。但是伴随着危机的不断爆发，英格兰银行的反应变得迅速多了，因为挤兑具有传染性，会在银行间形成一种多米诺骨牌效应。这个时候如果有一家中央银行对首先出现挤兑现象的银行给予救助，往往就可以把危机消灭在萌芽状态。英格兰银行在 18~19 世纪的探索，使中央银行经历了从无到有的过程，最终明确现代中央银行的主要功能之一就是充当最后贷款人的角色。

整个 18 世纪，战争导致英国的国债数额不断增加，1700 年还只有 1200 万英镑，1727 年国债总额尚不足 2500 万英镑。1756 年，英法七年战争爆发，1775 年 4 月爆发了北美独立战争，1780 年至 1784 年进行了第四次英荷战争，1793 年英法战争，等等，使英国在 1763 年时尚为 13900 万英镑的国债，至 1793 年时已猛增至 24470 万英镑，增长了近 1 倍。而拿破仑战争结束后，已增

---

① 安月雷：《从私人银行到中央银行》，华东师范大学硕士学位论文，2009，第 13~14 页。

加到 8.5 亿英镑。[1] 国债的增加，使得政府更加依赖英格兰银行。因为战争中英国政府所需巨额资本，一方面来源于国内的税收和长期国债，另一方面则通过英格兰银行进行巨额贷款。英格兰银行在战争期间建立的有序的资金汇兑秩序，是英国在历次争霸战争中能够获得胜利的有力保证，巨额的英国国债财富都被政府用在了战争上，而这其中很大一部分又都是英格兰银行以收取年息的形式为其筹集的。

1756 年英法七年战争也深刻地影响了英格兰银行。战争结束后，英国和欧洲大陆都获得了和平，但是导致了欧洲大陆大批公司和银行的破产，在汉堡和阿姆斯特丹都发生了金融恐慌，这不可避免地波及伦敦。在此种状况下，伦敦大批商人和英格兰银行累计投入了近 100 万英镑的资金，用以恢复本国民众的信心。战争过程中大批银币被输往国外，造成了英国国内的银币短缺，于是英格兰银行最终通过铸造金币和发行银行券渡过危机。在面对这次金融危机时，英格兰银行给予其他公司或银行的贴现票据和银行券，成了危急时刻这些银行和公司的最后依靠。其实，除了曾在 1720 年向南海公司提供援助外，1694~1744 年，英格兰银行还曾 19 次给予东印度公司贷款，累计金额达 800 万英镑，以帮助其渡过难关。18 世纪后期英国发生了多次金融危机，如 1753 年、1763 年、1773 年、1783 年、1788 年、1793 年等的危机，在危机中，获得英格兰银行贷款的银行往往都能渡过难关，而一些乡村银行和得不到英格兰银行援助的城市银行或公司则接连破产、倒

---

[1] 安月雷：《从私人银行到中央银行》，华东师范大学硕士学位论文，2009，第 20 页。

闭。1772 年，英格兰银行未能给危机中的苏格兰艾尔银行提供帮助，由此导致了艾尔银行的倒闭，这也引起了其他一些和艾尔银行有密切联系的公司倒闭。[①] 这在某种程度上凸显了英格兰银行在银行系统中的领导地位，英格兰银行也是在数次危机中逐步认识到自身在防止或减轻金融危机方面所应承担的责任，英格兰银行在危机中充当了最后贷款人的角色。

18 世纪后半期英格兰银行所面临的危机，最严重的莫过于1793 年开始的英法战争造成的英国严重的商业危机，乡村银行纷纷倒闭，流通货币逐渐减少，英国工业发展几乎搁浅，所有这些都使得英格兰银行有可能面临单独维持信贷的困境。面对这种情况，英格兰银行通过缩减银行券发行量和提高贴现率等无奈之举等待时局的转变，英格兰银行 4 位董事参与组成了解决危机的调查委员会。调查委员会制定了一项计划，即以各类商品为担保，由财政部发行总额为 500 万英镑的具有商业汇票性质的国库券，用于国内流通，以解决当前的危机。这项计划得到了政府的采纳，但是，由英格兰银行负责管理债券基金的建议遭到了政府的否决，这些短期债券发行以后，国内危机很快就有所缓解，英格兰银行的压力也有所减轻。但是这次危机并没有立刻过去，1795年，当法国国内的纸币政策失效以后，国内用于日常支付的货币变得极为紧缺，那些对英国有债权或信贷的富户开始向英国支取先前寄存的金银。由于英格兰银行是伦敦实力最雄厚的银行，金银储备也最多，因此这次数额巨大的资金流出对英格兰银行的冲

---

① Richard Roberts & David Kynaston (eds.), *The Bank of England: Money, Power and Influence 1694-1994*, Oxford: Clarendon Press, p. 16.

击也最大；加上国内民众因法国宣称要进攻伦敦而产生心理恐慌，纷纷要求英格兰银行将银行券兑现成硬币，英格兰银行自身的黄金储备捉襟见肘，迫使英格兰银行不得不面对立即付现的严峻局面和考验。[①] 英国的乡村银行家和伦敦的商人心里明白，如果英格兰银行倒闭，那么他们手中的大量英格兰银行券将永远无法兑现，也将从此失去在困难时能给他们提供贷款帮助的唯一依靠。在这种情况下，1797 年，伦敦市官员为英格兰银行提供了坚实而有力的舆论援助，伦敦的商人、银行家出于对国家和英格兰银行的支持也加入他们的行列之中，自愿组成宣传队伍在伦敦的大街小巷呼吁人们支持英格兰银行。宣传队伍的领导人发表声明，声称他们将不会拒绝接受任何数目的英格兰银行的银行券，并且尽最大努力去使用英格兰银行的银行券，作为自己日常开支所使用的货币，在声明书上签名的人络绎不绝，总计超过 4000 人。[②] 英国政府也对英格兰银行给予法律上的支持，在皮特政府的允许下，咨询枢密院不经议会同意于 1797 年 2 月 27 日颁布了一项敕令，宣称英格兰银行有权停止支付黄金。当年 5 月，议会确认了这项权利，[③] 英格兰银行停止支付黄金，一直到 1821 年。由于这段时间国内铸币缺乏，为保证贸易顺利进行，英格兰银行第一次发行了 1 英镑和 2 英镑的银行券，以满足流通的需要，渡

① John Giuseppi, *The Bank of England: A History from Its Foundation in 1694*, London: Evans Brothers Limited, pp. 74-76.
② John Giuseppi, *The Bank of England: A History from Its Foundation in 1694*, London: Evans Brothers Limited, p. 76.
③ 〔英〕W. H. B. 考特：《简明英国经济史》，方廷钰等译，商务印书馆，1992，第 111~112 页。

过了这次危机，英格兰银行再一次经受住了考验。在各项解救危机的措施中，英格兰银行对于英国政府、英国银行业和英国普通商人的重要性不言而喻。[1] 1837 年，银行过量发行银行券，导致英国又发生了金融危机，危机使许多地方银行破产，严重影响了英国银行的信誉。在这次危机中，英格兰银行采取了积极行动，帮助有问题的银行渡过难关，充当了地方银行的"最后贷款人"。英国国会在 1844 年通过了《1844 年银行特许法》，从数额上限制了英格兰银行的货币发行权，规定"英格兰银行在其资本 1400 万英镑以内可以信用发行货币，而在 1400 万英镑以上的银行券发行则必须拥有 100% 的黄金储备"，这在一定程度上了否定了英格兰银行作为最后贷款人的职能。该法律规定明显不能满足现实的需要，英国政府不得不在随后的多次金融危机中宣布停止该法案的执行，同意英格兰银行自由发行货币。1854 年，英格兰银行成为英国银行业的交换中心，即清算中心。1857 年，美国爆发金融危机，波及英国。随着英国向之提供资金的美国银行铁路和商业公司的纷纷破产，英国的投资者持有的有价证券纷纷贬值，大规模银行倒闭事件发生。在这段时期内，英格兰银行采取了救助措施，增大了无准备支撑的货币供应量，以维护市场稳定。1866 年，位于英国伦敦的全球性银行奥佛伦-格尼银行（Overend & Gurney Bank）突然宣告破产。事发后，伦敦金融中心陷入一片恐慌，很多银行和公司纷纷倒闭，1866 年 5 月，财政恐慌达到极点，英格兰银行受到破

---

① 安月雷：《从私人银行到中央银行》，华东师范大学硕士学位论文，2009，第 19~20 页。

产的威胁，银行董事会收到了首相罗素和财政大臣格莱斯顿签署的信，批准 1844 年法令暂停生效，这样才使贷款业务得以扩大并使国内财政恐慌有所缓和。奥佛伦-格尼银行的危机以后，英格兰银行作为真正意义上的中央银行和成熟的最后贷款人开始发展起来。英国金融业也进入一个前所未有的稳定期。1890年，当新的金融危机来临时，英格兰银行董事会特地安排了一次捐款活动，结果得到了 17 亿英镑的捐款。这些捐款，大部分来自那些大的股份制银行。这次危机最终避免了，英格兰银行最后贷款人地位的基础也奠定了。① 英格兰银行在数次危机中不自觉地担负起"银行的银行"的职责。

正是因为在 19 世纪承担了最后贷款人的职责，英格兰银行奠定了中央银行的地位。一方面在国内稳定经营，使其在英国继续获得特许权，而这种稳定经营和特许权，同样还是靠着它在市场上的竞争力逐渐形成的；另一方面，英格兰银行在国外也赢得了不少追随者。整个世界在 19 世纪都在追随着英国的制度，中央银行体系尤其如此。19 世纪迎来了第一波中央银行热潮，那时候大概陆续组建了 20 余家中央银行，基本上都是英格兰银行的翻版。这些追随者们不仅追随英国人的中央银行制度，也追随英国货币制度，相继走向了金本位。② 英格兰银行除了运用直接向需要资金的银行提供贷款来调节整个银行系统的资金外，还通过

---

① 王燕：《从私人股份银行到中央银行——英格兰银行三百周年回顾》，《上海金融》1995 年第 10 期，第 31 页。
② 《南海泡沫、挤兑与最后贷款人》，《上海证券报》2016 年 5 月 23 日，http://finance.eastmoney.com/news/1372，20160523626247938.html。

改变它的贷款利率来影响整个银行系统的贷款利率。在金本位条件下，银行为了维持一定的黄金储备，不得不保持较高的利率水平。随着金本位的崩溃，利率的决定已不必考虑黄金储备的多少了，它纯粹被作为一种调节手段来使用了。

四　垄断银行券发行权

银行券是钞票、纸币的前身。早期的银行券往往可以随时兑换黄金，比起汇票更为便捷，都是私人银行发行的，并且有多家银行加入发行。与之对应，发行银行券的银行也需要有相应的黄金储备，因而资信良好的银行券更受欢迎。英格兰银行最开始主要是为政府债务从事汇票、本票等普通银行业务，由于其资信良好，其银行券也大受欢迎。起初，英国有 200 多家银行发行银行券，但数额和面额甚至信用都无法与英格兰银行比肩，银行券的初始发行往往难以控制，但最终经常以挤兑破产收尾。英格兰银行发行的银行券最初面额不菲，只在伦敦商业区及周边 30 英里以内的地方以结算账款的形式自由流通，也不是寻常的零售方式，往往是作为大额交易中黄金的替代品。从 17 世纪末开始，英国政府出台一系列法案巩固英格兰银行在金融市场上的地位。除了赋予英格兰银行经营国债的财政功能外，18 世纪初的英格兰银行还被授予买卖金银与汇票、借款、发行可流通期票的权利，在英格兰银行所获得的特许权中，最为重要的莫过于银行券发行的垄断权。1697 年，政府颁发新特许状，允许英格兰银行发行不需背书即可流通的银行券，并给予独占的特权；1708 年的特许状进一步明确这种特权，并禁止股东在 6 人以上的其他银行在不列颠的英格兰区域内以汇票、即期票据或期限在六个月以下的票据来借贷或承兑任何款项。随后，英格兰银行多次以向政府提供新的贷款为条件，进一步强化这种特许权。

尽管英格兰银行资信良好，但它的利润和大多数银行一样，依赖于公众对于其发行银行券的自愿接受和流通，这意味着当有人需要兑换银行券时必须给出回应，即使在危机时刻。1720 年和 1745 年英格兰银行成功解决两次挤兑风潮危机，使得英格兰银行发行银行券的特权进一步巩固。

1720 年英格兰出手援助南海公司时，再次掀起了英格兰银行的挤兑风潮。挤兑风潮来势凶猛，英格兰银行实行搪塞挤兑、故意放慢支付行为的办法，以 6 便士等小额面值的硬币支付银行券，同时又秘密雇人于挤兑的人群中拿着事先准备好的硬币，冒充存款客户将其存进银行，用"赢得的时间"召集伦敦商人表态愿意接受英格兰银行的银行券，最终使得这次风潮得以平息。

1745 年，因查理王子发动南征叛乱，人们出于恐惧心理纷纷向英格兰银行将银行券兑换成硬币，引发挤兑危机再次来临。英格兰银行号召伦敦城比较有影响力的 1140 位商人及私人银行家在 1745 年 8 月 26 日联合发表声明，宣称他们愿意接受英格兰银行的银行券以代替硬币，同时也极力劝说他们的债主们同样接受英格兰银行的银行券，伦敦商人、银行家的共同努力挽救了英格兰银行，稳固了英格兰银行的地位，也稳定了伦敦民众的信心。

成功渡过两次挤兑危机加上推行金本位制，英格兰银行银行券的流通范围迅速扩大到兰开夏、曼彻斯特和利物浦，深受欢迎。英格兰银行最初发行的银行券是 20 英镑面额，1759 年第一次发行 10 英镑面额，1793 年首次发行 5 英镑面额，直到 1797 年开始发行 1 英镑和 2 英镑小面额的银行券。英格兰银行发行的银行券可以随时在英格兰银行兑换成黄金，而充足的黄金储备为金本位的推行提供了坚实的保障。由此，在商业与贸易中，英格兰银行发行的纸币实际上等同于市场上流通的金币，这满足了商人或船东对纸币的需要，他们可以利用纸币结账，而不需支出或收进过多的金币，伦敦或其他银行家在与客户进行业务交往时也使用英格兰银行的钞票或支票，不再发行本行的钞票。伦敦的银行家们一直认为，英格兰银行的纸币和支票足以应付他们的一切需要。英格兰银行多次以向政府提供新的贷款为条件，进一步强化其银行券发行的特许权，1742 年、1764 年、1781 年经过重申后，英格兰银行的特许权不断得到强化，并发展为英格兰唯一的股份制银行，英格兰所发行的钞票在全国成了金币的代用品。1826年，英国议会通过了《1826 年英格兰银行法》，英格兰银行被指定为唯一在伦敦 65 英里范围内拥有发行银行券特权的股份制银行，在利物浦勋爵的指示下，英格兰银行进一步在伦敦 65 英里范围以外建立分行。

19 世纪 30 年代初，英格兰银行又面临特许状的延期问题。根据《1833 年英格兰银行法》，英格兰银行特许状延期 21 年，10 年后该行有权提出进一步延期的问题；该法还进一步为英格兰银行取消了贴现率为 5% 的限制，[①] 同时彻底废除了不准在英格兰地

---

① 〔美〕查尔斯·金德尔伯格：《西欧金融史》，徐子健、何建雄、朱忠译，中国金融出版社，2010，第 96 页。

区创办股份制银行的规定。于是在伦敦也产生了其他股份制银行，唯一的条件是不得发行银行券。《1833 年英格兰银行法》的重要意义还在于使英格兰银行发行的银行券获得了"无限法偿"①的资格，英格兰银行成为全国唯一的"法偿货币"②的发行银行。③

英国银行业的频繁危机，引起了社会各界的关注，要求对银行进行必要的管制，特别是要求控制银行券的发行。1844 年英国议会通过了《1844 年银行特权法》，也称《皮尔条例》。《1844 年银行特权法》规定，英格兰银行设立发行部与银行部，银行券的发行业务与其他业务绝对分离，发行部专门负责管理发行银行券；英格兰银行可以发行以国债为担保的银行券，发行限额为1400 万英镑，超过这一限额的部分，必须以十足的黄金储备作保证；禁止设立新的拥有发行银行券权利的银行，在这之前已成立的银行则不得再增发新的银行券；英格兰银行发行的银行券是英格兰和威尔士地区的合法银行券。《1844 年银行特权法》加速了英格兰银行和英国货币发行的垄断，也加速了存款银行的建立和发展，造成了发券银行与存款银行的分离和分立。《1844 年银行特权法》首次以法律的形式确立了英格兰银行独占货币发行权的地位，为英格兰银行最终集中银行券发行权打下了坚实的基础，

---

① 无限法偿，是指货币具有无限的法定支付能力。当用无限法偿货币进行支付时，不论支付的数额大小，收款人都不得拒绝接受。
② 法偿货币，是指依法律规定可用于在国内偿还债务的铸币或通货。此种货币具有普遍流通能力，使用数额不受限制。债务人提供法偿货币清偿债务时，如果债权人拒绝接受，则会丧失求偿权利。
③ John Giuseppi, *The Bank of England: A History from Its Foundation in 1694*, London: Evans Brothers Limited, pp. 94-95.

形成了现代中央银行制度的基础。这样，英格兰银行就在 19 世纪逐渐行使起发行银行的职能。至此，经过 18 世纪的曲折发展转变，英格兰银行在 19 世纪初期逐渐担负起中央银行的职责，成为实际意义上的中央银行。

五　英格兰银行国有化

18 世纪中叶，英格兰银行虽然还没有被政府赋予现代意义上中央银行的职权，但是已经在实际的社会经济发展中发挥了某些中央银行的职能。例如，它虽没有权力规定各银行发行银行券时的黄金储备标准，但是在金融危机时通过减少黄金储备、提高贴现率来发行银行券掌控形势，数次危机也使英格兰银行不自觉地代替政府管理着国库，行使着中央银行的代理国库职能。除了充当政府的金融代理人深深卷入债务管理中外，英格兰银行直到 19 世纪才开始承担中央银行的职能。在 19 世纪和 20 世纪早期，英格兰银行作为中央银行的角色发展起来，它的功能包括建立健全货币体系、维持货币与黄金的兑换、保护金融机构以及对银行运营进行控制和发展技术。与此同时，英格兰银行仍然是一家私有商业银行，有义务为其股东赚取收入。根据《1844 年银行特权法》，它担负起中央银行的职能，但仍然具有浓厚的商业银行色彩。后来，中央银行职能和商业银行身份出现根本性的、难以调和的冲突，导致它放弃商业银行业务，成为纯粹的中央银行。因此，英格兰银行大部分时期充当的是国家机构的角色，它的一切活动都从国家利益出发，都必须考虑与政府的关系。1946 年，英格兰银行国有化法案通过，英格兰银行被收归国有，被授权银行监管职能，从此，英格兰银行不再为私人股东所拥有，而为国家所有，银行的董事也由国王任命。英格兰银行国有化以后，便开始发挥在过去 250 年里发展起来的三个主要职能。第一，帮助政府制定并执行货币政策，英格兰银行通常运用对银行贷款进行直接管制、利息率政策及公开市场活动等手段来调节信用，执行货币政策。第二，根据《1979 年英格兰银行法》和《1987 年英格兰银行法》的有关条文，它拥有管理和监督商业银行的法定责任。任何一家金融机构想在英国接受存款，都必须取得英格兰银行的批准，并且在获得批准之前，必须接受一定的审查，包括对该金融机构财务状况的调查，对拥有并管理该金融机构的人进行诚实和能力方面的测试。第三，作为政府的银行，它执行代理国库、经营政府债务管理和监督商业银行的法定责任。英格兰银行还鼓励海外银行到伦敦办理各种业务，鼓励发展新金融市场，并且从各方面保证金融中心的基础——支付和清算体系的正常运转。[①]《1979 年英格兰银行法》与《1987 年英格兰银行法》进一步加强了它的银行监管职能，但是英国 20 世纪 90 年代不断发生的金融危机表明其监管职能不应被强化，相反应被取消，于是导致了 1997 年至 1998 年的中央银行法改革。本书将在银行监管章节详细论述。

英格兰银行的中央银行地位是在漫长的历史发展过程中逐步确立的，历史表明它作为中央银行的成长史也是其作为商业银行的衰落史。英格兰银行的资金深深地嵌入了英国财政体系

---

① 王燕：《从私人股份银行到中央银行——英格兰银行三百周年回顾》，《上海金融》1995 年第 10 期，第 31 页。

之中。英国政府对英格兰银行资金的需求，和英格兰银行对政府的特权保护需求一样，已经产生严重依赖感。正如 1781 年诺斯勋爵所言，英格兰银行是英国"宪政的一部分"和"实际上的国库"。[①]

六　成为宏观调节的银行

1946 年英格兰银行国有化后，英格兰银行附属于政府部门，但它不具有独立施行货币政策的权力，英格兰银行不能自行决定利率，更不能制定英国的货币政策。货币政策的决定权在政府机构，货币政策的制定由政府行政机构掌握，其中心决策机构是政府内阁和财政部，由财政部的经济预测处、政策分析处和部长们组成的政策协调委员会制定政策，然后由英格兰银行的专家对该政策进行预测并提交报告。当政策一旦形成之后，货币政策则由英格兰银行具体执行。英格兰银行法规定，英格兰银行受财政部领导，财政部有权对英格兰银行发号施令。英国货币政策的最终目标主要是经济增长率、失业率和通货膨胀率；货币政策的中介目标主要有货币供给量和利息率，其中控制货币基数以调节市场货币存量是货币政策的主要中介目标变量。英格兰银行这种隶属于财政部的政府性质，在某种程度上约束了其有效行使中央银行职能的作用。由财政部制定货币政策，英格兰银行负责实施，使中央银行在很大程度上成为政府的工具，这与日益高度市场化的英国金融市场显得格格不入。

---

① Richard Roberts & David Kynaston（eds.），*The Bank of England：Money，Power and Influence 1694–1994*，Oxford：Clarendon Press，p. 228.

在整个 20 世纪,英格兰银行货币政策职能的转变都受制于当时英国的经济形势。1918~1945 年是英国货币政策从幼稚逐步走向成熟的时期。[①] 第一次世界大战给英国经济造成巨大破坏,经过战后的短暂繁荣,20 年代转入停滞,30 年代又爆发了经济大危机,这给英国货币政策造成重大影响。1936 年,凯恩斯《就业、利息和货币通论》的发表对新古典经济学进行了一场深刻的革命,竭力主张国家干预经济,给利用货币手段调节金融提供了理论基础。1945~1979 年,英格兰银行执行货币政策的指导思想是英国凯恩斯主义,货币政策居于财政政策的辅助地位。其间,英格兰银行曾用特别存款来控制货币信用。特别存款是英格兰银行所实行的一种具有特色的控制货币信用的重要武器。1960 年,英格兰银行为了抑制通货膨胀,曾要求商业银行按吸收存款总额的 2%,向它提交特别存款,英格兰银行支付利息,其利率相当于国库券的利率。这种特别存款在性质上与公开市场业务有相似之处,它等于商业银行在金融市场上买进国库券,这样可迫使商业银行缩小信用规模,减少其对工商企业的贷款;反之,撤销或降低特别存款,扩大商业银行对工商企业的贷款,从而达到控制货币和信用数量的目的。

20 世纪 70 年代中后期,"滞胀"困扰着英国经济,凯恩斯主义被认为失灵了,货币主义趁机在英国逐步兴起。货币供应量指标的引入和以控制货币供应量为特征的货币政策在反通货膨胀中的作用越来越受重视。70 年代,英国的货币政策主要采用利率调

---

① 甘培根、王煜:《论英格兰银行货币政策的发展》,《国际金融研究》1991 年第 1 期,第 62 页。

控，同时结合汇率、资本和指导性的信贷调控。从 1973 年起，英格兰银行把对商业银行的最后贷款利率提高到 13%，并指示商业银行把基本利率也提高到 13%，这就等于英格兰银行又恢复了再贴现率。英格兰银行通过规定和调整再贴现率可以影响商业银行对客户所提供的信用数额：如果要紧缩信用规模，英格兰银行就调高再贴现率，缩紧银根；要扩大信用规模，英格兰银行则调低再贴现率，放松银根。事实证明，这一时期的货币政策措施未能对石油价格的冲击做出有效反应。1979 年，撒切尔夫人上台后，采取了货币主义的政策主张，货币政策的根本点是消除通货膨胀。经过努力，英格兰银行初步控制住了通货膨胀。但英国经济金融发展并不会一帆风顺，潜在的通货膨胀压力正日益重新变为现实。随着英国金融自由化速度的不断加快，使用货币目标决定适当的利率水平变得愈加困难并最终被证明不可行。80 年代末，在通货膨胀率再次上升、货币当局失去对货币状况控制的背景下，英国决定将英镑与德国马克挂钩，实行固定汇率制。为稳定金融，1980 年在英格兰银行和英国财政部联合公布的货币控制协议中，把向英格兰银行交存存款准备金的规定，扩大到整个金融机构，要求各银行和储蓄机构交存英格兰银行资产准备金的比率最低为 12.5%，备付债务准备金的比率最低为 1.5%。对这种准备金存款，英格兰银行不支付利息。英格兰银行可通过规定和调整存款准备金的比率，控制商业银行的信贷供应量，调节英国的金融市场，收缩或扩大信用。同时，1981 年 9 月，英格兰银行取消了每月公布最后贷款利率的做法，而让商业银行根据市场资金供求自由调整利率，同时，保留在必要时进行干预的权利，也就

是保留对利率提出建议和规定银行利率的权利。这种制度维持的
时间并不长，由于 1990 年后德国的货币政策越来越不适应英国的
情况，最终英国于 1992 年 10 月退出了欧盟的汇率体系，其后英
国的平均通货膨胀率明显有些下降。据统计，1980~1997 年，英
国的平均通货膨胀率在 G7 各国中排在第二位，波动幅度也仅低
于法国和意大利，排在第三位；1980~1996 年，英国平均失业率
达 9.5%，英国就业表现在七国集团中最差，说明宏观经济运行
的风险随处潜在。

　　1995 年，巴林银行倒闭，考虑到巴林银行破产带给英国金融
市场的波动，英格兰银行向公众宣布向英国银行系统提供充分的
流动性支持，英格兰银行的做法及时有效化解了危机，展现了英
国最后贷款人制度的成功。

　　1997 年是英格兰发展史一个重要的改革转折点，英格兰银行
正式被赋予独立制定和实施操作货币政策的职权，即英国货币政
策的制定权由财政部交给英格兰银行，但货币政策目标仍由财政
部制定。这主要因为欧元登临国际货币舞台，欧洲各国金融市场
之间的整合速度在加快，这对于当时尚未加入欧洲货币联盟的英
国是个挑战。英国为了继续保持伦敦的国际金融中心地位，不得
不考虑欧共体内部对监管同步的统一要求，改革其监管体制，逐
步与欧洲各国金融监管制度相衔接。因此，1997 年英国工党政府
上台后第 6 天，将货币政策的制定权由财政部交给英格兰银行；
第 20 天又将金融监管由英格兰银行划归金融服务监管局。这一
金融制度的历史性变革促进了英格兰银行、英国财政部和金融服
务监管局之间在制定、完善和实施货币政策，保持货币与金融稳

定方面的相互监督和有效制约。在新的体制下，英格兰银行主要围绕政府制定的通货膨胀目标，制定相应的货币政策，并保持其目标的实现，一旦超出目标范围（±1%），英格兰银行行长须向财政大臣写信道歉，并提出相应的对策措施。金融服务监管局负责对单个金融机构风险进行监测和处置，当出现系统性金融风险时则由英格兰银行、财政部和金融服务监管局共同研究，决定是否由财政部出资予以救助。①

　　《1998年英格兰银行法》则又为英格兰银行独立实施货币政策提供了法律保障。根据《1998年英格兰银行法》，英国成立英格兰银行货币政策委员会，负责制定货币政策。货币政策委员会是个相对独立的机构，它根据英格兰银行各部门提供的信息做出决策，再由相关部门执行。在新的货币政策框架内，英格兰银行的货币政策操作大多集中在货币市场，其主要目的是通过调节银行系统的总体流动性，保证官方利率的有效传导，进而实现货币政策目标。英格兰银行货币政策委员会的成立，标志着英格兰银行独立时代的到来。英格兰银行货币政策委员会的出现，也是中央银行业演变的一个重要事件，它也是全球中央银行货币政策委员会制度的典范，引领着21世纪中央银行业的发展方向。英格兰银行货币政策委员会成立后，英国宏观经济保持了良好的发展势头，一度扭转了英国经济发展长达30年的颓势，并在七国集团中名列第一，最终实现了低通货膨胀、高经济增长的政策收益。同时，英国的就业与经济增长保持了长期稳定，扭转了过去

---

① 李宏伟：《英格兰银行的职能定位及货币政策运作给我们的启示》，《西南金融》2000年第10期，第57页。

30 年的劣绩。1997~2006 年英国平均失业率为 5.47%，失业率波动仅为 0.68%，在七国集团中，这两个数字仅次于美国、日本，与 1997 年以前英国的失业率形成鲜明的对比。与失业率维持低水平且稳定相对应，英国经济保持了稳定的高增长，1997~2006 年英国经济增长率每年平均为 2.85%，达到了二战后历史同期最好水平，高出 1967~1986 年的平均水平（2.1%）0.75 个百分点，亦高于 1987~1996 年 2.4% 的水平；同时，英国经济实现了高增长低波动，例如，1997~2006 年经济增长率为 2.85%，波动率仅为 0.53%，1980~1996 年经济增长率为 2.08%，波动率却为 2.18%。[①] 这就表明，英国通货膨胀目标的实现，并没有损害其经济增长与就业政策目标，这归功于英格兰货币政策调控宏观经济的良好作用。

综上，英格兰银行在 1694 年因政府战时需要设立，开始获得部分独占发行权，并逐渐发展成为 "政府的银行"；随着发行权的扩大和《1844 年银行特权法》的颁布，成为 "发行的银行"。为保证金融业的安全，20 世纪后半期，英格兰银行以最后贷款人的身份出现，发展为银行制度的中心，成为 "银行的银行"；一战和 30 年代大危机的巨大破坏，使资产阶级政府更加体会到干预经济的必要，英格兰银行逐渐利用其货币政策调节经济、金融，从而成为 "宏观调节的银行"。1997 年，英格兰银行正式被赋予独立制定和实施操作货币政策的职权，标志着英格兰银行独立时代的到来。这样，经过三百年漫长的岁月，英国完全意义上

---

① 郭建伟：《英格兰银行货币政策委员会的绩效、成功经验及其启示》，《海南金融》2009 年第 1 期，第 50~51 页。

的中央银行——英格兰银行建立起来。英格兰银行大事年表见表 3-5。

表 3-5 英格兰银行大事年表

阶段	时间	重大事件
成立	1694 年	伦敦城 1286 个商人组成一个银行机构,即英格兰银行总裁公司,随即贷款给政府 120 万英镑,利息是 8%,支持英国在欧洲大陆的军事行动。其后,政府给英格兰银行总裁公司颁发了新特许证,这标志着英格兰银行的最终成立
垄断货币发行权	1697 年	《1697 年英格兰银行法》规定,英格兰银行是英格兰地区唯一的股份制银行。允许英格兰银行发行不需背书即可流通的银行券,给予独占的特权
	1708 年	《1708 年英格兰银行法》规定,在英格兰禁止成立 6 人或 6 人以上股份制银行或公司,英格兰银行取得在英格兰、威尔士股份制银行的垄断权
	1720 年	与南海公司竞争,"南海公司泡沫"事件后,英格兰银行最终成为南海公司最大的股东
	1745 年	英格兰银行发生挤兑风潮,伦敦城商人和银行家努力挽救英格兰银行
	1756 年	英法七年战争爆发,欧洲大陆很多公司和银行破产,英国国内银币短缺,英格兰银行最终通过铸造金币、发行银行券渡过危机
	1793 年	英法战争爆发,英国乡村银行纷纷倒闭
	1797 年	英格兰银行停止支付黄金,为保证贸易顺利进行,英格兰银行发行 1 英镑和 2 英镑的银行券

续表

阶段	时间	重大事件
垄断货币 发行权	1826 年	英国政府核准英格兰银行在伦敦城外 65 英里之内独占银行券发行特权。1826~1828 年，英格兰银行为处理各地区发钞银行无法顺利发送钞票的问题，设立第一家分行
	1833 年	英国议会通过法案，英格兰银行特许状延期 21 年，规定英格兰银行的银行券获得无限法偿资格，英格兰银行成为全国唯一法偿货币的发行银行
	1844 年	《1844 年银行特权法》出台，英格兰银行正式成为国家的发行银行。该法案规定：禁止设立新的拥有发行银行券权利的银行；英格兰银行内部，划分为银行部和发行部，发行部专门负责管理发行银行券；钞票流通数量有最高限额，即当时英格兰银行只能发 1400 万英镑，仅对政府借款作保证。其他已取得发行权的银行的发行定额也规定下来。此后，英格兰银行逐渐垄断了全国的货币发行权，至 1928 年成为英国唯一的发行银行
	1928 年	英国议会通过《通货与钞票法》，使英格兰银行垄断了在英格兰和威尔士地区的货币发行权，英格兰银行成为实际意义的中央银行
清算银行	1854 年	由于英格兰银行对银行券的日益独占，作为政府银行的代理职能日益加强，再加上其银行券信用稳固，流通的范围日益扩大。从 18 世纪起，许多商业银行为了业务上的方便，纷纷在英格兰银行开立往来账户。英格兰银行成为英国银行业的交换中心，即清算中心。

阶段	时间	重大事件
最后贷款人	1837 年	因银行过量发行银行券导致英国出现金融危机，很多地方银行破产，英格兰银行拿出大笔的资金帮助那些有困难的银行渡过难关，这也是英格兰银行充当地方银行"最后贷款人"角色的开始
	1839 年	英格兰银行第一次把其利率提高到5%以上，对抑制经济过热起到了很好的作用
	1857 年	美国爆发金融危机，波及英国。随着英国向其提供资金的美国银行铁路和商业公司纷纷破产，英国的投资者持有的有价证券纷纷贬值，大量银行倒闭。在这段时期内，英格兰银行采取了救助措施，增大了发行无准备支撑的货币供应量，以维护市场稳定，这也是保护其自身储备的需要
	1866 年	1866 年，位于英国伦敦的全球性银行奥佛伦-格尼银行（Overend & Gurney Bank）突然宣告破产。伦敦金融中心陷入一片恐慌，很多银行和公司纷纷倒闭。1866 年 5 月，当时财政恐慌达到极点，英格兰银行受到破产的威胁，银行董事会收到了首相罗素和财政大臣格莱斯顿签署的信，批准 1844 年法令暂停生效，这样才使贷款业务得以扩大并使国内财政恐慌有所缓和。奥佛伦-格尼银行的危机通常被看作英格兰银行承担最后贷款人职能的开始，自此以后英格兰银行作为真正意义上的中央银行和成熟的最后贷款人开始发展起来。英国金融业也进入一个前所未有的稳定期

续表

阶段	时间	重大事件
最后贷款人	1872~1873年	在多次的金融危机中，英格兰银行通过合适的信用调节，使英国安然地渡过了金融恐慌。其对稳定金融所起的作用，不仅提高了其自身声誉，也使其最终成为英国的中央银行，并对世界其他国家的中央银行制度产生了重大影响
	1890年	1890年，当新的金融危机来临时，英格兰银行董事会特地安排了一次捐款活动，得到了1700百万英镑的捐款。这些捐款，大部分来自那些大的股份制银行。这次危机最终避免了，英格兰银行的最后贷款人的基础也奠定了
国有化	1946年	英国国会通过英格兰银行法案，英格兰银行正式收归国有。同年，英国议会通过《英格兰银行法》，赋予英格兰银行更为广泛的权力，使它可以按照法律对商业银行进行监督和管理，负责利率的制定及修改；英格兰银行终于名正言顺地成为英国的中央银行
	1979年	《1979年英格兰银行法》规定，英格兰银行拥有管理和监督商业银行的法律责任，任何一家金融机构想在英国接受存款，必须取得英格兰银行的批准
	1995年	巴林银行倒闭，考虑到巴林银行破产带给英国金融市场的波动，英格兰银行向公众宣布向英国银行系统提供充分的流动性支持，英格兰银行的做法及时有效化解了危机，表明英国最后贷款人制度的成功
	1997年	英国中央银行法改革，英国成立英格兰银行货币政策委员会，英格兰银行正式被赋予独立制定、实施操作货币政策的权力，这标志着英格兰银行独立时代的到来

第四章

英国的银行金融机构

第一节　英国的零售性银行

在英国银行体系中，零售性银行是英国商业银行的主体，主要向个人和中小企业客户提供现金存取款、贷款安排和资金转账等服务的基本业务，在全国拥有大批从事零售业务的分支机构并有资格参加清算委员会。清算银行是零售性银行的主要组成部分，在英国金融体系中发挥着重要作用，其资产和吸收的存款据估计占英国银行业总资产和存款总额的90%。随着英国银行业竞争的日趋激烈以及政府对银行竞争限制的放松，英国零售性银行也可以从事多种经营业务，如批发性银行业务、证券业务、承兑行业务等，大多数零售性银行目前都拥有自己的金融行、租赁公司、代理融通公司、承兑行、证券交易公司、保险公司和单位信托公司等多种金融机构。英国的零售性银行可分为清算银行、信托储蓄银行、国民划拨银行、英格兰银行银行部和贴现行。

一 清算银行

除英格兰银行外，在英国最有影响力的金融机构就是清算银行。英国清算银行的性质是商业银行，是指吸收存款、发放贷款、创造货币支付机制，并且以赢利为经营目标的商业银行，但以短期资金的借贷为主。20 世纪 70 年代以后，一些清算银行又经营住宅抵押贷款、租赁、保险、投资、信托、办理旅行支票等业务。与其他国家的商业银行相比，英国的清算银行一般不向中央银行进行再贴现，也不向其借款，由于清算银行对贴现行提供以票据作抵押的短期拆放，当它们本身资金短缺时，就收回拆放给贴现行的短期资金或停止向贴现行拆放，迫使贴现行向中央银行再贴现。这样，在中央银行和商业银行之间就存在一个货币市场，起到调剂资金的桥梁作用。在这一市场中，中央银行实际上是间接地通过贴现行给清算银行提供了资金。这是英国银行制度的一个突出特点。1985 年以前，英国共有 9 家清算银行，分别组成两个清算银行委员会：伦敦清算银行委员会和苏格兰清算银行委员会。

伦敦清算银行委员会包括英格兰银行、巴克莱银行、劳埃德银行、米德兰银行、国民西敏寺银行、库茨银行以及威廉姆·格林银行。所谓清算，就是把一张支票上的金额从开票人的银行转移到收款人银行的过程。因此，在交换不同的银行支票以清算资金这个意义上，早期人们把上述 6 家银行称为清算银行。实际上，这些清算银行都是从事普通银行业务的商业银行，它们在英国银行中居于垄断地位。

苏格兰清算银行委员会在 20 世纪 60 年代以前共有 5 家清算银行。经过 60 年代末期的合并风潮，苏格兰清算银行减少为 3 家，它们是：克拉埃特斯台尔银行、苏格兰银行以及苏格兰皇家银行。苏格兰清算银行的业务活动与伦敦清算银行的业务基本相同：吸收存款、发放贷款、通过自己的分支机构从事承兑行业务和租购租赁业务。苏格兰清算银行虽然不像伦敦清算银行那样在许多海外中心地区拥有分支代理机构，但它们仍然有自己的海外营业所。

9 家清算银行后来又发展合并为 6 家，包括巴克莱银行、劳埃德银行、米德兰银行、国民西敏寺银行、苏格兰银行、苏格兰皇家银行。如今，形成了英国最著名的四大清算银行几乎平分天下的局面，分别是劳埃德银行、巴克莱银行、国民西敏寺银行和米德兰银行。清算银行数目不多，但资本雄厚、规模大，拥有庞大的分支机构网，是英国零售行业业务和货币传送活动的主要机构。清算银行在国外占英国银行体系全部英镑资产和负债的一半。清算银行经营商业银行的全部业务，除办理传统的存贷款外，还经营住宅抵押贷款业务、租赁业务、保险业务、投资业务、办理旅行支票，以及兼营承兑行、信托公司和代理融通公司的业务等。清算银行也从事广泛的国际业务，如欧洲货币的拆放、外汇买卖、证券买卖等。清算银行的业务扩展模式是广泛在海外设立分支机构，如劳埃德银行在欧洲有 40 个分支附属机构，国民西敏寺银行在欧洲有 10 个分支附属机构，在美国亦有分支机构。米德兰银行在美国、欧洲都有分支机构。从发展趋势看，巴克莱银行、劳埃德银行在国外的活动主要采取建分行和附属机构的办法，国民西敏寺银行则采取参股办法来扩大业务活动。清算银行为英国银行业的核心，在英国银行体系中具有垄断地位。以下是英国著名的四大清算银行[①]的介绍。

（一）实施专业型多元化发展战略的劳埃德银行

劳埃德银行是英国四大私营银行之一，1765 年建立，原名泰勒·劳埃德公司，1889 年改现名。控制的银行主要有伦敦蒙特利尔银行、劳埃德欧洲银行、新西兰国民银行等。1972 年起与米德兰银行、国民西敏寺银行等联合开展信用卡业务。在国内与石油、钢铁、飞机、航运界关系密切，在国际上设有多家分支机构，总行设在伦敦。20 世纪 80 年代以前，劳埃德银行曾是英国银行业中最早进行国际业务的银行之一，是伦敦票据交换银行之一，于 1911 年在法国设立了第一家分行，1918 年在南非设立了分行，兼并银行 50 多家，70 年代进行了大规模的全球扩张。直到 20 世纪 80 年代后期，劳埃德银行实行的一直是全球扩展和业务多元化、向综合型国际银行发展的经营战略。1971 年劳埃德银行在拉美收购了伦敦南美银行，将它与 20 世纪 50 年代收购的欧洲劳埃德银行合并；1974 年在新西兰购入新西兰国民银行，还在美国纽约、洛杉矶和欧洲大陆开设了分行；1978 年设立劳埃德承兑行进入投资银行业务。此时的劳埃德银行作为一家实行全球扩张和产品多元化的银行，与许多其他国际银行一样，受收入波动和大量不良贷款困扰。但是在全球扩展的过程中，劳埃德银行并

[①]　四大清算银行的介绍参考朱海莎、钟永红《英国四大银行经营战略的变革与启示》，《金融论坛》2005 年第 7 期，第 33~37 页。

没有非常清楚的战略发展方向。20 世纪 80 年代后期，受收入波动发展余地小和大量不良商业房地产贷款困扰，劳埃德银行对自身在竞争环境下产品、客户以及市场进行综合分析，认为全球投资和批发性银行业务的利润已经非常微薄且不稳定。危机之际急需一场转型和改革。1983 年，布莱恩·皮特曼就任劳埃德银行总裁。经过慎重细致分析，他认为英国零售性银行业务能产生巨大而稳定的利润，因此决定改变经营战略，剥离一部分经营不好的业务，将发展重点放在零售性银行业务领域，实施专业型多元化银行发展战略。1987 年，劳埃德银行关闭了投资银行以及在美国、欧洲和远东的一部分分行，并放弃英国和欧洲政府债券市场定价者的地位，放弃了申请东京证券交易牌照的机会。放弃的同时，皮特曼把战略眼光投向零售性银行领域，劳埃德银行在零售性银行领域中超越传统存贷款业务，进入住房抵押贷款、人寿保险和资产管理业务领域，为此 1988 年它收购了阿倍国民银行，扩大了正在增长的保险业务；1995 年收购了查尔顿姆和格劳斯特，增强了银行的住房抵押贷款业务；1995 年又与在保险和传统存款及贷款产品组合上具有突出优势的信托储蓄银行进行了合并，进一步扩大了客户基础并拥有了强大的组合销售能力。在国内业务建立了强大且持续的市场地位后，劳埃德银行开始有选择地将其英国的零售性银行业务网络向不同的欧洲国家扩展。劳埃德银行是英国第一家对"大而全"传统思维和多元化观念进行挑战和说"不"的银行，也是第一家重视对股东利益进行战略性综合分析的银行。在国际银行业综合化和国际化发展潮流下其退出批发性银行和投资银行业务，专注零售性银行业务，退出全球大部分市场，专注英国国内市场兼顾欧洲市场的经营战略似乎更值得引人思考。如今劳埃德银行已发展成为以英国零售性银行业务为重点，拥有多产品、多区域和多客户基础的世界零售金融服务领域的巨人。根据 2004 年 7 月《银行家》杂志，2003 年劳埃德银行按一级资本排名，居世界第 26 位，按平均资本收益率排名，居世界第 43 位。2008 年，劳埃德银行又收购了哈利法克斯银行，并顺利渡过金融危机的关口。2009 年，通过配股方式筹集 135 亿英镑资金，开创了英国历史上规模最大的配股交易，显示了强劲的发展势头。①

（二） 实施突出核心能力的综合化发展战略的巴克莱银行

巴克莱银行于 1690 年成立，是英国最古老的银行，具有逾 300 年历史，是全世界第一家拥有 ATM 机的银行。最初是一家为顾客保管黄金、提供贷款的私人银行。1896 年，20 家私人银行因为家庭、业务、宗教关系而合并成为新的股份制银行，新银行的负责人是巴克莱，之后开始兼并其他银行。1905 年兼并 Bolithos 银行，1916 年兼并 United Counties 银行，1917 年正式改称巴克莱银行。1918 年，巴克莱银行与伦敦地区银行和西南银行合并，从而成为英国最大的五家银行之一，当时巴克莱银行居第二位。巴克莱银行在世界范围内业务的扩展自 1925 年开始，三家拥有巴克莱银行股份的银行进行了合并，这三家银行是：殖民银行、英国-埃及银行、南非国家银行。1926 年，以 "巴克莱" 命

---

① 范文燕：《劳埃德银行：对 "大而全" 说不》，http://www.doc88.com/p-97482343 92594.html。

名的银行已经达到了 1837 家，其中曼彻斯特联合银行在 1940 年
开始独立经营。20 世纪 30 年代以后，巴克莱银行一直是英国银
行体系中最重要的成员，位居英国著名的"四大清算银行"之
首。巴克莱银行也是一家全球知名的国际化银行。早在 1925 年，
它就完成了三次全球性收购，成功地打开了西印度群岛、中东和
非洲市场，奠定了它在全球银行产业的地位。20 世纪 60 年代开
始开拓海外市场，在法国、瑞士、意大利、荷兰、联邦德国、比
利时均有分支机构，在意大利开设有巴克莱开索西银行（占 71%
股份），在纽约设立了 2 个分支机构，1965 年又在美国加州建立
分行，在美国西部有 28 个分支附属机构。1966 年发行了全英第
一张信用卡，1979 年，在美国已有 8000 余名员工，100 多家分
行。在欧洲买入了欧洲银行公司和德国墨克芬银行，在西班牙和
法国都开设分行，把投资银行业务作为重点。1981 年，巴克莱成
为首家向美国证券交易委员会提交在纽约市场募集长期资金申请
的外资银行。1986 年，巴克莱成为首家在东京及纽约证券交易所
上市的英国银行。巴克莱开办投资银行业务，并发展成为巴克莱
资本。80 年代中期，由于第三世界债务等因素的影响，该行业务
一度受挫，1986 年被国民西敏寺银行占据上风而位居第二。1987
年新的董事长奎因顿上任，经过一年时间的战略调整和业务开
发，试图削减成本，扩大贷款规模，改善英国银行零售业务的营
销，1987 年又重占鳌头，1987 年发行了全英第一张借记卡。1992
年底，巴克莱银行的资产总值为 2254.58 亿美元，资本为 90.14
亿美元。资产和资本均居英国第 2 位，资产居世界第 20 位，资本
居世界第 21 位。巴克莱银行总行设于伦敦，国内有业务中心 325

家，分行 2400 多家，并在 74 个国家设有分支机构 1200 多家。到 1992 年底共雇用员工 105000 人。巴克莱银行曾是英国多元化和国际化程度最高的综合性跨国银行。作为一家综合性银行，巴克莱不仅在英国拥有庞大的个人和工商企业业务市场，而且在全球多个地区及主要国际金融中心经营批发性和零售性银行业务，同时还在国内外市场从事保险、资产管理及投资银行业务。20 世纪 90 年代以来，随着国内外市场竞争状况的变化，巴克莱银行在经营战略方面进行了多次变革，但一直坚持综合性跨国银行的战略定位。

随着全球银行业竞争的日益激烈，巴克莱银行认识到，所有银行都必须更加专注自己的核心业务，使经营进一步合理化。为此巴克莱银行退出了在法国亏损的商业房地产贷款和中小业务贷款业务以及美国的公司贷款业务，将投资银行业务集中在债务市场方面，开始实施坚持综合化和国际化发展方向，坚持集中精力发展在批发性银行、零售性银行以及投资银行领域中最具核心能力业务的经营战略。巴克莱银行进行了一系列内部整顿和战略调整，完成一系列关乎公司未来发展的重大事项，使公司得到了快速发展。2000 年，巴克莱银行收购在英国国内抵押信贷和农民住房信贷业务占有相当大市场份额的 Woolwish 银行，巩固了它在英国国内商业银行中的地位。2001 年，巴克莱银行与全球著名的英国保险公司法通公司建立战略联盟，出售保险、年金和投资产品，扩大了业务领域和利润空间。2003 年，收购西班牙最大的私人投资银行集团，巴克莱银行成为西班牙最大的外资银行，西班牙市场为巴克莱银行贡献了越来越多的利润。2003 年，巴克莱银行与英国著名的信用卡公司共同发行五年交易卡，使巴克莱银行的信用卡市场进一步扩张。2005 年，巴克莱银行收购南非和非洲最大的银行 Absa，成为南部非洲最主要的外资银行。2007 年完成与荷兰最大的银行荷兰银行的合并。

目前巴克莱银行将其业务按英国零售性银行业务、英国批发性银行业务、全球私人银行业务、国际零售性与批发性银行业务、全球信用卡业务、全球资本市场业务及全球资产管理业务进行了条块划分。从英国国内市场看，巴克莱银行通过 2061 家分支机构为 1400 万个零售客户、57 万中小企业客户和 18 万个大中型企业客户提供多元化服务，零售性银行与批发性银行业务的税前利润占总利润的 49%。从国际市场看，巴克莱银行通过覆盖欧洲、北美、非洲、亚洲 60 多个国家和地区的 800 多家分支机构为其全球客户提供多元化服务。从业务方面看，巴克莱银行注重依托本土市场，面向全球市场重点发展信用卡业务、私人银行业务、资本市场业务和资产管理业务。目前巴克莱银行是全球最大的信用卡机构之一，发卡量达 1560 万张；巴克莱银行也是世界最大的资产管理机构之一，为全球 2600 多家机构客户提供投资管理与服务，管理的资产超过 7000 亿英镑。在私人银行业务方面，巴克莱银行拥有超过 30 万个高端客户，运作资金达 770 亿英镑，并且是英国最大的股票经纪商。在资本市场业务方面，巴克莱银行主要致力于为大型企业、机构和政府提供资金融通和风险管理服务。通过实施突出核心能力的发展战略，巴克莱银行取得了良好的经营业绩。根据 2004 年 7 月的《银行家》杂志，2003 年巴克莱银行按一级资本排名居世界第 13 位，按平均资本收益率排名居世界第 188 位。巴克莱银行在 2008 年先是遭受了金融危机，随后不久又被指控和其他银行操纵了关键利率，这两件事让巴克莱银行在当时遭受了严重的信任危机。为了应对这一状况，巴克莱修改了它的品牌宗旨，提出了"帮助顾客以正确的方式实现他们的财务快速增长"，从而拿回市场，实现扩张，并快速吸纳了 14 万名员工，重新被大众认可。截至 2012 年，巴克莱银行总资产高达 1.49 万亿英镑，为全球第七大银行，在英国是位于汇丰银行（HSBC）之后的第二大银行。

（三）被汇丰银行并购的米德兰银行

米德兰银行成立于 1836 年，到 20 世纪 20 年代发展成为英国及世界上最大的银行，其发展史反映了整个英国商业银行的历史。从 20 世纪 40 年代后期到 20 世纪 90 年代初期，由于盲目追求高速增长和综合化、国际化的经营战略，以及在公司治理机制方面的缺陷和管理上的官僚主义作风，米德兰银行经历了一个漫长的停滞和衰落时期。其主要客户是传统的重工业及纺织业，国际业务发展比较谨慎。20 世纪 70 ~ 80 年代因向拉丁美洲贷款及收购美国 Crocker National，分别产生 24 亿及 36 亿美元亏损，为日后被收购埋下伏笔。

在公司治理机制方面，它没有明确董事会和总裁的权力分配与相互制衡。特别是 20 世纪 70 年代后，银行出现了一个两分的总裁结构，一个负责国内银行业务，一个负责国际银行业务，相互之间从不联系，无人可以管理整个银行，使得本已官僚主义严重的米德兰银行出现了两大官僚机构。在国际化发展战略方面，为赶超其他银行，它改变了传统的代理行和国际联合的业务战略，实行以花旗银行为榜样的海外机构扩张战略。在这种经营战略导向下，1980年米德兰银行盲目且草率地购买了实际已存在大量不良贷款的美国加利福尼亚克罗克银行，更为严重的是收购后只是不断地进行注资，而未能对克罗克银行实施有效管理，致使克罗克银行的经营状况持续恶化，1986年米德兰银行不得不又将克罗克银行卖出，而这一收购与卖出给米德兰银行造成了约10亿美元的损失。在业务综合化发展战略方面，米德兰银行也紧跟潮流，20世纪80年代已有四个方面的业务（英国零售性银行业务、公司业务、国际银行业务和投资银行业务）。1986年由于米德兰银行的损失规模很大，特别是收购克罗克银行和大量坏账造成资本减少，英格兰银行对其进行了介入管理。之后米德兰银行开始走中间发展道路，采取了使银行既不成为专业化很强的零售性银行，也不成为具有很强实力的综合型银行的经营战略，并逐渐成为一家在国际零售业务上不强、在任何业务上都没有很强竞争力的银行。1980～1992年，米德兰银行经历了12年的巨额损失时期，银行资本大大减少，至1992年汇丰银行集团收购时，它是一个仅仅能维持生存的银行，许多业务计划都是以维持生存为基础制定的。

1987年，汇丰银行集团购买了米德兰银行14.9%的股份，并制定了两家银行于1990年全面合并以确保米德兰银行生存的长期计划。1990年汇丰银行在几乎完成收购米德兰银行交易的情况下，考虑到英国及全球经济形势恶化以及米德兰银行的不良业绩，又撤出了收购行动。1991年，米德兰银行的业绩奇丑，亏损达到 4900 万英镑，坏账拨备达 9 亿英镑。1992 年，汇丰银行集团再次决定收购米德兰银行，并于同年 6 月完成了收购交易。收购完成后，汇丰银行集团对米德兰银行实行了严格管理，并将其业务发展战略纳入整个汇丰银行集团的经营战略之中，使米德兰银行将重点放在核心业务竞争力上，到 1997 年底米德兰银行已从过去几十年的衰落困境中彻底摆脱出来，总资产达 1020 亿英镑，税前利润 16.25 亿英镑，税后股本回报率为 26.0%，成本收入比为 57.5%，并成为占据汇丰银行集团很大部分收入和成本的成员。为配合汇丰银行集团的统一品牌，米德兰银行于 1999 年易名为英国汇丰银行。

（四）成功完成经营业务和经营风格转型的国民西敏寺银行

英国国民西敏寺银行是 1968 年由国民地方银行和西敏寺银行两家银行合并而成的。国民地方银行成立于 1833 年，原名英格兰地方银行，1918 年改名为英格兰国民地方和联合银行。西敏寺银行成立于 1836 年，原名伦敦西敏寺银行，1909 年与伦敦郡银行合并后又兼并了马尔斯特、诺丁汉、史迪威尔等银行。1970 年 1 月 1 日，国民西敏寺银行正式营业。国民西敏寺银行在全球范围内向个人、公司、政府和机构提供广泛的零售、商业银行和投资银行服务。主要领域是零售和商业银行业务、资产管理、全球金融市场、全球债务市场和咨询。当时，该行为摆脱地方银行特性，应对竞争，提出了建立"全球性银行"的战略目标，实施扩张战略，一时间，国民西敏寺银行直接拥有或控制的子公司达 50 多家，遍及北美、东亚、中东、欧洲、大洋洲的 40 多个国家和地区。20世纪70年代以来，该行资历一直次于巴克莱银行，在英国位居第二。1986年英国金融改革后，进入投资银行领域，90年代初进入保险领域。由于只有业务扩张，没有发展战略，经历了重大挫折。首先，在其投资银行发生错误引导投资者的"蓝箭事件"。①其次，其在美国的零售性银行业务出现巨额亏损。1991年底，该行在美国的收购成本和资本注入达25亿美元，亏损745亿美元。"蓝箭事件"后国民西敏寺银行原董事长、总裁引咎辞职，分别由亚历山大爵士和温勒斯接任。危机转型之际，新任领导决定进行国民西敏寺银行的结构重组，包括以20亿美元出售美国新泽西州分行，又陆续出售芝加哥、旧金山、波士顿等地的分行共筹资35亿美元，还出售了西班牙、德国、意大利的分支机构，兼并美国债券交易商格林威治资本公司。为了拓展东亚证券交易市场，国民西敏寺银行于1994年初与香港惠乐克集团共同出资成立惠乐克国民西敏寺银行证券公司，以资金、技术、人才优势力图成为亚洲证券巨擘。1996年12月，又以1亿多英镑吞

---

① 蓝箭事件是20世纪80年代英国证券交易丑闻之一。1987年9月下旬，从事人力资源开发的蓝箭公司，为筹资并购美国人力公司，委托科蒂证券公司发行价值8.37亿英镑的股票，但最后实际认购率仅49%。发行商科蒂证券公司认购了4.9%的蓝箭股票。国民西敏寺银行也认购了4.6%。1987年10月19日全球股市崩溃，国民西敏寺银行终于认识到购买蓝箭股份是一大失策，于是赶快把4.6%的股份转移给科蒂证券公司。此时科蒂证券公司共持有9.5%的蓝箭公司股票，明显违反证券交易法规和同业规范。按规定超过5%的持股者必须公开声明，发行商、交易商也不例外，必须公开表明持股的目的。事后调查认为蓝箭公司、科蒂证券公司合谋股票内幕交易，人为抬高股价，欺骗操纵市场，扰乱金融市场秩序。最后伦敦法庭对4位舞弊案的当事人判处金融舞弊罪，并处监禁12个月至18个月，并处一定额度的罚款。国民西敏寺银行作为交易商，多次购买囤积大量股票，伺机抛出，从中牟取暴利。国民西敏寺银行成为举国声讨的对象。英国经济界把蓝箭公司股票事件列为20世纪80年代证券交易丑闻之一。

并了英国的小型投资商汉布罗·马根公司。1996 年 11 月 5 日，宣布以巨款和股票交换方式购入惠乐克的股权，使之成为独资企业。1997 年以来除出售部分境外产业外，主要方式是关停并转零售机构，提高硬件水平，每年投入近 10 亿英镑用于更新改造和购置先进设备。该行经营作风稳健，十分注重开发国内零售业务，且在拉美债务泥坑中涉足不深，因此在资本实力和赢利水平方面逐渐与巴克莱并驾齐驱。1992 年该行资本为 84.28 亿美元，资产总值为 2165.35 亿美元。按资本排列，在英国银行界居第 3 位，在世界 500 家大银行中居第 12 位。按资产，居英国第 3 位，居世界第 22 位。到 1997 年 6 月 30 日，该行已拥有总资产 2061 亿英镑，总资本达 119 亿英镑，税前利润为 7.75 亿英镑。与 1986 年相比，资产、利润均翻了一番多，这主要得益于银行自身的业务整顿转型发展战略。1997 年，国民西敏寺银行集团下设的国际贸易和金融服务部被评为英国国际贸易银行第一名，在短期和中期借款、资金管理、租赁和外汇交易等方面是服务最好的银行。但 1997 年 2 月 28 日，国民西敏寺银行因受衍生品操作不当，遭遇重大损失。当日，国民西敏寺银行在伦敦股市收市后发表声明：由于该行市场部一位高级经理监管不力，致使该部在从事利率期货交易中错误定价，造成高达 5000 万英镑、折合 8140 万美金的巨额亏损，最终使其投资银行部门 6 年损失 4.5 亿美元。这成为英国银行业经营史上的重大损失案。2000 年 2 月，苏格兰皇家银行一举成功收购了比自己资本规模大 3 倍的国民西敏寺银行。由于该行收购涉及金额达 210 亿英镑，创下了英国历史上银行业收购的最高金额纪录。

　　这四大著名的清算银行虽以零售业务为主，但实际上发展路径都是从全能银行战略走向市场集中化战略。在对外开放日益深化和国内市场竞争加剧的背景下，四大清算银行从最初的全面经营一切银行业务，追求大而全的粗放型的增长战略，到重视战略重点，突出主营业务和股东利益，经营风格也从盲目跟风向沉着冷静转变。四大清算银行代表了欧洲银行最高水平，均居世界大银行前列。1989 年《银行家》编制的 1988 年"世界银行 100 家"，按资本顺序排列，国民西敏寺银行居第 1 位（资本折合 109 亿美元），巴克莱银行居第 2 位（资本 105 亿美元），劳埃德银行居第 18 位（资本 59 亿美元），米德兰银行居第 21 位（资本 55 亿美元）。如按资产顺序排列，则国民西敏寺银行居第 17 位（总资产 1785 亿美元），巴克莱银行居第 14 位（总资产 1894 亿美元），劳埃德银行居第 40 位（总资产 938 亿美元），米德兰银行居第 37 位（总资产 1008 亿美元）。自 2015 年下半年以来，欧洲银行业面临着日益严格的监管规定，裁员风波和业务收缩不断，逐渐与大西洋彼岸的竞争对手美国银行业拉开差距。2016 年 11 月 21 日，国际清算银行旗下金融稳定委员会发布了 2016 年全球系统重要性银行排名，英国四大清算银行中巴克莱银行排名最好，居全球第七位。

二　信托储蓄银行

　　1810 年，英国成立了储蓄银行，为小额储蓄者提供服务。为保证资金的安全，1817 年英国颁布《1817 年储蓄银行法》，标志着现代信托储蓄银行的开始。信托储蓄银行是根据《1817 年储蓄银行法》逐渐在英国许多城镇设立的地区性银行，起初主要是吸收小额储蓄存款。《1817 年储蓄银行法》要求储蓄银行接受国债专员的监管，并将存款转存英格兰银行的特别户头，以投资于政府证券。1973 年，英国佩奇委员会建议给予信托储蓄银行完全银行的身份。信托储蓄银行在发展初期由于各家银行不追求利润，没有竞争，发展较快。作为信托储蓄银行的银行和联合组织——中央信托储蓄银行有限公司于 1973 年宣告成立，并在 1975 年成为"银行清算所"的成员之一。1976 年，英政府通过了《信托储蓄银行法》，信托储蓄银行摆脱政府控制，开始全面办理银行业务，并进行了大规模的合并，由原来的 73 家减少到只有 4 家。四家分别是：英格兰·威尔士信托储蓄银行、苏格兰信托储蓄银行以及由信托储蓄银行集团控制的北爱尔兰和海峡岛屿信托储蓄银行。信托储蓄银行设有两个部——一般业务部和特别投资部。一般业务部主要从事传统的普通储蓄账户业务，存户的最高限额为 1 万英镑，储蓄账户的利率随借贷利率的总水平而变动。如果顾客要提取，须提前 7 天通知银行。特别投资部则主要办理投资账户业务，账户的利率较高，客户提款时须提前 1 个月通知银行。投资账户上的资金要受中央信托储蓄银行的监督，并只能按财政部的决定进行投资。此外，信托储蓄银行也提供其他金融服务项目，如支票、信用担保卡、外汇兑换、保险、住房抵押贷款、保管箱，以及作为代理机构通过股票经纪商出售和购买各种政府债券。1979 年，中央银行将特别账户中的"储蓄银行基金"存款归还给信托储蓄银行，能自行控制资金来源使得信托储蓄银行的业务有了较快的发展。信托储蓄银行提供的银行业务非常广泛，包括活期存款、储蓄存款、定期存款、支票和支票保证卡、旅行支票和外国通货业务、联合信托储蓄计划；提供购买国民储蓄存单、有奖储蓄债券等便利。其资金的日常投资由承兑行经营。自20世纪80年代后期开始，信托储蓄银行积极发展国际业务，包括对华贸易结算业务。1992年底，该行资本为29.33亿美元，居英国第7位，居世界第91位；资产总值为491.87亿美元，居英国第7位，居世界第123位。1995年，分支机构达1235家，客户逾千万。1996年，英国劳埃德银行同英国信托储蓄银行（TSB）合并产生劳埃德TSB银行集团。劳埃德TSB银行集团在2007年度《财富》全球最大500家公司排名中居第111位。①

三 国民划拨银行

国民划拨银行于1968年正式设立。1990年以前，国民划拨银行归英政府所有，隶属于邮政局，并利用全国21000多个邮政局营业处展开业务。1990年，国民划拨银行实行私有化，被联盟保险公司和莱斯特房屋互助协会收购。

20世纪50年代以后，英、美等发达国家出现了大规模的金融创新活动，发展了一系列的非银行金融机构，削弱了货币政策有效性。针对这种情况，1957年，为了调查英国货币和信用体系情况并提出相关建议，在英国财政部的领导下，成立了以拉德克利夫勋爵为首的"货币体系运行委员会"。经过两年多的调查研究，1959年，该委员会提呈了一份报告及证明材料，即货币史上著名

---

① 杨胜刚：《比较金融制度》，北京大学出版社，2005，第25~28页。

的《拉德克利夫报告》。该报告认为，对经济真正有影响的不仅仅是传统意义上的货币供给，而且是包括这一货币供给在内的整个社会的流动性；决定货币供给的不仅仅是商业银行，而且是包括商业银行和非银行金融机构在内的整个金融系统；货币当局所应控制的也不仅仅是这一货币供给，而且是整个社会的流动性。为此，《拉德克利夫报告》建议设立划拨机构。英国政府于1965年宣告将实行这一建议，于是国民划拨银行作为邮政局公司的一个部门于1968年成立，并于1968年10月通过21000多个邮政局营业处开始营业，将业务渗透到银行难以达到的地方。利用邮政局营业处提供银行网构成国民划拨银行系统有双重好处：为客户提供服务以便利其完成业务交易，划拨机构可以在开设银行很不经济的边远地区营业。开始时国民划拨银行只接受存款并向客户提供彼此间票据结算，办法是将资金从一方户头转到另一方户头。1976年邮政局银行业务法承认了国民划拨银行的资本结构并允许它发展一般银行业务，特别是透支。1979年，国民划拨银行成为伦敦清算所系统的会员。国民划拨银行系统实质上是通过一个中央机构来开展货币传递服务，中央机构本身也保持客户户头。国民划拨银行廉价而简单化的货币传递服务证明它对收租很有用，因而全英近半数地方机关都利用了它，它也便利划拨银行存户及非划拨银行客户交付电视使用费、煤气、电费及电话费等公用事业收费。对企业用户来说，国民划拨银行也提供了重要服务，即它代办公用事业单位和政府部门的资金、税款和年金的收付等业务，各种收款能在几天以后就收到国民划拨银行中心，这要比通过银行系统快得多。其众多分支机构的营业时间比银行长，也大大便利了个人客户。特别是 1976 年以来，国民划拨银行扩大了其服务项目，包括对客户免费提供类似银行活期户头的便利、提供支票保证卡、定期户头及预算户头、长期订单、往来清单、个人贷款及过渡性贷款、透支、旅行支票和外国通货，它还经营一种"邮政支票服务"，使持有划拨银行保证卡的客户可以在西欧 24 个国家的 8 万个以上邮政局按当地通货提取现金。[①] 但国民划拨银行的增长较慢，客户 95% 是个人；国民划拨银行持有的即期存款还不到全英即期存款总额的 1%，国民划拨银行存款有 50% 来自公家部门。1990 年，国民划拨银行实行私有化，被联盟保险公司和莱斯特房屋互助协会收购。

四 英格兰银行银行部

各国的中央银行一般不为私人部门服务，《1844 年银行特权法》将英格兰银行的业务机构划分为两个部分——发行部和银行部。英格兰银行银行部作为与发行部分立的一个机构，参与英国的支付机制，属于零售性银行部门。英格兰银行银行部作为一个银行金融机构，专门行使货币发行以外的职能。银行部首先提供政府与其他经济部门之间的货币收支服务，接受银行的存款，用于对各清算银行进行票据清算，同时它也对本银行客户提供一般银行服务，还从事各种证券投资、票据贴现以及抵押贷款业务。客户包括政府部门、清算银行、其他银行、贴现行、承兑行及其他金融机构，也包括本银行的雇员和少数私人客户。

---

① 杨胜刚：《比较金融制度》，北京大学出版社，2005，第 25~28 页。

五 贴现行

贴现行是英国银行业中很特殊的组成部分，在全球金融机构中也是英国所独有的。它的前身是英国的票据经纪人，主要业务包括经营英国国库券、商业票据以及政府债券等，对国库券市场起着重要的作用，同时也担当着英格兰银行对金融机构进行调控的中介，英国对贴现行的放款没有限制。

贴现行在英国银行体系中居于中心地位。英国贴现行制度可追溯到 18 世纪末 19 世纪初。那时在英国，支票还不通用，贸易债务通常用汇票进行清算。一个贸易商从另一个贸易商接受由后者承兑的汇票后一般要等 3 个月后汇票到期才能收现，如果需要提早用钱，可以把汇票按面值打一定折扣卖给当地银行，亦即按面值付若干贴现费。当时英国典型的银行是乡镇小型私人银行，常因资金不足无力进行贴现或无力长时间持有贴现的汇票，则将汇票送到伦敦交给票据经纪人，由其转给有多余资金的较大银行进行（再）贴现。经纪人只起居中作用，赚取佣金。但从 19 世纪 20 年代起，这些票据经纪商直接从某些大银行借款自行经营票据贴现业务，并成立了贴现行。直到 50 年代中叶，英国还只有一个货币市场，即贴现市场。50 年代中叶以后，一系列二级市场发展起来了，贴现行日益作为经理人参加各种二级市场，诸如美元及英镑存款证、市场和地方机关债券市场等。贴现行在参加一级与二级市场活动的过程中通过报价——报出它们准备买卖票据的价格来制造各类金融债权的市场，这些债权包括国库券、银行和贸易票据、地方机关票据等，在制造各种市场中，银行能用最小的现金比例开展业务，又能够利用闲置资金去获得收益，从而增大了赢利能力。在 20 世纪上半叶，因为英国较大的存款银行在全国各地遍设分支行，可以直接与工商企业和其顾客发生联系，票据的使用数额急剧下降，贴现行曾一度处于危机状态。第二次世界大战后，由于国库券和各种短期政府债券日益增加，贴现行的业务经营才逐渐兴旺起来。票据是贴现行业务的基础，并构成贴现行资产的最大比例，贴现行承办的票据包括商业票据、银行票据、银行发行的可转让定期大额存单、企业债券、政府发行的国库券和公债。

英国的贴现和其他国家相比，具有自己的特点。在别国一般是工商企业以商业票据向商业银行贴现，商业银行再向中央银行进行再贴现；而在英国则是当工商企业需要资金时，可持票据向贴现行要求贴现。

贴现行主要通过各类银行及金融机构的即期贷款从事票据贴现和买卖公债，扮演票据市场的组织者和融资桥梁的角色，以促进短期资金的正常周转。它一方面接受客户的商业票据和经过商人银行承兑后的银行汇票，办理贴现；另一方面又密切联系商业银行和英格兰银行，成为联系这两类银行的纽带，是中央银行与商业银行之间的缓冲器。贴现行的负债（即主要资金来源）是由商业银行贷出的。英国的商业银行把自己手头多余的资金以活期贷款或短期通知贷款的形式贷给贴现行，在需要资金时再随时从贴现行取出。所以，这就决定了英国贴现市场上的资金有相当大的一部分是短期性质的，其中绝大多数是隔夜的。1996 年 4 月底，英国贴现市场从英国及海外银行所借贷的短期资金总额为

104 亿英镑，其中 74 亿英镑是隔夜的。自 1996 年起，英国贴现市场的负债结构发生的另一大变化就是贴现行通过出售和购回协议筹得的资金在其负债总额中的比重大幅度上升。贴现行的主要资产是商业票据、国库券、地方政府债券、存款证和英国政府短期债券等。在过去几十年中，英国贴现行的资产结构发生了重大的变化，其中最为明显的就是英国政府的国库券在贴现市场上所占比重持续下降。如 20 世纪 50 年代，国库券在英国贴现市场的资产中约占 2/3 的比重，但进入 90 年代，这一比重则下降到 1/10 以下。相比之下，商业票据在英国贴现市场上所占比重则不断上升，由 50 年代初的 6% 左右猛升到 90 年代的 70% 左右。目前，伦敦贴现市场协会共有 7 家贴现行，都是以有限公司的形式出现，它们分别是：亚历山大贴现公司、卡特·艾伦公司、克莱夫贴现公司、杰拉尔德与国民公司、金与沙克斯森公司、塞科姆·马歇尔与坎皮恩有限公司、联盟贴现公司。尽管贴现行数量不多，但是它们的影响很大，基本上垄断了英国贴现市场的全部业务。截至 1996 年 4 月底，英国所有贴现行的资产总额高达 233 亿英镑。[①]

在英国现行的金融体系中仍保留有一些传统金融机构的痕迹，如承兑行、贴现行等。

除上述大银行外，在英国零售性银行体系中，也存在许多吸收存款、提供贷款、参与货币传递服务，但规模较小的银行。这些银行主要是合作银行、群岛人银行、海峡岛屿银行以及约克厦

---

① 吴放：《英国票据市场的三大支柱》，《金融时报》2000 年 11 月 10 日。

银行。其中，合作银行的地位最重要，该银行是"伦敦清算所"的业务成员，并于 1975 年取得了"银行清算所"的会员资格。合作银行共有大约 50 万名客户，其分支机构——货币店遍布全国各地。合作银行的资金主要来自个人存款，约占全部资金来源的 40%。除此之外，行业公会、互助组织以及地方政府也是合作银行的资金供给者。

第二节　英国的批发性银行

二战结束不久，建立了以美元和黄金为基础的国际货币体系，这大大地促进了资本的国际流动和欧洲货币市场的形成，在这种历史条件下，以经营外国货币为主的英国批发性银行得到了迅速的发展。由承兑行、英国海外银行、外国银行和国际银行财团所构成的批发性银行体系，已经成为零售性银行的重要抗衡力量，并在英国银行体系中起着特殊的作用，具有相对独立的地位。

一　承兑行

欧洲承兑行又称商人银行或投资银行。承兑行以办理投资业务为主，主要负责提供专业性金融服务，如股票期货、期权交易，类似于美国的投行机构，其风险高，利润大。另外，承兑行还充当着中央银行和清算银行间资金拆借的中介角色，还曾为某些大型工程或者项目组织贷款。本来，承兑行也是英国商业银行的主要组成部分之一，随着清算银行地位的逐渐巩固，大多英国承兑行都被清算银行所兼并，到了 1995 年时，英国境内只剩下了

23 家承兑行。因著名的里森案而破产的巴林银行原来就属于承兑行。

（一）承兑行的发展过程

英国承兑行的起源与 18 世纪的国际贸易活动有关，其前身是一些大贸易商人开设的承兑所。它是由 19 世纪从事国际贸易的商人，利用对海外贸易商的了解和自己雄厚的资金，为其他商人开办商业票据承兑和股票发行业务，从中收取一定金额的手续费。经他们承兑的票据可以在市场上出售或贴现。随着贸易的发展，他们逐渐专门从事承兑业务，于是商人变成了承兑行。到 19 世纪中叶，英国的承兑行已经颇具规模。当时英国的伦敦是国际经济金融中心，英国的承兑行也随之不断壮大，出现了罗斯柴尔德、巴林等一些实力雄厚的大银行。进入 20 世纪，一部分承兑行仍旧以传统的承兑票据业务为主，其典型代表是英国承兑委员会下属的 17 家会员。另一部分承兑行则涉足资本市场，充当投资基金的管理者和中介人，从事证券承销业务。然而第一次世界大战以后，国际金融中心开始由英国向美国转移，英国承兑行的地位也随之不断下降。直到 20 世纪 70 年代，英国的投资银行业才重新崛起。20 世纪 70 年代的石油危机导致英国出现了巨额的财政赤字，为了弥补赤字，英国政府开始了国有企业"民营化"的改革。民营化采用公开上市、私募、出售国有资产、重组或分割注入新的私人资本等形式进行。在民营化的过程中私人银行可以提供广泛的服务，包括帮助制定国有企业出售方案，为股票上市提供咨询服务和代理发行等。1984 年英国电信公司规模达 46

亿美元的股票公开上市，以及 20 世纪 80 年代英国涉及航空、电讯、无线电、燃气等诸多行业的民营化过程中，许多承兑行，如瓦堡银行集团、施罗德集团公司、巴林银行均有出色表现。另外，在 20 世纪 80 年代的企业并购浪潮中，许多承兑行利用自有股本或代为管理的共同基金积极参与企业的兼并和收购。1987年，在英国公司收购资产总值达 317 亿美元的美国公司的过程中，基本上全靠英国承兑行协助与筹划。进入 20 世纪 90 年代，英国的公司并购开始呈下降趋势，许多公司面临经济衰退的形势而进行结构重组，承兑行因此将业务的重点由并购业务转向为企业重组提供金融服务。1994 年全球 10 大跨境并购业务中 6 件有英国承兑行的参与。由此可见，英国承兑行从并购浪潮中获得了丰厚的利润，在全球投资银行业中占据了举足轻重的地位。不仅如此，1986 年英国证券市场上旨在放松管制、促进竞争的"大地震"改革，为承兑行的发展创造了新的契机。《1986 年金融服务法》允许商业银行和外资直接进入投资银行领域。商业银行和外资的进入，迫使承兑行进行大规模的整合，业务重心也从全能战略转向主攻优势战略，致力于提供专业化的服务。①

（二）承兑行的主要业务

承兑行是在西方市场经济发展条件下金融业出现的新分支，具有一些与商业银行不同的特点：一是以中间业务为主。承兑行不参与或极少参与货币的支付机制（即清算系统），表现在它们

---

① 罗富民：《英国投资银行业的兴起对我国发展的启示》，《西南农业大学学报》2004年第 3 期，第 24 页。

的资产负债表上即吸收活期存款比重很小。二是主要从事"批发业务"。英国承兑行接受存款的最低数额为 5 万英镑到 10 万英镑，没有支票账户，所有存款都付利息。三是存贷款以定期为主，期限从几个月到几年；承兑行也大量经营存款证，而且是存款证的主要发行者。而商业银行组织存款是活期与定期相结合，且活期存款占有相当大的比重。四是以收取各项中间费用为主。由于承兑行以从事中间业务为主，因而其收入来源以收取各项业务的手续费为主。五是以国际性业务为主。其存款与放款绝大多数为外国货币，大多数存款来自外国居民，西方国家的承兑行在欧洲货币市场充当了重要角色。六是风险小、收益高。承兑行的股票、债券业务占有相当大的比重，而贷款比重比较小，因此风险小、收益高，竞争比较激烈。承兑行付给存户的利率比较高，而贷款利率却比零售性银行低，因此承兑行之间的竞争要比商业之间的竞争更为激烈。

英国承兑行的主要业务是从事公司金融和投资银行业务，如承兑业务，这是承兑行传统的、最重要的业务；投资基金管理业务，即为慈善事业、养老基金、投资信托、单位信托、保险公司管理资金的业务；公司金融，即充当企业兼并、改组的参谋或代理人；参与地方政府机关证券市场。同时，承兑行也从事一般银行业务。承兑行负债的 80% 左右是依靠吸收各种存款获得，主要面对公司客户，同时承兑行还开展代理、租赁、租购、保险经纪和金银交易等业务。有 50% 的资产是贷款业务，贷款对象有制造业、个人部门和其他资金部门，大多数是中长期的定期贷款。

承兑行的经营重点和范围如下。

1. 证券和贷款

承兑行并不倾向于做大贷款人，而是搞贷款安排，协助客户以最佳条件从清算银行获得贷款。

2. 公司融资服务

主要指为企业提供专业服务，如帮助企业寻找合适的资金来源，包括为企业在欧洲债券市场筹措各种货币的中长期资金，安排向公众销售或发行公司股票、债券，设法使企业股票在证券交易所上市；协助政府推行国有企业民营化工作。

3. 投资管理

作为发行行协会的会员，承兑行积极从事跨国公司欧洲债券发行的咨询、包销和经营管理业务，管理慈善机构、保险公司、养老基金会、信托投资公司、保险基金以及私人的投资基金。这些机构从公众处吸收了大量资金，需要有人为其提供有经验的投资管理。这些资金有半数投在英国股票上，约占英国股票总投资的十分之一。另外很多承兑行还提供其他服务，包括风险资本投资、租赁、股票经纪、黄金买卖和期货等中间业务。

4. 票据承兑

票据承兑是承兑行业务的重要组成部分。承兑行对于债权人向客户开出的汇票给予支付的保证，保证汇票到期时债务人（客户）一定付款。汇票的兑付由客户自己办理，只有在该客户无支付能力时，承兑行才有责任动用自己的资本为汇票付款。在承兑业务中，承兑行对于票据的兑付起着保证的作用，所以要向客户收取一定的手续费。承兑行不仅出售承兑出口商的汇票，而且承兑进口商的汇票。大多数承兑行在世界各地都设有代理机构，与欧美各国保持着密切的联系。所以，承兑行在促进英国对外贸易的资金融通中起着重要的作用。进入 20 世纪 80 年代以后，承兑行的承兑业务逐渐受到削弱，主要是因为 80 年代以来，承兑行的业务正朝着新颖化和多样化的方向发展。除了之前的业务外，承兑行还接受存款和发放贷款，从事租赁和代理融通等业务，并且充当兼并经纪人，为公司企业的合并提供咨询和金融服务。

总之，英国的承兑行对于英国金融界的影响是很大的。承兑行常常直接对工商业进行投资，因而操纵着很多工商企业，在一些较大的承兑行中形成了少数垄断资本集团。对于为贸易筹措资金的商业期票，承兑行根据证券的种类和期限采取接受或者担保策略，并可以在贴现市场取得现金。

（三）英国主要承兑行

从 90 年代中期开始，国际金融领域动荡不安，除一系列金融危机外，世界范围内规模巨大的银行业兼并重组浪潮兴起，金融业的竞争呈现新的特点：商业银行的竞争对手由同业扩大到其他各类金融机构，竞争业务由传统业务扩展到新兴业务，竞争空间由国内扩展到国际。新的经济和竞争环境对银行提出了更高的要求。银行业的合理集中为本国银行与大的国际性商业机构进行公平竞争提供了可能性，合并可以迅速增强资本实力，且分散经营风险。从伦敦承兑行业务发展状况看，90 年代以后最为引人注目的动向之一，是一系列英国的承兑行被一些大型银行收购的事件。1995 年，荷兰国际集团收购了因为期货交易产生巨额亏损的巴林银行，继而在 2001 年被澳大利亚的麦夸里银行收购；瑞士银行收购了瓦堡银行集团，德累斯顿银行收购了克兰沃特·本森银行。1997 年，花旗银行收购了施罗德集团公司。目前，在伦敦的承兑行中，依然保持独立经营的承兑行只剩下为数不多的几家，其中主要包括弗来明银行、罗斯柴尔德银行等。下面主要介绍巴林银行、瓦堡银行集团、施罗德集团公司、克兰沃特·本森银行集团、罗斯柴尔德银行。

1. 巴林银行

1763 年，弗朗西斯·巴林爵士在伦敦创建了巴林银行，它是世界第一家承兑行。英国皇室是其提供资金和相关投资建议的客户之一。由于巴林银行的卓越贡献，巴林家族先后获得了五个世袭的爵位，从而奠定了巴林银行显赫的地位。由于经营灵活变通、富于创新，巴林银行很快就在国际金融领域获得了巨大的成功。巴林银行集团的业务专长是企业融资和投资管理。尽管是一家老牌银行，但巴林银行一直积极进取，在 20 世纪初进一步拓展公司财务业务，获利甚丰。90 年代开始向海外发展，在新兴市场开展广泛的投资活动，仅 1994 年就先后在中国、印度、巴基斯坦、南非等地开设办事处多处，业务网点主要在亚洲及拉美新兴国家和地区。截至 1993 年底，巴林银行的全部资产总额为 59 亿英镑，1994 年税前利润高达 15 亿美元。其核心资本在全球 1000 家大银行中排名第 489 位。但是，这样一个显赫悠久的承兑行，却在 1995 年 2 月，因为其新加坡附属公司一名交易员在日经 225 指数期货合约的交易中违规操作而陷入破产的境地。1995 年 2 月

24 日，一个周五的晚上，英格兰银行的董事们接到了巴林银行高层的通知，此时的巴林银行已经摇摇欲坠了，但具体的真正损失还不能立刻确定。周末，也就是 1995 年 2 月 25 日，英格兰银行召开紧急会议，开始研究挽救方案。首先英格兰银行要解决的问题是是否对其救助，这取决于两个判断：一是巴林银行是否已经资不抵债了，二是巴林银行倒闭是否具有系统性风险。根据审计部门的报告，此时的巴林银行已经资不抵债，由于其损失来源于个别交易员的操作风险，欺诈行为只发生在巴林银行内，且风险暴露相对限制在较小的范围，对英国金融系统更广范围的传染性威胁并没有达到需要公共资金干预的程度。如果忽视严峻的现实，援助巴林银行，就等于向伦敦所有银行发出一个信号：你们可以为所欲为，中央银行会给你们埋单。因此，英格兰银行决定不对其进行直接救助。

尽管没有直接提供资金支持，英格兰银行还是采取了其他措施挽救巴林银行，如积极联络寻找买家、促成与巴林银行有利益关系的私人部门提供流动性支持或收购巴林银行，以避免巴林银行倒闭触发全球金融危机。但是，由于巴林银行大量未平仓合约的存在，没有人能够预计亏损的最后数字，收购暂未成功。2 月 25 日，巴林银行宣布寻求行政接管，英国高等法院委派安永会计师事务所接管巴林银行，以确定善后事宜，保护债权人的利益。在英格兰以外的巴林银行各机构的员工的护照被没收，公司信用卡已废止，工资已停发，这对于巴林银行分布在世界各地的 4000 多名雇员来说犹如晴天霹雳。2 月 26 日，英格兰银行宣布：损失总额高达 9.27 亿英镑，巴林银行不得继续从事交易活动并将申请资产清理。这消息一经传出，全球金融市场为之震动，正如传媒所形容的，犹如一场"金融地震"。考虑到市场可能会受到的波动，英格兰银行立刻向公众宣布，将向"英国银行体系"提供充分的流动性支持，以维护整个金融系统的稳定。10 天后，这家拥有 233 年历史的银行以 1 英镑的象征性价格被荷兰国际集团收购。这意味着巴林银行的彻底倒闭。

2. 瓦堡（也译作华宝）银行集团

瓦堡银行集团是英国最大的承兑行集团，主要从事传统的承兑行业务，尤以咨询业务见长，在欧洲银行中居领先地位。该集团在英国的主要机构瓦堡银行集团成立于 1934 年 10 月 3 日。它是唯一一家经过 1986 年"金融大地震"①之后仍保持了一流水平的承兑行。在激烈的竞争中，瓦堡银行集团进行了一些调整。首先，加大了所管辖的基金的分量，其控股的麦克丽资产管理公司是英国第二大资金管理者，从 20 世纪 80 年代以来该公司以平均每年 17% 的增长速度发展，到 1993 年其税前盈利已达 1.095 亿英镑。即使在经济形势较紧张的情况下，因为拥有了麦克丽资产管理公司，瓦堡银行集团仍可保持相当的赢利水平。其次，大力开展在公司收购与兼并中充当顾问的业务。1993 年，它在除美国和英国本土外的招标中，为价值 128 亿美元的交易提供顾问业务，并且在国际股权投标中保持良好记录。再次，重视开展英镑债券的承销业务，目前它已成为欧洲英镑债券最大的承销商。除此之

---

① 1986 年，撒切尔夫人为了刺激英国经济，对金融机构实行混业监管。混业监管提高了效率，但后来因为金融机构不断扩大业务范围，风险逐层放大，机构财务杠杆过高导致了大规模金融危机，被称为伦敦金融大地震。

外，为了向一流银行靠拢，它把目光放到了庞大的美国市场，并取得了引人注目的成功。例如，1993 年它首次公开发售柯明斯发动机公司的股票，这是它打入美国高层的重要一步。^① 到 1993 年 3 月底，该集团资产总值为 291.14 亿美元，自有资本为 13.96 亿美元。1993 年在欧洲，有 6 家英国承兑行居 10 大顾问商之列，其中，瓦堡银行集团为 48 宗价值 230 亿美元的交易提供顾问服务，从而荣居榜首。在英国的承兑行中，瓦堡银行集团和克兰沃特·本森银行集团（程度较小）最早进行全方位的证券经营业务，包括在英国股票市场和黄金市场上做市。按资本实力排列，瓦堡银行集团在英国银行中居第 10 位（居承兑行首位），在世界 1000 家大银行中居第 190 位；按资产排列，居英国第 10 位，居世界第 185 位。但从 90 年代中期开始，世界范围内规模巨大的银行业的兼并重组浪潮兴起，1995 年，瑞士银行兼并瓦堡银行集团，瓦堡银行集团金融操作方面的能力，补充了瑞士银行在金融行业工具、债券、外汇方面的不足，增强了竞争力。

3. 施罗德集团公司

施罗德集团公司是总部设在伦敦的一家跨国持股公司。该集团公司在英国的主要附属机构为施罗德·瓦格银行，该银行成立于 1804 年，是伦敦一家中等承兑行。施罗德集团公司主要经营银行、公司财务、投资管理、保险、租赁、项目融资、资本市场、风险资本、证券、财产管理、资金交易等多种金融业务，主要业务属于承兑行性质。该公司股份由公众持有，在伦敦股票市场挂

---

① 王浩：《英国商人银行策略调整》，《证券市场导报》1995 年第 2 期，第 27 页。

牌。施罗德集团公司是英国传统承兑行的典范。规模虽然很小，但它把对传统的尊重与灵活的家庭经营结合起来，并且在成本控制方面很下功夫，所以表现甚佳。首先，它拥有的完善的资金管理系统，使它赢得了日本那样难进入的市场。其次，它在某些国际业务方面狠下功夫，从为公司提供财务顾问到安排国际股票发行等，所以尽管由于美国银行在亚洲的大量投入使得亚洲市场变得越来越富竞争性，施罗德集团公司在亚洲尤其是在新加坡仍有良好的表现，享有很高的声誉。最后，它对进入美国市场也颇费心机。早在 1988 年它就买入了纽约的魏斯姆·施罗德的一部分股权，1993 年又买入余下的 50% 的股权，尽管这只是一家二流公司，但施罗德集团公司拥有了它就能增加在美国市场中的份额，同时还可起到改进业务面狭窄问题的作用。[①] 截至 1992 年底，该集团公司资本为 6.99 亿美元，资产总值 90.8 亿美元。按资本排列，居英国银行界第 12 位，在世界大银行中居第 323 位；按资产排列，居英国第 13 位，居世界第 428 位。该公司在世界多地设有分行或代表处、附属或联营机构。2000 年，花旗银行收购施罗德集团公司的投资银行部。

4. 克兰沃特·本森银行集团

英国克兰沃特·本森银行集团于 1961 年由克兰沃特父子公司和本森银行合并而成，合并前两者都具有 200 多年的历史。该集团是英国著名的承兑行集团。1992 年该行资产总值为 155.82 亿美元，资本为 6.09 亿美元。按资本实力排列，该行在英国银行

---

① 王浩：《英国商人银行策略调整》，《证券市场导报》1995 年第 2 期，第 27 页。

中居第 14 位，在世界 1000 大银行中居第 357 位；按资产排列，居英国第 11 位，居世界第 300 位。该集团提供多种服务，以投资管理为主，其他业务包括银行融资、货币与金银交易、公司财务咨询、合并与收购服务、证券发行、证券交易与分配等。1995年，克兰沃特·本森银行被德国的德累斯顿银行收购。

5. 罗斯柴尔德银行（也译作洛希才尔德银行）

罗斯柴尔德银行是欧洲老牌家族银行之一，有 200 多年历史，在全球 30 多个国家设立机构。注册于瑞士日内瓦，为一家私人资产管理银行。罗斯柴尔德银行是一家国际化的银行，它是集中力量专攻强项的英国承兑行的成功者代表。它在收购与兼并中采用由母公司收回子公司全部股本使其脱离母公司的办法，收效较好。另外它偏好私有化方面的业务，在 1992 年和 1993 年各国的私有化业务中占有较大份额，如 1993 年承担了四家英国可转换债券和一些股票的发行，为中国上海永久自行车公司发行 B 股等。[①] 据罗斯柴尔德银行母公司 2010～2011 年年报数据，罗斯柴尔德家族总资产为 96.5 亿欧元。

二 海外银行

英国海外银行是指加入"英国海外和联邦银行家协会"、总行设在伦敦的英国银行。除标准麦加利银行（渣打银行）等少数银行外，绝大多数英国海外银行都部分或全部地隶属于伦敦清算银行，从而成为商业银行的分支机构。因此，英国海外银行除主

---

① 王浩：《英国商人银行策略调整》，《证券市场导报》1995 年第 2 期，第 27 页。

要在国外经营业务外，也在国内的许多地区开设分支机构，从事国内银行业务。英国海外银行有两个重要的特点：其一，由于海外分支机构众多且分布广泛，绝大多数海外银行都有庞大的行政管理系统；其二，众多的分支机构还使这些海外银行不得不储备更多的流动资产。所以，英国海外银行的流动资产比率通常高于其他批发性银行。

英国早期的金融机构国际化是由英国海外银行开展的。几乎所有的英国海外银行都是 19 世纪为适应英国海外扩张的需要而建立起来的殖民地银行。它们主要是为殖民地的英国公民和贸易商提供银行服务。19 世纪下半叶，英国海外银行纷纷在其殖民地和海外领地设立分支机构，足迹遍布英联邦各国、非洲、中东和远东，以及南美许多地区。通过广泛的银行经营活动，来掌握其他国家和地区的经济命脉。早在 1865 年，英国的 25 家银行在全球就建立了 240 家海外分行和子行。1913 年时，英、法、荷、德、比等帝国主义国家的对外国际贷款共 440 亿美元，其中，英国为 180 亿美元，占 40.9%。同年，英国以证券投资形式进行的对外贷款共 37.63 亿美元，其中 47% 投于大英帝国范围内，20% 投于拉美，20% 投于美国，只有很少一部分投资于欧洲发达地区。这对英国殖民地统治的扩大和巩固起到了非常重要的作用。列宁对此曾指出，当时英国控制了地球上的大部分地区，富甲各国，不过它创造的这些财富，很少靠本国工人的劳动，而主要靠剥削广大的殖民地，靠英国银行拥有的极大力量。英国银行率领着其余一切银行，形成三、四、五个大银行集团，支配着几千亿卢布，而且这种支配可以毫不夸大地说，已经使得地球上没有一块土地不被英国资本用千百条绳索缠住。二战以后，由于许多殖民地国家先后独立，英国海外银行曾一度处于极大的困境中。随着英帝国逐渐衰落，许多受英帝国统治的附属国（地）纷纷独立，这些海外银行的分行有的被所在国国有化，有的改在国外注册，数目逐渐减少。明显的例子如许多澳大利亚银行和加拿大银行原先本是英国银行的分行或子公司，现在改在各国注册，成为该国独立的银行，这些银行如在伦敦设分行，则成为外国银行的分行，而不再属于英国海外银行。

20 世纪 50 年代，一方面，由于殖民地的独立国家在经济上仍然存在很大的依附性，另一方面，国际贸易的扩大又导致了跨国公司的较大发展，在这种情况下，英国海外银行得到了迅速地恢复和发展。目前，英国海外银行通过 5000 多个分支机构为联邦国家、中东、远东以及与英国有悠久历史关系的澳大利亚和其他国家提供银行业务，以满足这些国家的长期资金需求。

在英国海外银行中，在亚太地区最活跃的是英国两大海外银行集团——汇丰银行和标准麦加利银行。这两个集团历史悠久，主要在香港、东南亚进行业务活动，是英国在亚洲国家的主要金融机构。尤其是汇丰银行在香港有特殊地位。

汇丰银行 1865 年在香港设立，拥有货币发行权，控制外汇买卖、票据交换、代理港英金库收入。同年在中国上海开设分行。1866 年汇丰银行在日本设立第一家分行，并且在泰国开办第一家银行。1880 年该行在纽约创办了第一家英国银行。19 世纪 20 世纪之交，汇丰银行在菲律宾、新加坡、斯里兰卡、印度和马来西亚设立了更多的分行。20 世纪 30 年代至 60 年代，汇丰银行积极在香港增设机构，并着手扩展东南亚业务。1958 年，它已在亚洲 13 个国家设立 37 个分支机构；1959 年和 1960 年，汇丰银行又收购了有利银行和中东英国银行，向南亚和中东发展，成为亚洲地区一个规模庞大的金融集团。1965 年，汇丰银行收购恒生银行的控制性股权。1972 年，汇丰银行成立获多利有限公司（即汇丰投资银行控股有限公司前身）。1980 年，汇丰入股美国海丰银行，其在 1987 年成为汇丰银行的全资附属公司。1981 年，汇丰银行收购赤道控股有限公司的控制性股权；同年汇丰银行收购苏格兰皇家银行失败，但对于收购英国大型银行的兴趣未有减退。1987 年，汇丰银行入股英国米德兰银行，透过合作协议，汇丰银行和米德兰银行互相转拨业务。1990 年 12 月 17 日，香港上海汇丰银行宣布进行结构重组，其中包括：成立一间集团控股公司，名为汇丰控股有限公司（以下简称汇丰控股），并将香港上海汇丰银行伦敦分行升格为汇丰控股的注册办事处。汇丰银行股份转移到汇丰控股名下，汇丰控股再发行新股以便日后在海外上市。汇丰控股股份取代汇丰银行股份后，分别在香港及伦敦的证券交易所上市。汇丰控股在英国注册，但以香港为集团总管理处。1994 年，香港上海汇丰银行在马来西亚的业务转移至在当地注册成立的马来西亚汇丰银行。[①] 1992 年，汇丰银行全面收购英国米德兰银行，这被认为是其国际化进程关键的一步，此后不到 5 年时间内，汇丰银行完成向国际顶尖银行的蜕变。凭借国际化经营风险分散优势，通过在可以产生更高利润和风险更低的地区配置资

---

① 刘振芳：《英国金融机构的国际化》，《欧洲》1994 年第 6 期，第 37~38 页。

源，汇丰银行成功渡过 1997 年和 2008 年两次金融危机。目前，英国汇丰银行已经发展成为一家誉满全球的国际老牌银行，其分支机构遍布包括中国在内的世界各地。通过以先进科技连接的国际网络，以及快速发展的电子商务能力，汇丰提供广泛的银行及金融服务：个人金融服务，工商业务，企业银行、投资银行及资本市场，私人银行，以及其他业务。

标准麦加利银行是英国主要海外银行之一，于 1969 年 11 月由两家历史悠久的海外银行——标准银行（成立于 1862 年，业务集中于非洲）和麦加利银行（成立于 1853 年，业务集中于远东地区）合并而成。该行总行设在伦敦，在 60 多个国家设有 700 多家分支机构，雇员超过 3 万人。1992 年 2 月该行收购美国第一联美银行国际业务机构，1992 年该行资本为 14.7 亿美元，居英国银行第 9 位，居世界大银行第 177 位；资产总值为 413.16 亿美元，居英国第 8 位，居世界第 136 位。亚太地区业务是标准麦加利银行业务的重要部分。该行重视对华业务，善于利用机会，经营灵活。1984 年后，该行在华设有 7 家分行、7 家代表处，雇员超过 280 人，此外该行还在北京和大连设有合资租赁公司，是在中国境内设立机构最多的外资银行。1998 年，标准麦加利银行排名世界第 91 位，全球共有分支机构 600 多家。

三 国际银行财团

由于伦敦的金融核心地位，英国是老牌的资本主义国家，但垄断资本的发展比美国和德国来得晚些。19 世纪末已经有了为数众多的卡特尔，也出现了一些巨大的托拉斯。第一次世界大战后，特别是 19 世纪 20 年代中期，开始出现一批巨大的垄断组织，如帝国化学工业公司、尤尼莱佛公司等。到 30 年代的世界性经济危机之后，又有进一步的发展。第二次世界大战后，美国资本乘虚而入。英国垄断资本为了加强自己的竞争地位，在 50 年代后期和 60 年代进行了大规模的企业合并，进一步把生产和资本集中起来，大垄断组织的实力得到了加强。在大工业垄断组织和大银行垄断组织互相结合的基础上形成了一大批财团。特别是近些年来，随着离岸银行业务的兴起，英国国际银行财团也逐渐发展起来。主要包括在英国注册的由多家银行组建起来的国际性金融机构，要求至少有一个股东是海外银行。一般说来，英国的财团大致可分为三大类：以大银行为中心的财团（如巴克莱银行财团）、以私人银行家为中心的财团（如洛希尔-萨缪尔-奥本海默财团）、以大工业垄断组织自身为中心的财团（如以帝国化学工业公司为中心的财团）。这些财团实质上是由极少数金融寡头所控制的巨大银行和巨大企业结合而成的垄断集团。通常包括少数大银行、保险公司以及为数较多的工矿企业、商业企业和交通运输企业。国际银行财团的特点主要有：财团的实力和稳定性增强，财团所控制的资本十分巨大；财团所控制的部门也日益增多，遍及重工业、轻工业、传统工业、新兴工业、生产部门、流通部门等；财团对国家的控制和利用增强。各财团之间相互渗透和融合，使一些财团由战前的单个家族控制变为多家族控制，很多财团虽保持原来的家族名称，但实际已由几个甚至更多的家族所支配，财团的资本进一步社会化。

（一）巴克莱银行财团

巴克莱银行财团，英国四大私营银行之一，也是世界上最大的银行之一。1896 年由巴克莱·贝文·特里顿·兰萨·布尔弗里公司等银行合并成立巴克莱公司股份银行。以后不断兼并其他银行，规模越来越大，1917 年改现名。经营广泛的金融业务，包括票据交换、投资、保险、租赁、出口信贷、财产管理等，是伦敦六家票据交换银行之一，1966 年在英国首先发行信用卡。拥有巴克莱国际银行、巴克莱金融公司等多家子公司，在国际上设有多家分支机构，并投资于西班牙、百慕大、比利时等地的大银行，形成庞大的国际银行财团。在国内，与造船、航运、机器制造等产业及报业托拉斯关系密切。2007 年 4 月 23 日与荷兰银行控股公司达成合并协议，从而成为英国第二大银行，市场地位直逼汇丰银行和花旗集团，业务范围达 53 个国家，集团客户多达 4700 万个，旗下员工拥有 21.7 万人。巴克莱银行通过银行网点、自动取款机、电话、互联网向英国的个人客户和小型商业部门、非洲的一些集团公司提供一系列的金融服务。主要业务是银行业及投资业。除此之外，巴克莱银行财团还为全世界富裕的人们提供财产管理服务，特别是投资、资产评估、长期金融计划等业务。如果以资产来衡量，巴克莱银行财团是英国最大的金融银行之一，是一家影响巨大的跨国银行财团。

（二）罗斯柴尔德银行

罗斯柴尔德银行是一个历史非常悠久的老牌家族银行，是罗斯柴尔德家族旗下产业。罗斯柴尔德银行的主要业务是并购重组，就是帮助大企业收购兼并其他的企业，或者对其资产结构进行重组，罗斯柴尔德银行的并购重组业务主要在欧洲，在 2006 年世界并购排行榜上可以排到第 13 位。作为家族企业，罗斯柴尔德银行主要经营私人银行和资产管理业务，其经营资产达 800 亿美元，拥有 2500 多名专业人才。其总部设在巴黎和日内瓦，在全球多个国家设有代表处。

（三）以帝国化学工业公司为中心的财团

以帝国化学工业公司为中心的财团由许多知名公司合并而成，经营业务非常广泛，主要经营化工产品，是最大的化工产品生产企业，是世界最大化工垄断集团之一。帝国化学工业公司（Imperial Chemical Industri，ICI）1926 年 12 月 7 日成立于英国，在涂料、丙烯酸、聚氨酯等方面占据世界领先地位，总部设在伦敦。公司是由勃仑纳·蒙特公司、诺贝尔工业公司、联合制碱公司和不列颠染料公司合并而成的，其目的是创立一个能在世界市场上与诸如美国杜邦公司和德国 I. G. 法本公司（巴斯夫、拜耳及赫斯特公司的前身）相抗衡的英国公司。经营范围十分广泛，除制售普通及特种有机、无机化学品外，还从事金属冶炼、化工机械与石油、天然气的生产和开发。公司下设农业用品、纤维、普通化学、工业炸药、颜料及特种化学品、油漆、石化产品及塑料、药品、石油等部。20 世纪 30~40 年代公司除在英国本土继续发展外，还在加拿大、南美、南非、澳大利亚、印度取得了进展。50 年代大力投资石化工业，1951 年在英国米德尔斯伯勒附近建立其第一套石脑油裂解装置，并逐渐发展成为世界最大的联合企业之一。在此期间医药业务也取得了很大的发展。60 年代公司开始登上欧洲大陆市场，在荷兰、西德、法国兴建了塑料合成纤维等生产装置、销售网络和研究开发中心。70 年代进军美国，购买了美国拉特拉斯化学品市场。80 年代继续拓展全球性业务，并推行了新的发展战略，由原来的大批量生产转为专门化生产，将业务重点转向高增长率、高附加价值的产品。1982～1985 年以美国为中心在世界各地收买了 62 项产业；1987 年将其在西欧的通用化学品、石油化学品和塑料、纤维及化肥业务合并，成立了独立的子公司——ICI 化学品和聚合物公司；90 年代为适应环境的变化，对公司结构进行重大调整，将注意力集中在几项核心业务上；1993 年将非核心的医药、农用化学品业务独立出去，成立了泽耐卡（Zeneca）公司，1997 年收购 Unileve 公司的专用化学品业务。目前，该公司在国内外拥有子公司 300 多家，分别在 40 多个国家建有生产工厂，主要国外市场在美洲及西欧。与东欧国家贸易发展也较快。最高管理机构是董事会，其中有劳埃德银行、霍克·西德利集团、兰克公司、国际里德公司、独立广播公司的董事各 1 人。

四　外国银行

英国金融体系一直呈现国际性特征。在金融市场体系的开放性方面，英国历来不限制境外金融交易，非居民之间可以在伦敦自由进行金融活动；而且，英国对在伦敦进行的外币借贷活动不征收利息预扣税，也没有存款准备金方面的限制，金融活动的相对自由加上良好的辅助性服务，使伦敦早在 19 世纪就成为最主

要的国际金融中心。英国外国银行的大规模兴起是在第二次世界
大战后，战争结束后，这些外国银行重新开门营业。1950年，在
伦敦开业的外国银行有53家，负债总额为28.77亿英镑。1979
年英国取消了实施近40年的外汇管制后，本国居民可以自由地
借入外币资金或将本国货币贷给非居民，使得伦敦国际金融中心
的地位进一步巩固；外国银行在英国金融体系中占有相当大的比
重。到了1983年，在伦敦的外国银行已经达到460家，存款总额
高达3166.91亿英镑，雇员近3万人。外国银行的发展之所以如
此迅速，主要原因在于战后跨国公司的空前发展、欧洲经济共同
体的建立、欧洲货币市场的形成、英国北海油田的开发，以及伦
敦作为国际金融中心所起的重要作用。伦敦的外国银行以非英镑
贷款为主，非英镑贷款约占伦敦外国银行贷款总额的90%。它们
对世界各地区提供广泛的金融服务，在英国与其他发达国家之
间、英国与第三世界国家之间进行贸易融资。

　　英国管制外国银行的法律依据主要是：《1987年英格兰银行
法》、1971年《竞争和信用管制条例》、1981年《货币管制条款》
以及英格兰银行1980年9月颁发的"资本测定"、1981年4月颁
发的"外汇风险测定"、1982年7月颁发的"资产流动性测定"
三个文件等。英国对外国银行实行的是一元监管体制。所谓一元
监管体制，是指由国家的一个法定机构行使对外资银行的监管
权，制定和实施相关的监管政策，统一进行监管活动。英格兰银
行作为英国的中央银行，具有独立行使金融监管职能的权力，英
格兰银行有权对包括外资银行在内的所有银行统一进行监管。它
不但有权对外资金融机构行使发照权和检查监督权，而且在认为

有必要时，有权撤销外资金融机构的执照。英格兰银行不是政府的一个部门，它具有较强的独立性，政府不干预英格兰银行货币政策的执行，也不干预英格兰银行对外国银行的监管，因而，在对外国银行的监管上，英格兰银行拥有全面的权力。

在英国，新开业的外国金融机构的申请条件与国内金融机构相同，外国银行若想在英国开设代表处，必须事先通知英格兰银行，并向它提交有关管理机构的资料。若开设分行，则必须向英格兰银行申请"核准机构"的牌照，且应符合以下条件：该外国银行在伦敦设立代表处或参加银团达 2 年；该外国银行所在国的中央银行需出具证明信，证明该外国银行信誉可靠、负责人称职；要有专门人才管理银行业务，且该外国银行新设机构的经理人员中必须有 1 人有在伦敦金融市场工作过的经历；在业务上，要求该外国银行能够吸收存款，且能够经营外汇交易、外贸融资、金融咨询三种业务中的任何一种；在资本金上，要求能维持与业务量相称的净资产、准备金或其他资金来源，根据《1987 年英格兰银行法》的规定，只有实交资本在 500 万英镑以上的核准机构，才能使用银行名称。根据银行法的规定，英格兰银行在收到申请后的 6 个月内做出是否发给"核准机构"执照的规定，如果该外国银行不服英格兰银行的规定，可向财政大臣上诉。[①]

---

① 李晓春：《英、美、日对外资银行法律监管的比较及其借鉴》，《现代日本经济》2004 年第 4 期，第 26~27 页。

第五章

英国非银行金融机构

　　英国的非银行金融机构泛指除银行以外的多种多样的金融机构。特征是它的负债主要来自可一般接受用以处理债务的货币。英国非银行金融机构的数量和类型都较少。机构的营运按照传统方式进行，专业化分工协作明显，近年来，英国的非银行金融机构在改进业务、创新金融工具上取得进展。英国银行金融机构与非银行金融机构的相对地位发生了变化。英国银行部门在金融机构中的传统地位相对减弱，非银行金融机构后来居上，在英国金融体系中的地位显著提高。20世纪50年代，银行金融机构与非银行金融机构的英镑负债规模相当，但是自60年代以来，非银行金融机构的英镑负债大大超过了银行金融机构，处于优势地位。随着20世纪70年代以来全球金融创新层出不穷和欧洲经济共同体金融自由化浪潮的掀起，金融"脱媒"、证券化趋势愈演愈烈，英国政府金融管制逐渐放宽，银行系统在英国金融体系中的地位日益受到其他金融机构的挑战和冲击。截至1995年底，英国银行系统的个人英镑存款总额为1943亿英镑，而房屋互助协会的个人英镑存款总额则高达2080亿英镑，高于银行系统。人寿保险公司和养老基金从个人部门接受的储蓄性保费收入累计高达9953亿英镑，又远远高于其他金融机构所接受的个人英镑存款总和。英国政府对非银行金融机构的业务活动给予税收等政策优惠，管理相对松一些，这也是英国非金融机构能够迅速发展的原因之一，使得英国银行金融机构与非银行金融机构的相对地位发生了变化。英国的非银行金融机构又可分为：接受存款的非银行金融机构，主要有证券交易所、金融行和房屋互助协会。非接受存款的非银行金融机构，主要有保险公司、养老基金、投资信托公司、单位信托公司。英国的公营金融机构数量较少，主要是国民储蓄银行。

第一节　证券交易所

1773 年，英国的第一家证券交易所在伦敦柴思胡同的乔纳森咖啡馆成立。1802 年，证券交易所获得英国政府正式批准。最初主要交易政府债券，之后公司债券和矿山、运河股票陆续上市交易。后来在英国其他地方也出现了证券交易所，高峰时期达 30余家。1967 年，英国各地的证券交易所组成了 7 个区域性的证券交易所。1973 年，伦敦证券交易所与设在英国格拉斯哥、利物浦、曼彻斯特、伯明翰和都柏林等地的交易所合并成大不列颠及爱尔兰证券交易所。1995 年 12 月，该交易所分为两个独立的部分，一部分归属爱尔兰共和国，另一部分归属英国，即伦敦证券交易所。

作为世界第三大证券交易中心，伦敦证券交易所是世界上历史最悠久的证券交易所。伦敦证券交易所曾为当时英国经济的兴旺立下汗马功劳，但随着英国国内和世界经济形势的变化，其浓重的保守色彩，特别是沿袭的陈规陋习严重阻碍了英国证券市场的发展，影响了市场竞争力。在这一形势下，伦敦证券交易所于1986年10月进行了重大改革。例如，改革固定佣金制；允许大公司直接进入交易所进行交易；放宽对会员的资格审查；允许批发商与经纪人兼营；证券交易全部实现电脑化，与纽约、东京交易所联机，实现24小时全球交易。这些改革措施使英国证券市场发生了根本性的变化，巩固了其在国际证券市场中的地位。伦敦证券交易所的特点是：上市证券种类最多，除股票外，有政府债券，国有化工业债券，英联邦及其他外国政府债券，地方政府、公共机构、工商企业发行的债券，其中外国证券占50%左右；拥有数量庞大的投资于国际证券的基金，对于公司而言，在伦敦上市就意味着自身开始同国际金融界建立起重要联系；它运作着四个独立的交易市场。

伦敦证券交易所不仅是欧洲债券及外汇交易领域的全球领先者，还受理超过2/3的国际股票承销业务。伦敦的规模与位置，意味着它为世界各地的公司及投资者提供了一个通往欧洲的理想门户。在保持伦敦的领先地位方面，伦敦证券交易所扮演着重要角色，它运作世界上最强的股票市场，其外国股票的交易超过其他任何证券交易所。2016年3月16日，伦敦证券交易所和法兰克福证券交易所宣布合并为一家新公司英国托普公司（UK Top Co.），总部设在伦敦，成为全球最大证券交易所。2017年3月29日，英国宣布"脱欧"，当日，欧盟正式宣布，禁止伦敦证券交易所与德意志交易所进行合并交易，但双方表示未来还要致力于合并。

第二节　金融行

金融行又称金融公司、租购公司或消费信贷公司。在英国，金融行最早出现于19世纪下半叶。二战后，许多主要银行都对金融行业务感兴趣，纷纷投入或吞并金融行并将金融业务扩大到对工商企业提供租购、租赁或代理业务。这样，多数金融行虽仍保持其独立的经营地位，但都被一些大银行和其他金融机构所控制，只有少数金融行是独立的。1976年，全英共有金融行496家，大小悬殊。按《1979年英格兰银行法》，有的金融行作为许多可接受存款人被列入货币部门；按《1981年英格兰银行法》，它们中有的又成为认可银行。金融行也有集中化倾向，现在约有40家大金融行控制了全英消费信贷业务的80%～90%。

金融行主要从事租购和分期付款业务。金融行的资金来源主要是银行借款、票据贴现和存款。银行借款主要来自银行及其他金融机构，尤其是批发性银行。票据贴现则是指以金融行开出的汇票协议作为担保对金融行放款，即在金融行开出的汇票经承兑行承兑后便可以在货币市场上进行贴现，从而获得一定的资金。存款是金融行的重要资金来源，约占负债总额的30%，存款主要来自工商企业、政府部门、保险公司及个人。存款利率参照伦敦货币市场的有关利率，特别是伦敦银行同业拆借利率。金融行的资金大多数按租购条件贷出，主要为消费者购买汽车、耐用消费品及住房修缮提供贷款，其中，对个人的消费信贷通常占总贷款的一半以上。此外，金融行还发放工商企业设备贷款，这类贷款因为期限固定、利率固定，对工业颇为有利，相对比重有所增加。贷款的利息按整个贷款期的借出总额计算，所以实际利率只为向借款人正式索要的两倍。但这种贷款的利率也可以因人而异，凡信用卓著的或收入可靠的人，其条件可以稍宽些。这种租购或分期付款形式的贷款的偿还期一般为 2~3 年。20 世纪 80 年代，金融当局取消了对金融行首期付款数额和最长偿还期的管制，为金融行的发展创造了条件。

金融行实质上是信用提供者，对它的限制也比较多。20 世纪 50 年代及 60 年代金融行所受限制较严，如对首期付款最低限、偿还期最高限等都有严格规定。70 年代后有所放松，1971 年实行的"竞争与信用控制"条例要求，凡合格负债达到 500 万英镑或以上的金融行，必须遵守 10% 的准备金资产比率的规定，还必须遵守补充特别存款的规定；1981 年 8 月新条例要求，金融行除必须遵守特别存款规定外，凡合格负债达到 1000 万英镑或以上的金融行还要在英格兰银行保持相当于其合格负债 0.5% 的无息存款余额。由于金融行在若干方面和银行提供类型相同的金融服务，自 1971 年实行竞争与信用控制后，金融行受到来自银行的激烈竞争。

近年来，一些较大的金融行大力拓展业务，开始办理代理融资、提供普通贷款、定期存款、发行支票等一般银行业务，也提供租赁业务，开展业务多样化。第一是开展租赁业务，即由金融行买进诸如船舶或计算机等资产，把它租给客户使用，收取一定的使用费（租金），租赁资产占金融行的 8% 左右。第二是代理业务。即金融行作为代理人接管某一公司的"账面债务",并向该公司提供相当于债务总额的若干百分比的资金以改善该公司的流动性状况,然后收取利息以及承担风险的报偿。第三是不断开展普通贷款以及其他典型的银行服务,如活期和定期存款以及使用支票。

第三节 保险公司

1681 年,英国成立了世界上第一家保险公司。最早的保险业是海上保险,因为在重商时期海运风险最大,海难与盗窃频发,为求安全保护需要,1688 年英国有些船商常在伦敦劳埃德咖啡馆聚会,商讨海上保险事宜,由此成立了历史悠久的劳埃德商船协会,后来演变发展为劳合社。其他的保险事业大体也是在这个时间成立起来,火灾保险公司在伦敦 1666 年大火后取得了重大进展,1706 年成立的太阳火险公司是第一家大公司。人寿保险事业开始是分散经营的,最早的两家大公司是 1706 年设立的友谊人寿保险公司与 1762 年成立的公平人寿保险公司。英国有 850 家以上的机构从事保险业务,其中取得英国保险联合会会员资格的约300 家。1982 年保险公司的总投资超过 650 亿英镑,1988 年保险公司的总投资达到 2236 亿英镑,保险公司在英国金融机构中占有重要地位。目前在英国共有 800 多家保险公司,约 13% 是外国公司在英的分支机构,约 20% 的公司由外国控股。

保险公司的业务活动分为两类:一是"人寿"或长期业务,其保险费组成"人寿保险基金";二是"普通"业务,主要涉及意外风险，其保险费构成"普通基金"。"人寿保险基金"主要用于英国政府和公司的长期证券投资，"普通基金"通常只能作为应急储备金。在英国保险投资比例构成中，我们按投资比例排列，前三项分别为：普通股、英国政府发行的债券、不动产。这可以从表5-1中看出。

表5-1 1990年英国保险业总资产投资比例构成①

单位：%

英国政府 发行的债券	国外及地方 政府债券	公司债券 及优先股	普通股	不动产	抵押贷款	其他
21.95	6.84	9.19	28.84	19.85	5.19	8.14

保险公司必须运用它所获得的资金创造收益，以保证在保险单到期时有足够的资金履行义务。保险公司从事资产业务的基本原则包括：一是从负债的不同性质出发，调整资产的期限结构，从而使资产和负债的期限结构相匹配；二是从减少风险的角度出发，调整资产的构成，以便从资产的多样化中获得收益。英国保险公司是债券发行市场上的主要团体投资者。保险公司一般将大量的资金运用到证券投资方面，主要是政府债券，其次为普通股票和公司债券，因为保险公司的目的在于投资，并且能长期持有这些投资，而又不参与公司的经营管理，因此常常大量购买"私人销售"方式发行的团券。保险公司除从事长期证券投资以外，

---

① 宋新国：《借鉴英国保险投资经验 拓展我国保险投资渠道》，《金融科学》1997年第4期，第121页。

其资产业务还包括短期证券、海外证券和地方政府证券投资、各种贷款和房地产投资、具有长期性质的保险公司承付款项等。

英国保险市场的最大特点是劳合社市场、保险公司市场、保险经纪人销售制度三足鼎立。

全世界著名的劳合社（"劳埃德"保险社），自 1871 年成立之日起，已有一百多年的历史，是英国一个古老的保险市场，它由劳合社会员及其所选择的承保人、经纪人组成，在英国保险市场上占有重要地位，代表着英国保险市场的发展趋势。劳合社不仅具有雄厚的承保能力，而且在服务质量及业务技术上都具有世界先进水平，并提供可靠的保险保障。但任何一个保险市场都无法避免风险，20 世纪 90 年代对劳合社而言，就不是一个幸运的年代。1990 年是劳合社 30 多年来业绩最糟的一年，损失总额高达 29.15 亿英镑，约合 43 亿美元。严重亏损的原因是一连串的天灾人祸，如北海油田事件、美国大风和欧洲暴风雨，以及美国相继发生的石棉诉讼导致的巨额赔款等。针对当时的困境，劳合社考虑实施一些改良措施来力挽狂澜，终于使得劳合社走出困境。劳合社长盛不衰，至今仍保持着世界保险经济中心的地位，同时也是保险资金运用的基地。

公司市场是英国保险市场的另一特点。英国大部分保险业务垄断在少数大公司手中，统计资料表明，1990 年寿险市场中保费收入排在前 10 名的公司控制着 46.5% 的市场份额；在非寿险市场中，排在前 10 名的综合保险公司控制着 60% 以上的市场份额。为了扩大市场，伦敦的保险公司凭借高质量的服务以及先进的承保技术争取保户。一是提供企业风险管理的咨询服务。伦敦保险公司和经纪人公司利用其本身经营风险，掌握大量危险的发生概率，比较熟悉危险发生规律的有利条件，为保户提供风险管理的咨询服务，从而密切了与保户的关系。二是一揽子承保的趋向。近年来伦敦保险市场为满足保户的需求，打破了过去仅以标准格式条款承保的传统做法，而以一份保单承担保户的多项风险，集责任险、财产险、人身险等于一身，这样既方便了保户续保，减少了其保费支出，又节省了保险人的营业费用。三是随行就市地制定费率。保险人制定费率无据可依，而是依市场变化而定。保额越大，费率越低；市场坚挺，费率高；市场疲软，费率低。这种灵活的方式适应了变化多端的市场发展。

经纪人制度在英国保险市场上也起着举足轻重的作用。英国最有影响的保险经纪人组织是英国保险经纪人协会，英国政府通过该协会以及保险经纪人注册理事会加强对保险经纪人的管理。在英国保险市场中，各承保人的绝大部分业务都是通过保险代理人或保险经纪人来办理的。保险代理人是保险人的代表，可兼职也可以代表多家保险公司；保险经纪人是保险从业人员，代表被保险人利益。虽然在英国保险市场上存在着不少保险代理人，但保险经纪人仍起着支柱作用。经纪行业在英国被认为是高利润的行业。

尽管英国的经济正在走向衰退，但英国的保险业并没有衰退。统计资料表明：1992 年英国保费收入高达 1023.6 亿美元，占当年全世界总保费收入的 6.93%，其中英国非寿险总保费收入 362.7 亿美元，占当年世界非寿险总保费收入的 5.2%；寿险保费收入 660.9 亿美元，占世界寿险总保费收入的 8.6%。自 1994 年明珠保险公司成为首家获准正式经营银行业务的保险公司之后，英国的保诚、标准寿险等许多大型保险公司均已开设了存款和个人抵押贷款等业务，并在短时间内获得迅速发展，成为英国零售性银行市场上的后起之秀。英国保险制度的完善和灵活性以及300多年的保险经验，使它们在多次国际性的保险危机中化险为夷。

近年来，英国劳合社市场、保险公司市场及保险经纪又有了长足的发展，保险资金的运用大幅度增加，尤其是保险投资活动十分活跃，保险公司利用其雄厚的保险资金，从事着各种投资项目的活动，获利颇为丰厚。随着金融创新与金融衍生工具的扩大与运用，依欧盟组织条例实施的规定，英国的保险业投资在运用期货交易与买卖特权等方面均加大了运用金融衍生工具的力度，并使其作为投资行为的构成部分，从而使得英国的保险业投资活动得到了进一步的拓展。

第四节　投资公司

投资公司是以发行股票的方式将分散的资金集中起来，由具有丰富投资经验和技巧的专门人才去从事投资活动的金融组织。英国的投资公司包括投资信托公司和单位信托公司两种形式。

投资信托公司是投资证券或股票的集团有限公司，又被称为"股份固定基金组织"，是公开招股的有限公司。通过发行普通股和公司债等筹集资金并投向证券市场。投资信托公司资金主要来源于个体股份持有者和证券持有者，也吸收大的公共投资者的资金。参加投资信托的投资者从投资信托公司买入股份,是公司的股东,以自身名义持有买入的证券。

投资信托公司的业务常常由职业性的管理公司负责。这类管理公司的工作人员可能来自律师事务所或会计师事务所、承兑行和专业化的信托管理机构,他们主要决定投资方向和投资项目、管理证券的日常买卖以及支付持股者利息和股息。由于信托投资公司受益于专家管理,并注意投资的合理性,所以这类公司的利润率高于其他大多数金融机构。投资信托公司的投资项目有:英国政府证券、公司证券、其他金融资产等,此外还包括房地产及其他实物资产。其中主要是英国公司证券,特别是普通股股票,1988 年约占总投资的 42%。1979 年英国取消外汇控制后,投资信托公司的投资项目已包括海外公司的证券,其中对海外公司证券的投资增加很快,1988 年其投资比重已达 42%。投资信托公司的股票像其他任何挂牌上市公司的股票一样,可以上市买卖。因此,购买投资信托公司股票的投资者,可以通过出售自己购得的股票收回投资。投资信托公司发展很快,1963 年投资信托公司的总资产还不到 30 亿英镑,到 1988 年时其资产总额已达 176.87 亿英镑。

单位信托公司是指以投资者为受益人,通过内容广泛的投资信托活动持有一些证券财产,并进行经营,从而获得利益和收入的公司。主要由证券商组成。单位信托公司从证券发行人那里购入证券,与由银行和保险公司等组成的受托人签订"信托契约",然后由委托人、受托人将上述证券向投资者出售,以吸收社会资金。单位信托分为以下几种类型。

固定型信托。单位信托公司根据《信托契约》附表所列的证券种类、数量和比例，从证券发行者手中按一定单位购进一定数量的证券，并交给受托人。受托人将该证券再分成若干"小单位"向社会公众出售。发售任务完成后，这一阶段即告结束，受托人可按同样方式再次从委托公司接受一定数量的证券并分成"小单位"向社会出售，并不断循环下去。

可变型信托。单位信托公司根据《信托契约》附表所规定的有关内容从证券发行者处购入证券，但不需要一次购入，可以先购买其中的一部分，委托受托人发售。售出以后再分次出售其余部分，直至全部完成发售任务。

分散型信托。受托人在证券发售完毕后，单位信托公司根据《信托契约》将股票发行公司分配的红利、新股认购权等分配给投资者（股票持有人）。

积累型信托。积累型信托指受托人在证券发售后，根据《信托契约》将股票发行公司分配的红利、新股认购权等，由信托公司保留或将红利转购新股加入信托资产。这样投资者虽然不能获得现金收益分配，但其投资证券的价值可获得相应的增值。

第五节　退职金与养老基金

退职金与养老基金是英国"20世纪兴起的产物"，是英国金融组织发展最为迅速的一环。二战结束后，许多企业为改善雇员工作条件而提供养老金，后来由于通货膨胀的产生以及发放养老金的企业越来越多，英国的养老基金组织得到了迅速的发展。

养老基金的来源之一是参加养老金计划的雇员从工资或薪金中支付的部分（这部分可抵扣所得税），另一方面是雇主从利润中捐助的部分。1982 年，养老基金的总负债已达 509 亿英镑，并且每年还在以 14% 的增长速度发展。养老基金组织的资金大部分属于英国国营企业及私营工商公司，主要是雇员分摊在养老金筹资项目的储蓄；地方政府也有数目可观的年基金。筹资项目有两类：一是"自我经营项目"，其资金直接投资于各类金融市场；二是"保险项目"，其资金投资于保险公司。

养老基金组织的资产项目主要有短期流动资产，如现金和银行存款、政府证券、地方政府债券、公司证券、海外有价证券、股票、抵押证券和实物投资等。

第一，现金和银行存款。以现金和银行存款形态保存养老基金的并不多见，这是由于银行存款的利率很低，以至于跟不上物价的上涨水平，从而出现养老基金在数目上保值和增值、实际上却贬值的现象。但采用现金和银行存款形态保存养老基金具有较高的安全性。英国养老基金存入银行的比例在 4% 左右。

第二，购买政府发行的有价证券，如国家发行的国库券、特种国债、国家经济配置债券等。由于政府发行的有价证券没有违约之忧，安全性较高，在收益上亦能得到较高的利息，利率通常要高于同期银行存款利率，从而有助于实现养老基金的保值和增值，因此在英国是养老基金投资的重要工具，约占养老基金总资产的 18%。在政府债券中，长期债券和不定期债券居多，而短期债券只占 4% 左右。在英国，固定利率的公司债券供应量不大，因为借款人不愿发行高利率的长期债券，投资人也不愿冒实际回报率可能为负值的风险，因此养老基金持有的公司债券很少。而英国政府发行的债券因变现性好、交易成本较低更受养老基金青睐。在浮动利率时期，买卖政府债券使养老基金获利颇丰。

第三，抵押证券，是以一定的抵押品作担保而发行的证券。抵押证券主要是由公司发行的，是公司证券的主要形式，也是企业筹集资金的一种重要手段。抵押证券由于存在违约风险而利率略高于政府债券，但风险低于股票，也是养老基金可选择的投资工具之一。英国养老基金投资中抵押证券的比例通常在2%左右。

第四，为使投资资金的价值增长与通货膨胀的增长速度保持一致，养老基金组织还通过购买股票保证投资资金的增值。股票投资具有投机性、变现性强、收益率高等特点。许多国家都容许养老基金投资于股票市场，并在投资比重上有一定水平的增长，英国的养老基金投资于股票的比重从1970年的49%上升到2009年的77%。[①]

第五，海外有价证券。海外有价证券是英国养老基金的一大类资产，其中主要是外国大公司的普通股。投资于外国大公司的普通股，除与投资于英国公司普通股相同的原因以外，另有两个原因：收益较高，能实现资产多样化。

第六，实物投资，包括房地产、基础设施等。实物投资具有投资接纳期长、资金需求量大、流动性差等特点，但能在一定水平上减少通货膨胀风险，因此是养老基金重要的投资工具。在职业养老基金购置的不动产中，零售商店的店铺、办公楼、厂房、

---

① 张铃娣：《英国养老金信托法律规制研究》，中南大学硕士学位论文，2009，第8页。

仓库等占有很大的比重。近年来，越来越多的养老基金自己置地造楼，不再涉足二级市场。也有的养老基金与房地产开发商合伙建造店铺、办公楼和厂房等。其中，房地产市场受经济周期波动影响有较大的风险，而且由于涉及的方面较多，技能性要求高，因而投资的管理资本较高。所以英国将养老基金用于购置房地产的比重限制在5%左右。① 除以上资产以外，养老基金有时还从事其他的资产业务，如购买艺术品、商品和金融期货或期权。但这类资产的比例很小。

虽然在1976年，养老基金组织和保险公司的投资大量转向政府债券，但是这两类金融机构对公司所提供的长期资本仍占支配地位。例如，1978年公开招股公司新发行的证券净额为8.19亿英镑，而养老基金组织和保险公司购买这类证券的总额达18.17亿英镑，也就是说养老基金组织和保险公司购买公司证券的总额超过了那一年的发行总额，其差额必定是在二级证券市场购买的。1971~1978年，养老基金组织和保险公司购买的公司证券金额达100.97亿英镑，而同期新发行公司证券的金额仅为65.82亿英镑。由此可见，这两类金融机构在英国的一级证券市场和二级证券市场上发挥着重要的作用。英国养老基金的资产组合情况见图5-1。

图5-1显示，短期资产占总资产的小部分。公司证券占比最大，国债和长期资产占比居中。20世纪80年代到90年代英国股市回升，从1974年到2000年，英国股票的平均实际收益率为

---

① E. Philip Davis, *The Regulation of Funded Pension—A Case Study of the United Kingdom*, Discussion Paper No. PI-2009 (revised), 2000, p. 65.

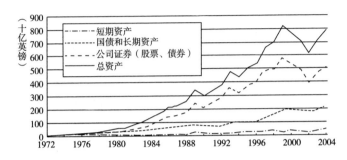

图 5-1　英国养老基金的资产组合情况

资料来源：Investment by Insurance Companies, Pension Funds and Trusts Office for National Statistics。

13%，这导致养老基金资产大大增加。而在 2000 年早期开始的股市回落又大大影响了养老基金的价值和投资，总资产价值从 1999 年的 8210 亿英镑下降到 2002 年的 6200 亿英镑，但在 2004 年又回升到 8010 亿英镑。[①] 2004 年，公司证券（股票、债券）仍然是自我管理型养老基金的主要投资工具，尽管在 2002 年所占份额有大幅下降，这也部分反映了英国股票的脆弱。

养老基金是英国资本市场上最大的境内资金来源。2008 年末，保险公司和养老基金分列英国股票市场前两大境内投资者，持股市值占总市值的比例分别为 13.4% 和 12.8%。实际上，养老基金还是保险公司投资的主要资金来源。以 2009 年为例，在英国养老基金高达 1.9 万亿英镑的总资产中，通过保险公司管理的养老基金规模就达到 0.87 万亿英镑。[②] 20 世纪 80~90 年代，养老基

---

① 刘雪梅：《英国的职业养老金计划研究》，湖南师范大学硕士学位论文，2007，第 70 页。

② 《英国养老金体系与资本市场》，中国证监会，http://www.csrc.gov.cn/pub/newsite/ztzl/yjbg/201405/t20140528_ 255050.html，2012-09-27。

金连续十几年成为英国资本市场上最大的投资者（见图 5-2）。近年来养老基金每年新增的净缴费额近千亿英镑，已成为资本市场上稳定的增量资金来源。

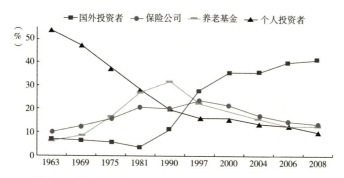

图 5-2 英国股市前四大投资者的持股市值占总市值的比例

资料来源：Investment by Insurance Companies, Pension Funds and Trusts Office for National Statistics。

养老基金发挥着中长期资金"转换器"的作用，有效地将居民储蓄引向实体经济。相对于个人投资者和共同基金，养老基金持有更高比例的长期资产。2009 年底，在英国养老基金资产组合中，长期投资占比高达 85%。养老基金偏好长期投资可以用其资金性质和资金规模来解释，它可以通过更加多元化的资产配置和更长的持有期限，来降低资产组合的短期波动风险和非系统性风险，并因此获得更高的收益率。而个人投资者和共同基金的资金期限都较短。

近年来，英国养老基金不断增加中小盘股票、不动产、私募股权、风险投资基金、新兴市场和量化投资等另类资产的投资比例。2009 年底，"另类资产"占养老基金资产的比例高达 15%。同时，伴随着养老基金另类投资的增加，其投资收益的波动性随之加大，进而又推动了养老基金对各种衍生产品等风险规避工具的需求。另外，在英国资本市场上，养老基金还是超长期国债（30 年和 50 年）和通胀指数挂钩国债的最主要需求者。除了推动资本市场"量的扩张"外，养老基金还会助推资本市场发生"质的改变"。作为居民的养老钱，养老基金对更加完善的资本市场制度建设起到了巨大的促进作用，包括更好的会计、审计、经纪和信息披露机制等。养老基金控制金融风险以及其长期投资行为都有利于降低股票市场的波动性。英国和美国是全球资本市场中公司治理制度最好的国家，这与它们市场上"一股独大"的养老基金投资有着莫大的关系。

第六节　国民储蓄银行

英国国民储蓄银行（NSB）早期名称是英国国民储蓄和投资，前身为英国邮政储蓄银行和国民储蓄，它是英国的国有储蓄银行，是英国非部级政府部门和财政大臣的执行机构。国民储蓄银行的主要任务是吸收个人储户资金，资助英国政府公共部门借款需求。前身邮政储蓄银行设立于 1861 年，归邮政局控制，旨在提供更多接受储蓄的网点，以鼓励小额储蓄者参加储蓄。1969 年，为了适应政府向一般小额储蓄户借入资金的需求，脱离邮政局，加入了政府行政体系行列，改名为国民储蓄银行，归国民储蓄部管理，成为吸收国民储蓄资金的间接融资主渠道，与直接融资主渠道国民储蓄证券发行并驾齐驱。国民储蓄银行利用全国21000多邮政局营业处作为同客户交易的场所，并且营业时间较长。1971 年，该行获得独立法人身份。

国民储蓄银行虽然被冠以银行字样，却不是英国银行法之下的银行，不受英国中央银行英格兰银行的监管，其业务经营直接由国民储蓄部管理。因此，国民储蓄银行吸收一般社会大众资金的融资方式就不能以存款名义进行操作。为了替政府吸引一般中小投资者踊跃储蓄，国民储蓄银行创新开发了灵活便利的多样化吸储新金融工具。主要有以下几种。

一是类似银行活期存款的普通账户。适应了客户委托代付款的需求，凭存折存取，最低为 5 英镑，最高为 1 万英镑，500英镑年息为 5%，500 英镑以下为 2.5%，可在任何邮局提领，并可接受客户委托办理自动扣账，代付各种定期性应缴付的款项。二是类似通知存款的投资账户。最低为 5 英镑，最高为2.5 万英镑，利息比普通账户高，利率固定，以存款余额每月计算，每年 12 月 31 日支付，客户要提款应提前一个月通知。三是类似通知存款的收益债券。客户认购金额下限为 2000 英镑，上限为 2.5 万英镑，级距为 1000 英镑。利率为单一固定利率，利息每月计算一次，于次月 5 日支付，持有未满一年买回者，应计收违约金，违约金为已支付利息的一半，买回申请需提前三个月通知后付款。四是资本债券，类似整存整付存款，起售金额为 100 英镑，无上限限制，期限为 5 年，但允许经一个月的期限通知后中途解约。利息以购买时公告的利率计算复利，五年到期连同本金一次支付，但对持有未满一年中途解约者不付利息，对超过一年中途解约者按折扣利息计付。五是溢价债券，类似储蓄奖券，没有期限也不付利息，奖金来源于债券所吸收资金运营的利息收入。每月或每周由电子随机号码指示设备产生中奖号码，参加抽奖的有资格认购人必须持有溢价债券满三个月后，持有人也可以按 8 天的通知要求买回债券。奖金的数量随债券发行量及利率水准高低而同步增减，一般设特等奖一个 25 万英镑，一等奖五个各 1 万英镑，二等奖 25 个各 5000 英镑，每月奖金以 50～100 英镑小奖为主，中奖比率为1.1 比 1，中奖者享受不课税优惠，对高收入者和渴望中奖发财的低收入者吸引力都很大。六是国民储蓄存单。这是国民储蓄银行首创的吸引一般小额储蓄户的最佳创新品种，首次发行于1916 年，旨在帮助政府募集第一次世界大战的战争经费，发行用途已从原先筹募战争经费，移转为吸收中长期的储蓄资金。资本利得全部免税，不必计入所得税的申报之内；发行品种从单一型演变为多品种型，主要有传统型、年度储蓄计划型和指数联动型三种类型，这三种创新品种各有千秋。流动性有保证，虽然期限定为 5 年，但允许客户随时办理中途解约，而所需时间只要 8 天，等于比上述的其他类似通知存款的金融商品更具流动性。1984 年 7 月 2 日，国民储蓄银行推出了年度储蓄计划型的国民储蓄存单，第一年类似零存整取存款方式积少成多，第二年后以整数认购传统型的国民储蓄存单，享受其高息优惠。头年每月定额投资，每月认购金额最低为 20 英镑，最高为 200英镑，以 5 英镑为级距，并可经由银行或建筑合作社的账户自动扣账，满 12 个月后，将这一年的本息之和购买 4 年期的传统型国民储蓄存单，期限合计仍为 5 年，条件与原发行者一样。[①]

国民储蓄银行很像信托储蓄银行，但又不同于信托储蓄银行。国民储蓄银行在近年取得经营一般银行业务的资格以前，和信托储蓄银行一样只能作为储蓄银行，而不能参与对私人部门的贷款发放和货币传递业务，但即使这样，它们之间仍有很大差别：一是国民储蓄银行的存户多达 2100 万户，远多于信托储蓄银行，而其存户的平均存款额远小于信托储蓄银行；二是国民储蓄银行的普通存户的周转率远低于信托储蓄银行；三是国民储蓄银行的收付网点远多于信托储蓄银行。

在负债方面，国民储蓄银行提供两种类型的"储蓄户头"，即普通户头和投资户头。普通户头存款额从 1 英镑到最高 1 万英镑，100 英镑以下的提款可在任何附设储蓄银行业务的邮政分局提取；投资户头旨在为较长期储蓄服务，始办于 1966 年，存款额最低 5 英镑，最高 5 万英镑，利率高于普通户头，提款要在一个月前通知。现国民银行共有普通户 2000 万户，投资户头 100 万户。从国民储蓄银行还可以购买国民储蓄部提供的多种国民储蓄。

在资产方面，国民储蓄银行的全部资金交由国债专员保管并投资于两类基金，即普通户头基金（接受普通户头存款）和投资户头基金（接受投资户头存款），这两笔基金主要投资于几种政府证券和政府保证证券。其结果是国民储蓄银行成为政府的借款代理人，把从公众那里吸收来的资金输送给政府使用。

---

① 汪竹松：《颇具特色的英国邮政储蓄品种》，《新金融》1996 年第 4 期，第 42~43 页。

第六章

英国政策性金融组织

英国有非常清晰的政策性金融体系，其政策性金融机构虽然规模不大，但在不同金融领域之间起着不可或缺的作用，对特定金融领域（尤其是中小企业信贷领域）的支持也在一定程度上缓解了市场失灵所带来的危害，为英国经济健康平稳发展打下了良好的基础。

英国政策性金融机构仅有少数几家，且规模相对较小，但在某些经济部门及特定领域十分重要。英国目前主要的政策性金融机构有农业支付署、出口信贷担保署、中小企业管理局以及国家房屋互助协会等。除了这些历史悠久的政策性金融机构外，英国政府又于 2012 年成立了第一家政策性银行，绿色投资银行。

第一节　英国农业支付署

农业支付署是英国环境、食品和农村事务部下属的执行机构，主要负责英格兰地区的农业财政补贴，是英国最主要的政策性农业补贴机构。在 2001 年 10 月前该机构长期隶属于农业水产与食品部,是农业水产与食品部的一个机构,被称为基金部,到2001年10月才变成独立的中介机构,机构名称改为农业支付署,主要负责欧盟共同农业政策框架下的单一支付计划、乳制品保险计划、国内市场计划以及农产品对外出口贸易。农业支付署有两个重要的作用:一是国内方面,负责针对农民(农场主)的财务工作,如补贴和支持等方面;二是国际方面,负责对欧盟委员会有关的农业财政事务,特别是对欧盟的财务结算,每年提交年度报告。农业支付署还同时具有行业协会性质,从法律角度讲,该机构属于政府,但在管理和控制等方面是独立的。农业支付署不仅负责英国财政支持或补贴农业的事宜,而且负责来自欧盟的补贴(返还性质的),二者综合起来,构成该机构的具体年度商业计划,但全部工作人员都来自英国。

农业支付署主要依靠英国政府出资和自身收益来发放农业补助。自2005年单一支付计划补贴政策颁布以来,英国政府大量削减对农产品价格的支持,以尽量缩小国内价格与国际价格的差距。与2011年相比,2012年除了蛋白质和纤维加工厂的补贴资金从106.8万英镑增加到121.2万英镑外,其他农业领域如园艺、奶制品加工、糖类生产的补贴均有所下降。其中变化最大的为糖类生产,2011年投入资金为9000英镑,而到了2012年政府则取消对其补贴。政府对学生饮用奶的补贴降幅更大。虽然总补贴与上年度相比有所下降,净收益却由306.1万英镑上升到了389.8万英镑,以较少的资金投入获得了更高的收益,资金使用效率明显提高。[①]

---

① 王伟、张雅博、吴东晖:《英国政策性金融组织结构及其启示》,《武汉金融》2015年第6期,第41~45页。

　　农业支付署对欧盟方面的财政事务，主要是每年从欧盟取得很大数额的农业补贴，其中 2000～2001 年为 28.694 亿英镑；1999～2000 年为 28.16 亿英镑（英国缴纳欧盟预算的 15%，然后返还补贴额）。2001～2002 年，通过与布鲁塞尔讨价还价，欧盟返还英国的农业补贴总额为 27 亿英镑。这项补贴属于常规的返还性补贴。遇到如疯牛病、口蹄疫等特殊灾害或突发疫情时，英国同其他国家一样，也可得到额外的专项预算（补贴）。同时，把从欧盟返回的农业补贴，以及将英国政府对农业的补贴和支持部分（该机构每年另有 3 亿～4 亿英镑来自英国政府对农业的支持或对农场主的补贴，2000～2001 年为 3.13 亿英镑，1999～2000年为 3.45 亿英镑），经过评估、分析，有条件地分别支付给农民，是该机构的日常工作。需要指出的是，英国受共同农业政策的影响很大，在预算方面尤为如此，许多领域并不具备灵活性。因为共同农业政策已经非常明确地规定了有多少需要补贴在粮食上，有多少需要补贴在奶牛上，有多少需要补贴在水果上，又有多少需要补贴在环境保护上。就英国而言，在共同农业政策面前，是没有多少改变的权力的。[①] 农业支付署大概每年为英国农业部门提供 20 亿英镑支持。除农业支付署以外，政府还委托其他中介机构来支付苏格兰、威尔士以及北爱尔兰的政策性农业补贴，如苏格兰政府农村支付和监察理事会、威尔士政府、北爱尔兰农业及农村发展部。

　　近年来，农业支付署加强在农业方面定期披露信息。为了使农

---

　　① 蒋协新、秦富、利明、李文平、王莉茜：《英国农业支出政策及其经验》（上），《世界农业》2002 年第 10 期，第 14 页。

民能够更多地了解到农业支付署以及农业最新市场信息，农业支付署决定定期公开信息，依据信息保护法案、信息自由法案以及环境信息管理条例，定期对农产品市场价格波动、农业补贴具体项目以及补贴金额进行信息披露，以减少信息不对称所带来的经济损失。

第二节 出口信贷担保署

英国是世界上第一个建立出口政策性金融机构的国家，第一个通过国家的力量来促进对外贸易。英国出口信贷担保署是英国唯一的出口政策性金融机构，它建立于1919年，目的是协助和促进英国出口商销售货物和劳务。该署是英国政府的一个独立部门，它虽对贸易部负责，但一切经营均需获得财政部的同意。而实际上，英国财政部在很大领域内授权给该署，除非在偶尔的场合，牵涉到新的原则，或在困难的市场，需长期大量贷款时，该署才需获得特别许可。1949年出口信贷担保署成为英国贸易与工业部下属的一个相对独立的部门，主要职责是为企业提供信贷担保、保险和再保险，帮助本国出口商的商品和服务赢得更多的机会和市场。1949年制定了与出口信贷担保署相对应的《出口担保和海外投资法案》，其中规定英国出口信贷担保署为英国贸易工业部门下属机构，并以法律形式确定出口信贷担保署的形式和活动范围，使其有了正式的法律保障。在撒切尔夫人上台后，英国政府对《出口担保和海外投资法案》进行了多次修改，如1972年的《出口担保和海外投资法案》、1975年的《出口担保和海外投资法案》、1978年的《出口担保和海外投资法案》，都对出口信贷担保署的职责、功能和政策约束等进行了进一步的规范和调整。特别是把对私人性的海外投资活动的保险提到了重要的位置。出口信贷担保署的经营活动还把商业账户和国家利益账户分开经营，且前者所占比例较大。但到了20世纪80年代后期，由于债务危机的影响，后者的业务不断增多。1991年，英国政府通过了新的法案——《1991年出口担保和海外投资法案》。该法案的实施从总体上来说，有两点重要意义，一是为部分业务的商业化指明了方向，二是进一步明确了它的职责范围。2009年，《出口担保和海外投资法案》重新修订，扩大了出口信贷的范围，力求最大化支持英国企业出口，并规定对申请的项目将从环保、社会和人权三个方面进行评估。近几年来，英国出口信贷担保署对海外投资所提供的保险金额不断加大，政府对海外商业的支持力度从2008年的14.7亿英镑增长到2013年的43亿英镑，基本保持每年稳定增长（除2011~2012年以外）。同时，英国政府也努力扩大承保的地域范围，2012~2013年英国出口信贷担保署所覆盖的海外范围基本包含了四大洲。英国出口信贷担保署还特别鼓励英国公司投资于需要进一步发展经济、提高工业化水平和改善基础设施的发展中国家（特别是新型工业化国家）。在2012~2013年的英国出口信贷担保署政治风险保险投资中，对亚洲和非洲的保险投资占总投资的61%。因此出口信贷担保署对英国进出口，尤其是出口起到了强有力的推动作用。

英国出口信贷担保署不是一个贷款机构，而是英政府的一个保险和担保部门。作为政策性金融机构，英国出口信贷担保署主要经营政策性保险，不与商业性保险机构竞争，只对商业性保险不愿进入的市场缺口进行弥补。其所办业务有以下两种。

一是提供出口信用保险，包括买方信贷与卖方信贷。对出口商提供保险的种类有：第一，综合保险，这是为便于出口商与买方进行稳定贸易而制定的，适用于重复性消费品、机械或劳务的出口。第二，特别保险，这种保险是为大规模生产装备工程的个别合同而制定的，如发电站、钢铁厂等，适用于非重复性资本商品的出口，如成套设备等。第三，其他专项保险，如海外投资保险、成本增长保险、履约或投标担保保险等。出口信贷担保署除给出口商提供上述保险外，还可使出口商以转让综合保单的方式，从银行获得利率较为优惠的短期资金融通，一般为基本利率加1%，还款期不超过6个月。但如出口商需要获得6个月期以上的贷款时，银行则必须在出口信贷担保署的直接担保下才提供。

二是提供优惠的金融服务，如对大型的金融项目提供长期贷款，对银行提供担保。具体包括：第一，卖方信贷担保。对6个月以上的远期赊销合同，银行凭由出口信贷担保署提供无条件赔偿全部贷款的担保，按固定优惠利率（2年以内按基本利率加0.625%，2年以上按出口信贷标准利率）对出口商提供80%~85%合同价值的短、中期信贷。出口商除了到期还本付息外，还需承担保费和银行有关费用。担保方式主要有：综合票据担保、综合往来账户担保、特别担保。出口信贷担保署对银行提供上述担保，是以对出口商保留追索权为前提的。第二，买方信贷担保。对以即期付款方式成交的单笔合同价值超过100万英镑的巨大工程和生产资料交易，英国银行凭出口信贷担保署的担保，按出口信贷固定优惠利率标准向买方或进口方银行提供80%~85%

合同价值的中长期信贷。买方信贷须由四项法律协议组成：①出口商与进口商的现付交易合同；②贷款银行与借款人（买方或买方银行）的信贷协议；③出口信贷担保署与贷款银行的担保协议；④出口商与出口信贷担保署的保险协议。在这四项协议的约束下，进口商承担向出口商现付 15% 合同金额的责任，借款人承担向贷款银行还本付息的责任；出口信贷担保署承担向贷款银行保证赔偿的责任；出口商承担向出口信贷担保署支付保费的责任。第三，信贷额度担保。这是在买方信贷担保的基础上，出口信贷担保署为使从若干英国出口商购买范围广泛的资本货物的国外进口商获得英国银行的中长期低息资金融通，给贷款银行提供的担保。在这种方式下，借款人通常是官方或国家银行，贷款额度可为借款人同意的任何买方所使用，也可与多项合同的执行有关。每笔合同价值可低到 5000 英镑至 1 万英镑，但所有合同必须在信贷总额度的有效使用期内签订和分配。1978 年中国银行总行先后与英国十家商业银行签订总额为 12 亿美元的七项"存款便利"协议，均属这类信贷额度担保项下的出口信贷。①

英国出口信贷担保署经营原则明确规定，它不与商业性金融机构竞争，只是对商业性金融的市场"缺口"进行弥补。其服务口号是"让它们一心关注它们投资的商业问题，我们来关注政治风险"。这充分体现了在其经营中，从国家的政策出发，着眼于为顾客服务的思想，也充分体现了它的政策性职能。英国出口信贷担保署在它的经营原则中有一部分是关于透明性的要求。其中包括：咨询、听

---

① 贺小末：《英国出口信贷担保署的职能与作用》，《国际贸易问题》1983 年第 6 期，第 52~53 页。

取相关利害人对主要问题的意见并做出反应；尽可能公开信息，同时尊重合法的商业和个人秘密。英国出口信贷担保署实行自负盈亏的经营原则，其一切业务均建立在有偿付的基础之上，以保证收支达到平衡。该署的主要收益是向出口商收取保费，其资金来源则是英国议会每年的投票拨款。该署总机构设在伦敦城内，另在七大工商业中心城市和伦敦其他地区设有十个区域分支机构。

英国出口信贷担保署在英国贸易中起了重要作用。它使英国政府通过补贴手段鼓励和支持了本国商品出口，增强了英国商品在国际市场上的竞争力，从而达到了扩大出口的目的。具体归纳起来，出口信贷担保署所起的作用有以下几个方面：解除了出口商遭受货款损失的后顾之忧，使出口商得以大胆推销商品，争揽新业务，开发新市场；加速了出口商流动资金的营运，使出口商能提供竞争性更强的付款条件；承保了一般保险公司所不能承保的各种风险，如外汇风险、违约风险、政治风险等；满足了国外买方以赊购方式进口和获得低息资金融通的需要；解决了国外买方扩大进口和支付货款的困难；避免了贷款银行的信贷风险，保证了贷款银行的利息收入。

近年来，英国在进出口方面，调整资金分配，加强反腐措施。英国议会 2014 年最新提议，出口信贷担保署应减少对火力发电项目、化石燃料能源开采、采矿设备项目的资金支持，以减少污染环境的项目工程，实现节能减排。另一方面根据全球公共建设反腐中心提议，英国出口信贷担保署应当对商务领域的腐败风险进行评估，遵循经济与合作组织制定的反贿赂政策，保证资金能够投放到有效的市场项目中去。

第三节　中小企业管理局

20 世纪 50 年代以来，英国有过三次大的工业企业兼并浪潮，造成大企业的过分集中和垄断，使经济丧失了活力。严峻的事实使英国政府不得不重新评估自己的发展战略。20 世纪 70 年代初，英国在贸工部内设立了中小企业管理局，开始重视中小企业融资发展，这是最主要政府在支持中小企业发展上的管理创新。它的运行横跨政府的各个部门，专门负责英国中小企业的管理和服务，并对政府所有对中小企业的一致性和效率提供评估。在帮助新建中小企业熟悉和遵循监管法规、提供贷款担保和国外市场信息以及如何采用先进经营手段等方面提供服务。[①] 负责该局工作的是专任全国中小企业工业大臣。80 年代撒切尔革命后，大力推行非国有化改革，英国的中小企业迅速发展，已成为经济中的中坚力量。1981 年，英国政府制定了"中小企业贷款担保计划"，通过政府的担保，中小企业就可以从银行获得低于金融市场利率的长期贷款，差额由政府补贴。通过此计划获得的贷款可以用于除认购本公司股票以外的发展企业的任何用途。计划规定，面向新老企业的中期贷款，使用期为 2~10 年，一次可以获得优惠利率加 0.5% 的贷款 10 万英镑，若是创办 2 年以上的企业则最高可一次贷款 25 万英镑。政府对创办 2 年以上的企业担保 85%，对其余企业担保 70%。1997 年以后的保守党政府和现任的工党政府都

---

① 张立军:《英国对中小企业融资支持及其借鉴》,《世界经济情况》2006 年第 7 期,第 5~6 页。

极为重视中小企业的创立和发展，力图为它们创造和维持一个有
利于发展的经济社会环境。

1998 年，《英国竞争力白皮书》提出设立政府创业投资基金，
用于缓解中小企业的融资难问题。基金首期投入 1 亿英镑，由原贸
工部中小企业政策理事会负责管理，从 2000 年 4 月 1 日起，移交新
成立的中小企业管理局管理。英国的政府创业投资基金不直接投资
中小企业，而是通过参股投资方式支持各地区设立商业性创业投资
子基金，促进对中小企业的投资。英国政府对于创业投资企业的扶
持方式主要包括参股投资、提供风险补偿、提供管理补贴三种。基
金明确规定政府参股的所有区域性创业投资企业只能投资中小企
业，首期不得超过 25 万英镑；间隔大于 6 个月后可以进行第二期
投资，但投资总额不超过 50 万英镑，得到特别许可的除外。在任
何情况下，区域性创业投资企业在一家企业或一个关联企业集团的
投资不得超过其资本的 10%，最低投资金额不限。1998 年设立的
"母基金" 英国高技术基金，通过向 9 个创业投资基金注资，间
接帮助 110 家科技型企业获得风险融资 1.23 亿英镑。政府通过间
接方式成为高技术产业的投资者和投资引导者。英国通过政府创
业投资基金计划，有效地促进各地区设立区域性创业投资基金，
并通过政府参股区域性创业投资基金的示范作用，促进民间资金
设立创业投资机构。目前，英国已成为欧洲创业投资最发达的国
家，其创业投资规模已超过整个欧洲的 50%，而且几乎每个地区
的创业投资都得到了发展。在政府资金的引导和带动下，英国主
要金融机构积极参与高科技创业投资活动。1979～1987 年，先后
有 105 家风险投资公司建立，风险资本达 8 亿多英镑，占到总风

险投资资本的 70%以上。最近 15 年，英国风险投资额一直保持30%的年均增长率，1997 年已占欧洲风险投资总额的 50%。英国成为欧洲规模最大、发展最快的风险投资基地。①

为规定中小企业管理局资金使用权力，2000 年英国政府颁布了《政府资源与账户法案》，法案中规定了政府部门对资金的使用，即除规定的年份或者特殊资金需求外，贸易工业部门不得随意动用基金。规定被拖欠债务的企业有权向延迟一方提出偿付利息的要求，偿付利息应为英格兰银行基准利率加上 8%，以此来保护中小企业的利益。在《2004 年金融服务法》中，英国政府对中小企业管理局、农业支付署等政策性金融机构养老金发放上限以及替代率进行了明确的规定，管理进一步规范化。据英国中小企业管理局的统计，2003 年初，英国约有 400 万家企业，其中中小企业约有 398.6万家（雇员人数在 250 人以下，其中没有雇员的个体或合伙企业263 万家），占全部企业数目的 99.7%。按创造就业机会指标衡量，2003 年初，英国就业人数约为 2170 万，其中在中小企业就业的人数高达 1263 万人，占比为 58.2%（其中小企业就业人数为 1002.5万人，占比为 46.2%）。按年产值指标衡量，2002 年，英国企业总产值为 22000 亿英镑，其中中小企业创造产值 11528 亿英镑，占比为 52.4%（其中中小企业产值为 8426 亿英镑，占比为 38.3%）。② 由此可见，英国中小企业已成为经济中的中坚力量。发达的资本市场

① 《他山之石：英国的政府引导基金》，《中国财经报》2017 年 10 月 17 日，http://www.cfen.com.cn/dzb/dzb/page_5/201710/t20171017_2722196.html。
② 林军：《英国扶持中小企业发展的政策及其启示》，《甘肃省经济管理干部学院学报》2006 年第 2 期，第 34 页。

和完善的金融服务是构成中小企业发展的基础。针对中小企业融资难、抗拒风险能力弱的实际情况，英国政府联合私营部门制定了一系列商业融资计划，主要包括：中小企业贷款担保计划、区域风险资本基金、早期成长基金、风险资本信托基金、英国高技术基金、商业孵化基金、凤凰基金等，以改善中小企业的金融环境，帮助中小企业获得资金融通，促进其健康发展。

2016 年 11 月，英国财政部发布消息明确了《中小企业（金融平台）管理条例》中指定银行和指定金融平台名单，要求即日起九大银行集团要将其拒绝放贷的中小企业的信息推送给三大融资平台，以帮助这些中小企业从其他信贷服务方获取融资。加上之前发布的《中小企业（信用信息）管理条例》，英国推出两项强有力的政策，从强制信息共享和对接融资供需两方面解决中小企业融资难问题。表 6-1 是英国国家支持中小企业方式的汇总。

表 6-1　英国国家支持中小企业的方式

法律支持	管理部门	税收优惠	融资支持	创新支持
《政府关于中小企业的行动计划》、"改善付款状况"蓝皮书、迟延支付商业债务法案	中小企业管理局，进一步完善中小企业管理工作领导小组、中小企业委员会	免掉中小企业的投资收入附加税和国民保险附加税；规定年营业额少于 2500 万英镑的中小企业，每年投资研发超过 5 万英镑时，可享受减免税 150% 的优惠待遇	中小企业贷款担保计划、英格兰地区风险资本基金、英国高科技基金、SBS 商业孵化基金、早期成长基金、凤凰基金	全国企业培训计划、中小学师生的企业活动、庞大而广泛的企业顾问队伍

第四节　房屋互助协会

英国房屋互助协会[①]又称住房互助协会、建筑社，是互助性而非商业性的金融组织，主要为个人储蓄者和债权人所拥有，具有非营利的性质，通过吸收个人储蓄存款和股金获得资金，向个人购买住房者提供贷款。其中，国家住房政策性金融机构为英国国家房屋互助协会，成立于 1846 年，最初由四个小型住房合作社合并经营，经过一百多年的发展于 1970 年正式更名为国家房屋互助协会。它分别于 1987 年和 2007 年并购了 Anglia 房屋互助协会和波特曼房屋互助协会，成为全英第三大住房抵押贷款放贷机构。其提供的住房抵押贷款产品主要有两种：首次购房者专项抵押贷款和购房出租住房抵押贷款，资金大部分来自房屋互助协会持有的客户零售存款、商业银行贷款和发行债券。

英国第一家民间房屋互助协会创建于 18 世纪末，迄今已有 200 多年的历史。18 世纪 70 年代，最初在伯明翰一个地方近 20 个工人在一起开会集资建造住房，等住房建成大家抽签，把建成的住房卖给中签者，而后入会者继续缴纳会费，轮流买进住房，直到轮完为止，所以是有期限的，并带有互助性质，又称为"抽签售房会"，这就是有期限的房屋互助协会的起源。直到 19 世纪末，房屋互助协会多数还是地方性组织，规模很小，发展也很慢，且多为技术工人和小业主的组织。19 世纪 40 年代，出现永

---

① 程肯、秦征、李桂革：《英国房屋互助协会的发展》，《中国房地产金融》2000 年第 10 期，第 41 页。

久性房屋互助协会，即在第一批入会者都有了住房以后，协会仍存在下去，从不想购房的个人储蓄者那里吸收存款并以抵押贷款的方式提供给想购房的会员。二次大战中出现建房高潮，20世纪20~30年代共建造住房450万幢以上，自有住房数大增，为了扩大经营规模和开拓新的业务领域，英国的房屋互助协会掀起了一股收购兼并的热潮，并开始在全国各地开设分支机构。二次大战后，英国居民对住房自有化的要求更为强烈，房屋互助协会又有了较快发展。60年代和70年代，英国个人部门的储蓄率大幅度上升，为房屋互助协会大量吸收个人存款提供了条件。由于政府规定在房屋互助协会的存款可以享受税收减免，所以房屋互助协会也就可以向个人储蓄者提供更多的优惠。自70年代以来，英国房屋互助协会积极争取个人储蓄，同银行部门展开了激烈的竞争。1970年，15家最大的房屋互助协会的资产合占总资产的64%，其中房屋互助协会五巨头——哈利法克斯、阿倍国民、国家房屋互助协会、乌尔维奇和李氏永久，共拥有资产700多亿英镑，合占总资产的50%以上，其中最大的哈利法克斯一家就占了全英住房金融市场份额的1/5。自80年代英国放松对金融机构的限制以来，英国房屋互助协会行业集中的现象更加明显，1980年，有房屋互助协会273个，分会5684个，资产总额537.93亿英镑。截至1988年底，有房屋互助协会131个，分会6915个，资产总额1888.44亿英镑，其英镑资产和英镑存款总额已远远超过清算银行。到1988年，房屋互助协会数量只有131家，但分支机构数量增加到7000家，会员数量也上升到4400万人，资产总规模接近1900亿英镑。1995年，英国房屋互助协会数量进一步减少到 80 家，资产总额超过了 13000 亿英镑，其中 3 家最大的房屋互助协会的资产总额相当于全国房屋互助协会总资产的 1/2。[①]

　　20 世纪 80 年代中期以来，英国的房屋互助协会在业务内容、组织机构等方面都发生了深刻的变化，许多房屋互助协会所提供的服务已经越来越多地类似于银行业务。英国的房屋互助协会在促使房地产发展过程中起了非常大的促进作用，英国居民拥有自有住房的比例不断上升就可以印证这一点，第一次世界大战以前仅为 10%，到第二次世界大战结束后上升到 30%，到 20 世纪 90 年代后期又上升到 70% 以上。自 20 世纪 70 年代以来，英国房屋互助协会发展相当迅速，速度之快是英国其他金融机构所无法比拟的，它们积极争取个人储蓄，同银行部门展开了激烈的竞争。房屋互助协会基本都进行了银行化或者被其他银行收购兼并。实行转型后的房屋互助协会（尤其是规模较大的）在存贷款、中间业务甚至保险产品等方面与银行展开了几乎是全方位的竞争，从而加剧了英国银行业尤其是零售性银行业的竞争。英国房屋互助协会吸收的储蓄占个人部门金融资产的比重从 1975 年的 27.8%上升到 1985 年的 35.2%。与此同时，银行吸收的储蓄占个人部门金融资产的比重则由 1975 年的 23.7% 下降到 1985 年的 20.9%。尽管上述比重在 90 年代有所变化，但是，房屋互助协会的英镑总资产已经超过了英国的银行系统，并且成为英国房地产市场上的主要贷款机构和英国个人流动性资产储蓄的主要接受机构。具体数据见表 6-2。

---

　　① 陆军：《英国银行业的监管及其问题》，《世界经济文汇》1997 年第 5 期，第 38 页。

表 6-2 1990~1995 年英国个人英镑储蓄情况

单位：亿英镑

年份	1990	1991	1992	1993	1994	1995
房屋互助协会	1597	1771	1882	1979	2076	2080
银行	1535	1592	1637	1658	1669	1943
国民储蓄银行	356	377	435	466	512	544

资料来源：英国《金融统计》，1996 年 6 月。

英国房屋互助协会的业务可分为资产和负债两个部分。从负债方面看，刚开始股金和存款是个人向房屋互助协会进行投资的两大主要形式，占极大比重，20 世纪 80 年代以前占总负债的 90% 左右。自 80 年代初以来，英国政府放松了对金融市场的管制，并逐步取消了对金融机构业务范围的限制，各类金融机构之间展开了激烈的竞争，彼此间在业务上相互融合。英国房屋互助协会为了有效地与其他金融机构（特别是商业银行）争夺个人部门的存款，积极推行股金与存款账户创新，大力发展取款便利的账户替代传统的普通股金账户。80 年代初开始有其他借款，包括应付利息、公积金等，也开始有批发性负债，包括存款证、可转让债券、定期存款、商业票据和银行贷款等。1989 年股金和存款占 79%，其余项目为应付利息、公积金及其他负债。

从资产方面看，房屋互助协会所提供的购买新旧住房的抵押贷款在其总资产中所占的比重最大，经常占总资产的 80% 左右，这类贷款的偿还期可长达 15~25 年，往往都有相应的财产（主要是住房）作担保，并且由借款人按月偿还。其偿还和付息有两种不同的形式：一种形式是借款人按月付利息，本金则分期偿还；

一种是抵押贷款与借款人的定期人寿保险相结合，借款人在贷款期间按月支付利息，同时缴纳人寿保险费，人寿保险到期时，借款人就用其到期的保险收入偿还抵押贷款本金。后一种方式能使借贷者既买了住房又享受了人寿保险，因此备受欢迎。房屋互助协会资产方面也有其他项目，现金（包括银行存款余额）和投资是其保持流动性的依据，约占总资产的20%。

由于金融创新、放松管制及面临来自国内外的日益激烈的竞争，各种金融机构的业务开始互相渗透，相互之间的界限日益模糊，逐渐向经营全面金融业务的方向发展。近年来，英国房屋互助协会的银行化趋势明星。从20世纪80年代初开始，英国政府采取了一系列的改革措施，如允许清算银行从事住房贷款业务（1980年、1982年）、取消房屋互助协会同业之间限制彼此竞争的利率卡特尔（1983年）等。在1986年以前，英国房屋互助协会接受英国友谊社首席注册官的监督管理，按规定向友谊社首席注册官提交年度报告。由于《1962年房屋互助协会法》对其经营范围的严格限制，房屋互助协会在面对清算银行等对手的竞争中处于非常不利的地位。为改变这种不公平的状况，1986年对《房屋互助协会法》进行修改，主要内容包括：①成立由财政部任命的4~10人组成的房屋互助协会委员会，负责实施新的《房屋互助协会法》，对房屋互助协会进行监督管理。此外，英国的房屋互助协会还建立了自己的行业协会——房屋互助协会委员会。②扩大房屋互助协会服务范围，允许其提供全面的个人银行业服务和货币传递服务、房地产业务、保险经纪的代理、销售债券和股票、提供投资建议等，使房屋互助协会业务更接近银行，进入零售性银行的传统业务领域，从主要吸收储蓄存款改为其存款也可用于交易目的，包括对存户提供本来属于银行专利的支票便利。③要求房屋互助协会必须参加投资保护组合，对持有 1 万英镑以下的股金户头人提供最低为 90% 的安全保证，对同类存款户头提供 100% 的安全保证。④允许房屋互助协会改变法人身份，从互助组织变成股份有限公司，可以向公众公开招股，使房屋互助协会可以转变成银行。⑤放松对房屋互助协会业务的金融管制。在资金来源方面，在新法颁布之前，许多房屋互助协会已经设法从存款证市场和欧洲债券市场筹集成本较低的批发资金，新法为进入批发市场提供了法律依据，从而使许多银行感到了竞争的压力。⑥鼓励房屋互助协会之间的合并与兼并。

1986 年《房屋互助协会法》扩大了住房贷款机构的经营范围，允许其进入金融批发市场筹集资金，并且可以改组为公众持股公司，为其进一步筹集资金开辟了渠道，为房屋互助协会进行资产多样化发展提供了法律条件，使之进入一个新的发展阶段。

自 20 世纪 90 年代以来，随着欧洲在经济、金融领域联合程度的加深，英国一些实力雄厚的房屋互助协会已经开始在欧洲大陆建立分支机构，开展业务，以期将来能在欧洲市场争得一席之地。与此同时，新法允许房屋互助协会改变法人地位。1993 年英国第一大房屋互助协会——哈利法克斯协会与其他协会合并后成立银行，并于 1995 年获得英国高等法院批准。在此之前，1989 年，英国第二大房屋互助协会——阿倍国民房屋互助协会改组成公开招股的有限公司，并于当年被英格兰银行批准为认可银行。

进入 90 年代，英国政府在加强房屋互助协会管理的同时，也在不断修改有关房屋互助协会方面的法律。英国于 1989 年建立了抵押贷款提供者理事会，对提供抵押贷款的房屋互助协会进行管理。1994 年 7 月对 1986 年《房屋互助协会法》进行修改，放宽了对房屋互助协会资产负债业务的限制，允许房屋互助协会完全拥有一家普通保险公司，允许房屋互助协会新建接受存款机构。1994 年 9 月，对 1986 年《房屋互助协会法》再做修改，将重点放在提高房屋互助协会经营运作的透明度和给予其更多权益两个方面，要求房屋互助协会向会员及股东提供更多的信息，促使他们更积极地参与到协会的经营管理工作中来。取消了以前《房屋互助协会法》中的一些限制及制约，使房屋互助协会后来在提供金融服务方面拥有更大的自由及选择权，修改受到了房屋互助协会及房地产行业的普遍欢迎。[①] 英国政府于 1994 年颁布的《放松管制与合同法》中又将房屋互助协会在批发市场上筹集的资金在所需资金总额中所占的比例由最初的 20% 提高至 50%。房屋互助协会为了提高自己的竞争力就不得不寻求资产多样化发展来降低风险和增加盈利。新法使一些实力雄厚的房屋互助协会受益较大，因为这部分房屋互助协会资金充足，规模庞大，容易开展多样化业务。相比之下，许多规模较小的房屋互助协会被资金问题制约，难以开展新的业务。在这种情况下，一些规模较大的房屋互助协会为了进一步扩大经营规模，开始兼并一些规模较小、效益较差的房屋互助协会。合并与兼并的结果是形成了少数几家房屋互助协会垄断行业的局面。例如，在 90 年代中期，英

①　程肯、秦征、李桂革：《英国房屋互助协会的发展》，《中国房地产金融》2000 年第 10 期，第 42~43 页。

国三家最大的房屋互助协会——哈利法克斯协会、全国协会和伍尔里奇协会所拥有的资产在全部房屋互助协会总资产中的比重高达50%。

1997年《房屋互助协会法》再次进行修改，将住房贷款机构的经营范围从原来的"规定性业务范围"改变为"许可性业务范围"，允许其在不违反该法的前提下经营任何银行业务，使其与银行的界限被进一步打破，从而引发了房屋互助协会银行化的热潮。众多的住房贷款机构在业务多样化的推动下纷纷进行银行化，如阿莱斯-累切斯特、哈利法克斯、乌尔维奇、北方岩石等规模居于该行业前列的机构。除了全国房屋互助协会等极少数几家之后，英国的房屋互助协会基本都进行了银行化或是被其他银行所收购兼并。实施转型后的房屋互助协会（尤其是规模较大者）在存贷款、中间业务，甚至保险产品等方面与清算银行展开了几乎是全方位的竞争。这一银行化的浪潮大大改变了英国原来的银行体系格局，加剧了英国银行业尤其是零售性银行业的竞争。总之，房屋互助协会的发展非常迅猛，影响也越来越深，逐步成为英国金融体系中一支举足轻重的力量。

第五节　绿色投资银行

当前，越来越多的国家正在把金融系统和可持续发展紧密地结合起来。英国政府为转变经济发展方式，复苏绿色经济，确定了自己的环保目标。承诺到2020年，英国温室气体排放量相比于1990年减少34%；提高可再生能源在能源消耗中的使用比例，由

2010 年的 3% 提高到 20%；提高废弃物的循环再利用，到 2020 年可生物降解的垃圾填埋量降到 35%（与 1995 年比较）。为了实现这样的目标，意味着到 2020 年英国政府需要投资 3300 亿英镑于绿色经济中。①

为实现 2020 年减少碳排放和遏制化石燃料使用的环保目标，英国政府致力于将环保与政策性金融相结合。2010 年初，英国经济受到金融危机的影响，英国政府希望发现新的亮点为经济发展提供动力，于是诞生了"绿色投资银行"②计划，这项计划主要就是帮助英国经济向绿色环保发展模式转变。最初，英国商业、创新与技能部成立了"英国绿色投资小组"，负责在绿色投资银行成立之前直接对低碳基础设施进行投资。2012 年 5 月，商业、创新与技能部和能源和气候变化部合并，成立商务能源与产业战略部。2012 年 10 月，英国政府出资 38 亿英镑全资成立了英国绿色投资银行（UK GIB），成为其唯一股东，绿色投资银行依照公司法成立，是世界上唯一一个以绿色投资发展为业务、为绿色低碳项目融资的投资银行，旨在解决英国绿色低碳项目融资的市场失灵问题，加快英国向绿色经济转型。2012 年 10 月，绿色投资银行通过欧盟委员会的审批，正式开始运营之后，绿色投资银行扩大其产品范围和投资领域，逐渐成为低碳经济的重要贷款人。③

---

① 张云：《论英国绿色投资银行（GIB）的发展借鉴》，《齐齐哈尔大学学报》2015 年第 6 期，第 62 页。
② 王琪琼、古雯：《80 年代以来英国金融体制的变革》，《国际金融研究》2001 年第 8 期，第 32~33 页。
③ HM Government, Update on the Design of the Green Investment Bank, 2011 - OS - 01, 2016 - 10 - 01, https：//www. gov. uk/government/uploads/system/uploads/ attachmentee datalfile/31825/I1 - 917 - update - design - green - investment - bank. pdf.

低碳领域特别是其基础设施的建设是英国迫切需要发展的，但私人银行对低碳和可再生能源板块的贷款越来越少，而且贷款利率也越来越高，这不但让英国绿色投资银行的责任更加重大，而且为其提供了用武之地和发展空间。因此，英国绿色投资银行的使命是通过提供金融解决方案，促进私人部门投资于低碳经济，从而以最低的成本实现减排目标。绿色投资银行的运营必须遵循"双重底线"原则，即同时实现投资效益和环境效益。绿色投资银行的任务主要有以下三点：第一，识别低碳经济发展中限制私人投资的市场失灵和投资壁垒，通过开发针对性的金融产品来解决问题。第二，与现有的政府机构和政府基金合作，共同支持气候变化方面的创新活动，这里的政府机构主要是指可再生能源发电和能源效率领域的大型政府机构。第三，为政府提供低碳经济政策方面的咨询服务。例如，在评估气候变化政策的影响和效果时，尤其是在政策对投融资的影响方面，为政府提供独立的参考意见。[1] 绿色投资银行与国家基础设施计划、电力市场改革、气候变化税、可再生热能的激励政策等共同推动英国低碳经济转型。

不同于一般的股份制银行，绿色投资银行董事会专门设立有绿色委员会。该委员会身兼多种职责，包括审查绿色投资银行制定的政策和所开展投资活动是否符合绿色投资银行的绿色使命，

[1] The Green Investment Bank Commission, Unlocking Investment to Deliver Britain's Low Carbon Future, 2010 - 06 - 01, https://www.e3g.org/docs/ Unlocking-investment to deliver Britains low-carbon future - = Green Investment Bank Commission Report June - 2010. pdf.

并且积极建立有效的评估机制，完善评价指标体系，采用量化的方式衡量绿色投资银行的投资表现。同时，作为一名负责任的投资者，该委员会结合绿色投资银行的实践活动所总结出来的经验继续完善和发展政策体系。值得注意的是，绿色投资银行的管理层以及投资团队不仅掌握过硬的金融知识，而且在清洁能源、可再生能源、气候变化等领域工作多年，具备丰富的工作经验以及专业领域知识，金融与环保的双重身份，更加提高了绿色投资银行的专业性。①

除英国政府初始注入的资金外，绿色投资银行通过吸收私人资金向资本高达10亿英镑的大型或200万英镑的中型企业提供贷款来资助其购买环保设备和发展绿色项目。绿色投资银行最初阶段的业绩，体现了绿色投资银行在解决绿色基础设施项目市场失灵中的关键作用，进一步刺激私人投资。绿色投资银行优先关注五大领域：海上风险、非家庭用能的能效、垃圾与再循环、转废为能和"绿色方案"。

绿色投资银行成立后，发展迅速，到2015年已经拥有约1.4亿英镑的资产组合，在全英超过200个地方投资41个绿色项目和6个项目基金，通过18亿英镑的直接投资撬动了总共60亿英镑的私人资金投入绿色经济领域，杠杆比率接近1∶4。其绿色投资减少的温室气体相当于160万辆汽车尾气排放量，减少了陆地上150万吨废弃物，其创造的可再生电力可供310万家庭使用。绿色投资银行虽由政府全资控股，却是一个独立于政府运作的商业

---

① 张云：《论英国绿色投资银行（GIB）的发展借鉴》，《齐齐哈尔大学学报》2015年第6期，第62页。

机构，因此它的所有投资都必须遵循"绿色"和"赢利"双重原则。投资回报率根据不同的投资领域和投资类型（债权型投资、股权投资或担保）而不同，和每一个具体项目也有很大关系。绿色投资银行预测其所有投资的平均投资回报率大约在10%，基本能满足大部分机构投资者的投资回报率要求。[①]

在风险管理方面，绿色投资银行的风险类别主要有：项目投资风险、经营管理风险、绿色投资风险、声誉风险、流动性风险。公司内部采取"自上而下"的管理方式，使用压力测试、控制测试、合规管理和内部审计等风险管理工具。其中绿色投资风险是银行最主要的风险之一，主要衡量其投资的绿色环保指标是否符合可持续性的绿色发展原则。绿色投资银行遵循赤道原则，并确保每一个投资项目都满足以下至少一项绿色目标：减少温室气体排放、促进自然资源的有效利用、有利于对自然环境的保护、有利于维护生物多样性、促进环境可持续性发展。绿色投资银行通过自己的一套绿色投资风险评估体系来管理上述风险。根据相应的绿色评级标准，每一个投资项目都必须经过绿色投资银行内部严格的绿色影响评估才能被审批通过；每一个审批通过的项目在运营期间都要接受严格、细致、持续的监管，并撰写风险评估报告，包括具体的风险描述和控制措施，并体现在绿色投资银行经营年报中。[②] 绿色投资银行管理部门还努力推动公私部门

---

① 江蓓蓓：《窥探英国绿色投资银行管理模式》，《21世纪经济报道》2015年3月30日第18版。

② 江蓓蓓：《窥探英国绿色投资银行管理模式》，《21世纪经济报道》2015年3月30日第18版。

合作投资，试图逐步建立"合作伙伴"的形式，保证更多资本投入到绿色领域。

自 2016 年开始，英国政府致力于绿色投资银行的私有化改革，绿色投资银行的私有化吸引了英国养老基金，包括英国高效退休基金、保险公司保诚集团的子公司 M&G 投资。另外，美国私募股权公司 KKR 也在早期阶段参与竞拍。英国前财政大臣乔治·奥斯本 2016 年 2 月开始与澳大利亚金融巨头麦格理集团（Macquarie Group）洽谈收购事宜，最终于 2017 年 4 月 20 日，麦格理集团牵头的财团以 23 亿英镑收购了英国绿色投资银行。麦格理集团和英国高校退休基金（USS）将持有这家银行 100% 的股权。麦格理集团对英国绿色投资银行的收购，间接帮助英国绿色投资银行完成私有化，英国政府将保留 GIB 所拥有的部分资产的股权。被收购后的绿色投资银行将建立三个新的业务平台，分别为离岸风力项目投资平台、低碳借贷平台和绿色基础设施投资平台。

第七章
英国互联网金融组织

第一节　互联网金融市场发展概况

英国对现代银行业的起源和发展起着非常重要的作用，同时也是金融业与互联网产业融合发展最早的国家之一。2005 年，英国牛津大学毕业生吉尔斯·安德鲁与 6 位朋友联合成立了全球第一家网络贷款平台 Zopa，此后，英国互联网金融进入快速发展通道。2013 年、2014 年、2015 年英国互联网金融行业规模分别为 6.67 亿英镑、17.4 亿英镑、32 亿英镑，分别同比增长 151%、161%、84%，规模扩张速度很快。[①]

互联网金融已经成为英国企业融资的一个重要渠道，有力地促进了创新事业的发展，并且在一定程度上解决了小微企业融资难的问题。英国剑桥大学互联网金融中心和创新慈善机构 Nesta 共同发布了《2015 年英国互联网金融行业研究报告》。毕马威会

---

① 陈芳、任丹妮、郑六江、邵骏：《英国互联网金融发展情况及其经验启示》，《金融会计》2016 年第 6 期，第 46 页。

计师事务所（KPMG）参与了研究合作。报告数据显示，英国的互联网金融行业规模在 2015 年达到了 32 亿英镑（约折合 300 亿元人民币），共 109 万人参与，同比增长 84%，其中第二季度增速最快，比第一季度增长 20%，增长速度最快的是众筹行业，公益众筹增长率高达 507%。[①] 互联网金融平台为英国 20000 多家中小型企业提供风险资本、营运资本、成长资本以及扩张资本。2015 年，在互联网金融平台获得融资服务的中小型企业达 2 万家，较 2014 年的 7000 家同比上升了 185.71%；公司贷款的平均规模在 7.3 万英镑左右，其中 23% 的贷款流向制造业企业、专业服务业、零售业和建筑业。英国商业创新技能部在解决小微企业融资问题的报告中提出，互联网金融作为传统商业银行之外的替代方式，逐渐成为小微企业融资的重要渠道。互联网金融市场有着大批的投资者和筹资者，平台的生命力很旺盛。

互联网金融出资方既可以是个人投资者也可以是机构投资者。初期以个人投资者为主，但从 2015 年开始机构投资者积极参与互联网金融。2015 年，在英国互联网金融平台上，约有 1031个机构投资者（如银行和互联网金融市场中的投资基金）主动参与到融资贷款、联合融资贷款或者股权交易中；有 45% 的互联网金融平台宣布机构投资者参与平台投资，而在 2014 年是 28%，2013 年则仅仅是 11%。以 P2P 为例，2015 年，英国 P2P 平台的资金来源有 26% 来自机构，其中包括传统银行和政府，政府通过商业银行等组织来投资。2015 年机构投入的资金规模增长相当快

---

① 唐逸如、毕彤彤：《英国互联网金融行业为何发展又好又快》，《国际金融报》2016年 2 月 29 日。

速。英国政府就曾给予专注于小微企业贷款的 P2P 公司 Funding Circle 4000 万英镑直接投资，实际上相当于政府为其提供了"背书"。不同的互联网金融模式中机构资金的来源呈现明显差异，机构投资者在股权型、回报型以及捐赠型众筹模式中的参与度越来越高，伦敦共同投资基金（LCIF）、英国国际发展部（DFID）以及 Ben & Jerry's 等实体机构以及桑坦德银行、苏格兰皇家银行、Metro Bank 等大型机构投资者的投资一方面吸引了大量筹资者，另一方面也提升了互联网金融平台的知名度，促进了这一行业的发展。尤其是银行与互联网金融平台这种双边推荐合作关系大大促进了全社会资本的流动，使得中小企业融资难度明显降低。

英国互联网金融行业投资和筹资活动呈现明显地域差异。若同时考虑投资和筹资业务，在英国互联网金融 5 个最为活跃的经营活动区域中，伦敦居首，在投资和筹资两方面均最为活跃；英国东南部、西南部以及西米德兰兹郡紧跟其后，苏格兰在筹资业务中位列第五，英格兰东部在投资排名中位列第五。其中房地产的债务型和股权型融资合计金额在 2015 年达到近 7 亿英镑，成为最受欢迎的融资领域。融资量前十的行业领域有科技、工业/制造业、食品饮料以及社会企业等。

英国互联网金融的发展一方面得益于 2008 年国际金融危机后银行业全面收缩带来的市场空间，另一方面得益于政府的鼓励和支持，包括加强监管、提供税收激励乃至政府直接参与 P2P 融资。监管方面，英国金融市场行为监管局与行业自律协会、P2P 金融协会、众筹协会等组织合作对互联网金融进行了详细规定，要求互联网借贷（以下简称网贷）平台制定资金方案或者保险计

划，以保护客户资金安全。税收激励方面，英国财政部自 2016 年
4 月开始对通过 P2P 等互联网金融获得的收入中第一笔 1000 英镑
的收入免税，将通过 P2P 等互联网金融进行的资金借贷计入全部
免税的个人储蓄账户，税收杠杆作用非常明显。如果按照 5.1%
的年利率来计算，这一税收减免政策意味着未来每一笔将近 2 万
英镑的 P2P 贷款的收入都是免税的。这一政策变更不仅能够鼓励
居民储蓄，也为互联网金融的发展提供了动力。[①] 2015 年 3 月，
政府还直接参与 P2P 融资，出资 200 万英镑设立"P2P 影响力基
金"，支持社会组织的活动，表现了政府对促进众筹和 P2P 平台
发展的决心和意愿。

第二节　互联网金融模式及其规模

根据剑桥大学和 Nesta 的分类，英国互联网金融的主要模式
包括 P2P 商业贷、P2P 商业贷（房地产）、P2P 消费贷、票据融
资、股权型众筹、股权型众筹（房地产）、社区股份、回报型众
筹、养老金融资、捐赠型众筹、债务型证券 11 种模式。

从规模上看，P2P 消费贷、P2P 商业贷、P2P 商业贷（房地
产）是最重要的三种模式，2015 年成交量分别是 9.1 亿英镑、
8.8 亿英镑和 6.1 亿英镑，占成交量总额的 75%，这三种也是
2011 年至 2015 年发展最快的互联网金融模式。从 2013 年开始互
联网金融的商业模式不断丰富，从 P2P 模式逐步扩展到票据融

---

① 唐逸如、毕彤彤：《英国互联网金融行业为何发展又好又快》，《国际金融报》2016
年 2 月 29 日。

资、股权众筹等。图 7-1 是 2011~2015 年英国互联网金融各模式的增长情况。

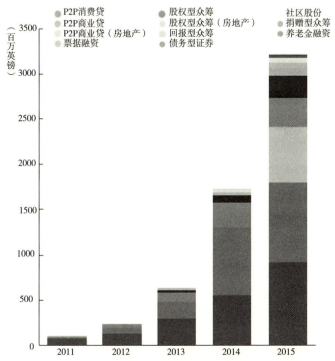

图 7-1　2011~2015 年英国互联网金融各模式增长情况

资料来源：剑桥大学、Nesta、盈灿咨询、网贷之家。

以下是英国主要的互联网金融模式的介绍。[①]

---

① 数据来源于盈灿咨询：《拓展视界：英国互联网金融行业最新研究报告》，https://max.book118.com/html/2017/0106/80600075.shtm。

（一）P2P

P2P 行业主要面对已初具规模、较有潜力的中小企业，只有信用且经营状况良好的企业才能通过 P2P 平台借款。P2P 平台对企业资质审查较为严格，平台会先行考察企业近年来财务状况、负债情况、未来计划与详细的资金使用用途，此外根据借款金额不同企业需要有个人担保或资产抵押。这一方面是由平台本身的风险控制手段决定的，另一方面是由于 P2P 平台上的投资者以风险厌恶者居多，投资者主要在意投资项目安全性如何，能否在高收益的同时收回本息。

1. P2P 商业贷［含 P2P 商业贷（房地产）］

P2P 商业贷是最主要的互联网金融模式，从成交量上看，由 2014 年的 7.49 亿英镑到 2015 年的 14.9 亿英镑几乎翻了一番。P2P 商业贷平台上约有 42.3% 的贷款人使用自动投标功能，且目前越来越多的 P2P 网贷平台逐渐放弃了反向拍卖模式，而是专门采用自动投标功能，即贷款人只需要指定贷款数量、贷款期限和风险偏好等，不用选择进行投资的个人贷款。自动投标功能能够提高市场效率，也促使 P2P 网贷平台持续不断地改善它们的承销能力和信用风险管理能力。2015 年 P2P 商业贷模式中担保贷款出现了增长。担保贷款表现为长期的、更加复杂的贷款。担保贷款加上自动投标功能，驱使平台要么升级或重新打造它们的内部承销工具，要么寻求外部的商业伙伴进行承销合作来处理大量的担保贷款申请。此外，由于 P2P 商业贷（大约 26%）中机构资金增加，更加健全的尽职调查过程和信用风险管理能力以及细致的审核把关能力将促使平台提高管理水平。

P2P 商业贷市场中最大的一块领域是房地产抵押贷款和房地产开发，其成交量在 2015 年达到 6.09 亿英镑，约占 P2P 商业贷款总额的 41%。不含房地产贷款，2015 年 P2P 商业贷平台为英国大约 10000 个中小型企业提供了金额总计为 8.81 亿英镑的贷款。2015 年，P2P 房地产商业贷为英国国内超过 600 个商业和住宅项目提供了资金。P2P 房地产商业贷由多种多样的融资模式和产品构成，从短期（一般是 12~18 个月）过桥融资到长期（3~5 年）的商业和住宅抵押贷款，再到建筑和开发债务融资。该模式机构投资参与度较高，平均水平为 25%，在有些平台上机构参与度高达 75%。2015 年 P2P 房地产商业贷的平均贷款规模为 522333 英镑，略微少于 2014 年公布的 662425 英镑。由于监管约束，现在的 P2P 房地产商业贷还不能用于个人住房抵押贷款（即基于借款人主要住所的抵押贷款）。在 P2P 房地产商业贷模式中，平均 490 名贷款人为某个贷款项目提供资金。随着创新型金融个人储蓄账户的推广，一些 P2P 房地产商业贷平台正在降低它们的最低投资门槛，期望更多的个人投资者参与进来。

2. P2P 消费贷

与 P2P 商业贷相似，P2P 消费贷市场规模持续增长。2015 年 P2P 消费贷平台上的贷款规模总计为 9.09 亿英镑，为超过 213000 名个人借款人提供了消费贷款。大多数 P2P 消费贷平台都会提供几乎是专属的自动投标功能并通过多元化安排来降低信贷风险，98% 的贷款人使用自动投标功能。P2P 消费贷市场中机构投资者的参与度持续增加。机构投资者通过平台贷出了总计 2.88 亿英镑的款项，占 2015 年市场交易总量的 32%。

（二）票据融资

票据融资是企业用手中的未偿还票据向投资者借款融资。一旦票据上的款项被偿还，则企业需要将还款汇入平台为企业还款专门开通的账户，平台向投资者分发资金；如果票据出现逾期则企业负责追债，票据违约企业要负责还款给投资者。票据融资大大提高了企业资金流动性，而且无需个人担保或其他抵押，企业自行挑选想要融资的未偿还票据，相当灵活。

对于想要打折卖掉所持有的应收账款从而快速获得营运资金的中小型企业来说，票据融资是一种受欢迎的融资工具。2014 年票据融资市场规模较 2013 年增长了 178%，达到约 2.7 亿英镑，但 2015 年市场规模仅增长了 20%，达到 3.25 亿英镑。票据融资平台平均交易规模为 57094 英镑，平均有 12 名投资者参与每个票据融资交易，2015 年总共有 5015 个企业通过票据融资筹集到资金，这些企业主要来自建筑业、科技业以及工业制造业领域。票据融资平台与一些大型的会计师事务所（如毕马威设在英国的小型企业会计服务机构）和如 Sage、XERO 和 KashFlow 等技术供应商建立了合作关系。

（三）股权型众筹

英国股权型众筹主要为无法从银行贷款和无法获得天使投资的初创中小企业提供融资服务。借款方将一段关于企业管理团队、未来发展目标、企业计划用多少股权来筹集多少资金的介绍视频发布到平台上以吸引投资方的注意。股权型众筹一方面宣传企业，扩大企业知名度；另一方面，"股权"性质其实是将企业经营状况与投资者收益状况绑在一起，因而投资者可能不仅仅为企业提供资金，还很有可能带来其他有助于公司运营的资源。

2015年股权型众筹市场显著增长，投资总金额上升了295%，从2014年的8400万英镑增加到3.32亿英镑。股权型众筹市场成交量的大部分来自房地产投资，其金额在2015年达到8700万英镑。不含房地产项目，包括种子轮、初创企业以及早期企业等融资项目的股权型众筹在2015年的成交额为2.45亿英镑。2015年，股权型众筹为投资者带来可观的经济回报，但同时，在这种风险水平相对较高的资产类别中不可避免地会发生商业失败事件。根据平台调查，经加权处理，股权型众筹平台上2015年商业失败率的平均值为5.5%。2015年有68306名投资者使用股权型投资平台，有27%的投资者是成熟的个人投资者或者高净值用户，传统型投资者越来越多地参与到众筹交易中，越来越多的风险资本投资者和天使投资者也参与进来，风险资本机构的投资活动使得众筹平台上每一个公司的募集资金总额都获得提升。

从区域角度分析，募集资金最为活跃的区域是伦敦，然后是英国西北部和东北部。2015年的发展趋势是股权型房地产众筹中不断出现项目再生地区。再生地区是潜在的投资机会，比起首次募集资金的地方，它产生的资金花费较少，并且有可能在来年经历更高水平的增长。近年来，英国东北部和西北部一直在大量发展再生项目，并利用来自公共部门以及私营领域的发展基金来推动经济转型，这些地方成为股权型房地产众筹模式中的主导地区。提供资金最为活跃的地区是伦敦、英国东南部以及西南部。

股权型房地产众筹在股权型众筹中占据相对较大的比例，投资者通过认购单一物业或者大量物业的股份从而获得房地产资产的所有权。平台项目的平均录取率相对较低，仅有 2.9% 的项目在平台上融资。不过一旦项目被录取，成功率会达到 87%，平均交易规模为 820042 英镑，平均有 150 名投资者来参与每一份股权交易。股权型房地产众筹模式总的来说还是以个人、成熟的高净值用户为主，在参与股权型房地产众筹市场中的 10626 名投资人中，仅有 3% 的投资人被平台当作机构投资者，而 77% 的投资人要么是成熟投资者要么是高净值用户。未来平台有调低最低投资门槛的趋势，这将意味着个人投资者的重要性将进一步凸显。

（四）回报型众筹

回报型众筹是互联网金融最早的模式之一，其筹资活动和模式都始于 2000 年。回报型众筹的市场规模从 2014 年的 2600 万英镑增长到 2015 年的 4200 万英镑，同比增长 62%，与 2014 年 24% 的同比增长率相比取得了显著增长。回报型众筹平台上的项目平均录取率是 32.34%，其中有 33.7% 的项目能够成功实现融资目标。2015 年回报型众筹平台上总计有 6633 个项目成功完成融资，每个众筹项目的平均筹资金额大约是 1379 英镑。

伦敦占据着回报型众筹市场中融资领域的最大份额，其后是英国东南部、西米德兰兹郡、东米德兰兹郡以及英国西南部。就回报型众筹市场中的投资领域而言，又是伦敦占据着最大的市场份额，其后是英国东南部、东米德兰兹郡、英格兰东部以及西米德兰兹郡。

回报型众筹市场中与创新型经济相关的项目最受投资者青睐，依据受欢迎程度排序依次为电影行业、技术、出版传媒以及社区和社会企业。许多公共部门和私营机构的匹配资金在市场中越来越流行。

2015 年，地方当局、大学甚至政府团体也在回报型众筹平台上为它们各自感兴趣的多个项目筹集资金，此外大型企业利用众筹平台来同早期的产品接受者进行互动，从而对企业产品进行测试、收集反馈并提升产品的热度。

（五）社区股份

社区股份是在英国发行的一种独特形式的股份资本，受到合作社和社区福利协会法规的监管。2015 年社区股份的价值为 6100 万英镑，较 2014 年的 3400 万英镑增长了 79%。97 个组织，包括合作社团体、社区福利团体以及带有慈善性质的社区福利团体在 2015 年通过社区股份成功募集了资金。与其他大多数互联网金融模式不同，社区股份模式中的大多数筹资活动都发生在伦敦以外的地区。英国西南部成为最活跃的筹资地区，然后是英国西北部、东南部以及苏格兰。一个成功的社区股份筹资活动募集资金的平均规模为 309342 英镑，最受欢迎的融资领域依次是能源、酒店和休闲行业、零售与批发行业、运动、食品以及农业。

（六）捐赠型众筹

虽然捐赠型众筹相对其他模式而言还是一个小市场，但它是英国互联网金融行业中发展最为快速的领域。总的来看，捐赠型众筹的规模从 2014 年的 200 万英镑增加到 2015 年的 1200 万英镑，增幅为 500%，这表明这一模式的主要使用者——社区和志愿者组织已经开始采用众筹作为可行的基于正当事由进行融资的工具。2015 年第三季度和第四季度捐赠型众筹行业分别募集了 400 万英镑和 550 万英镑，与第一季度 92 万英镑的募集资金相比增长显著。捐赠型众筹平台上的项目平均录取率是 66%。总计有 16978 个项目通过该众筹模式募集资金，募资金额平均为 7718 英镑。平均 41 名捐赠者为一个给定的项目提供资金（筹资人重复募资率为 2.5%）。

伦敦、英国西北部、西米德兰兹郡、英国西南部和约克郡是筹资和投资最为活跃的 5 个地区。通过捐赠型众筹平台融资最多的领域是慈善事业，然后是健康和社会工作以及社区和社会企业。

（七）养老金融资

养老金融资直接用企业所有者个人的养老金为企业融资。养老金专家会对企业财务状况、发展计划等进行详细的评估，如果评估通过，就会有平台的专业团队为企业和企业所有者制定养老金融资计划，包括融资多少，如何还款，利率如何等。养老金融资让企业所有者获得更优的养老金计划，收益较高；而企业一般来说也无需个人担保或资产抵押，只需知识产权价值就可以获得融资，而且所有者用自己的养老金融资，不存在外在投资者。但养老金融资门槛较高，企业所有者需要有超过 5 万英镑的养老金，而且制定融资计划较为耗时，无法满足企业急迫的资金需求。

与其他的互联网金融模式相比，养老金融资在 2015 年没有取

得明显的发展。这一年养老金融资总额为 2300 万英镑,与 2014
年 2500 万英镑相比减少了 200 万英镑。养老金融资平台上的项目
平均录取率为 32.3%,平均筹资规模为 82131 英镑。总的来看,
12.3% 的筹资人是老用户,主要是中小型企业的董事或所有者。

(八) 债务型证券

债务型证券一般是有担保的公司债。这些债券由公司发行,
有固定的借款期限和借款利率,债券到期时本息一次性支付。提
供债务型证券的平台受到金融市场行为监管局投资型众筹管理规
定的约束,平台要对发布的每一个产品进行尽职调查和审核,并
对投资者的现金偿还过程和债务型证券的登记过程进行管理,当
一个债务型证券售出后,平台将要对债券所有权的转让和每一笔
支付交易进行管理。

2015 年债务型证券的融资规模总计 620 万英镑,较 2014 年
440 万的融资规模增长了 41%。债务型证券规模在 2015 年各个季
度之间实现了平稳增长,四个季度依次为 91 万英镑、126 万英
镑、128 万英镑和 275 万英镑。该模式的平均交易规模为 88 万英
镑,每笔交易平均有 496 名投资者参与。

第三节　主要的互联网金融平台

目前英国 40 多家网贷平台中最大的四家是 Zopa、Funding
Circle、Rate Setter 及 Market Invoice (见表 7-1),其交易金额之和
占据了市场份额的 80.9%。Zopa 和 Rate Setter 都是典型的 P2P 模

式，借款者主要是社会公众，其中 Rate Setter 是第一家设立风险准备金机制的网贷平台；Funding Circle 和 Market Invoice 都是 P2B 模式，其中 Funding Circle 是第一家致力于向中小企业提供融资的网贷平台，Market Invoice 则是第一家面向全球投资者的在线企业票据融资平台。除这四家之外，成立于 2014 年 1 月的 Lending Works 是风险保障机制做得最完备的网贷平台，不仅设置了风险准备金，而且还引进了保险机制；而成立于 2013 年 11 月的 Wellesley & Co. 则是一家专注于住宅地产投资的平台，对借款者提供相关房产投资最高 50% 的贷款。

表 7-1 英国 P2P 网贷平台排名

单位：英镑

排名	公司	成立时间	模式	已贷总额	在贷总金额
1	Zopa	2005 年 3 月	P2P	564000000	280000000
2	Funding Circle	2010 年 8 月	P2B	305601000	214028000
3	Rate Setter	2010 年 10 月	P2P	268858000	170937000
4	Market Invoice	2011 年 2 月	P2B	195477000	Null
5	Thin Cats	2011 年 1 月	P2B	70086000	55000000
6	Platform Black	2012 年 4 月	P3B	67566000	Null
7	Wellesley & Co.	2013 年 11 月	混合	47533000	45885000
8	Lend Invest	2013 年 5 月	混合	44012000	35000000
9	Assetz Capital	2013 年 2 月	P2B	36286000	25000000
10	Folk 2 Folk	2013 年 2 月	混合	28531000	23895000
10 家总数				1627950000	849745000
行业总数				1648539000	889591000

前 4 家平台市场份额占比：80.9%；前 10 家平台市场份额占比：98.9%

注：数据基于 2014 年 7 月 1 日统计，来源：http://www.p2pmoney.co.uk/statistics/size.htm。

（一）Zopa 平台

Zopa 是世界上第一家从事 P2P 网贷的平台，也是欧洲最大的网贷平台。随着 P2P 网贷逐渐被主流市场所接受，Zopa 成为英国第一家交易额超过 10 亿英镑（相当于 15.64 亿美元）的 P2P 网贷平台，连续五年被客户评为"最受信任的个人贷款提供者"。

2005 年 3 月，Zopa 在英国伦敦成立，成为全球第一家从事 P2P 网贷的平台。公司获得美国顶级技术风险投资机构杠杆资本和泛欧洲风险资本公司的投资。2006~2007 年，平台又先后获得 1500 万美元、500 万美元和 1290 万美元融资，用于在美国设立分公司。2007~2008 年，Zopa 分别在美国、意大利和日本设立分公司。2012 年 12 月，Zopa 获得 Jacob Rothschild 勋爵旗下基金 400 万英镑的投资。同月，Zopa 和 Funding Circle 分别获得了英国政府 1000 万英镑和 2000 万英镑的资金用于出借给中小企业。2013 年 5 月，Zopa 建立 Safeguard 管理风险准备金。2014 年 2 月，Zopa 获得来自英国对冲基金 Arrowgrass Capital Partners1500 万英镑（约 2500 万美元）的投资，用于扩展在英国市场的业务。2014 年 8 月 11 日，Zopa 宣布平台交易额突破 10 亿美元（5.95 亿英镑），有活跃投资者 5 万多，借款人 6.3 万，成立以来批准了超过 104000 份贷款。[①]

Zopa 上的借款主要是个人消费借贷，均为信用贷款。申请条件也较为宽松，20 岁以上、具有良好信贷记录及偿还能力的英国

---

① 刘思平：《国外的 P2P 是如何运营的?》（英国 P2P 行业四大平台介绍），http://chuansong. me/n/1379396，2015 年 5 月 15 日。

居民均可申请。Zopa 参照借款人在信用评级公司 Equifax 的信用评分确定个人信用评级。借款人先通过平台上的贷款计算器输入借款金额和借款期限（1~5 年），查询借贷利率（贷款利率由 Zopa 根据平台内的当日资金交易状况以及成功撮合的借贷利率分布水平运用平台内的贷款计算器核定，并且加上了服务费和存入 Safeguard 的保证金），再提交个人信息查询可借款的额度，然后提交借款申请，平台会在 24 小时内决定是否放贷。

平台提供"5 年期"或"3 年期"两种出借方式，最低出借金额为 10 英镑，不设最高额度限制。投资者选择出借期限后，平台将通过跟踪利率自动选择一篮子的贷款项目给投资者。投资者出借的资金被分割出借后，由数据专家跟踪借贷市场收集银行所能给出的最优惠利率，确保平台提供的利率至少比银行平均储蓄利率高 1%。

Zopa 平台设置了较为完善的风控机制：一是分散化、小额出借。一般情况下 Zopa 会自动将 2000 英镑以下投资资金分成 n 组 10 英镑借出，如果投资金额超过 2000 英镑，则资金至少会借给 200 人。二是客户资金第三方托管。投资者在平台上未出借的资金被存放在苏格兰皇家银行的客户资金账户中，与 Zopa 的运营资金分开。三是严格的信审，自己拥有一套风险评级体系。四是风险准备金机制。由非营利性的信托机构 P2PS Limited 保管 Zopa 的风险准备金 Safeguard，准备金来源于平台放贷时收取的保证金，用途限于偿还债务违约时欠投资者的本金和利息。若借款人逾期 4 个月未还账则由 Safeguard 垫付本息。良好的风控机制使得 Zopa 平台的实际违约率和拖欠率逐年下降。2010 年 Zopa 平台的实际拖欠率为 0.09%，预期违约率为 2.59%，实际违约率为 2.36%；2015 年，Zopa 平台实际拖欠率为 0.01%，预期违约率为 2.20%，实际违约率为 0.05%。[①] Zopa 针对投资者收取年服务费，新用户收取总出借金额的 1%（2008 年 8 月以前是 0.5%），每月从账户中扣除（创始成员不收取费用）；此外如果投资者在债权到期前要求回收资金，则收取 1% 的违约金。针对借款方收取服务费，服务费根据借款期限及额度等确定。Zopa 公司业务快速增长一方面是因为自身提供了良好的服务，另一方面和民众对传统银行失去信任有关。

（二）Funding Circle 平台

Funding Circle 是英国第一家专注于向中小企业提供贷款的网贷平台，在英国 P2P 行业中排名仅次于 Zopa。平台成立后已成功向 5500 多家中小企业出借超过 3.85 亿英镑，投资者超过 33000人，平均投资回报率为 5.8%（扣除费用和坏账后），坏账率为 1.4%。

2010 年 8 月，Funding Circle 在英国伦敦成立，当时英国的中小企业融资受传统金融渠道限制，因而平台一成立便受到市场追捧，十周内交易额突破 100 万英镑。平台在 2011 年 4 月、2012 年 3 月和 2013 年 10 月、2014 年 7 月分别获得 A 轮、B 轮、C 轮和 D 轮融资。2012 年 12 月，Funding Circle 还获得了英国政府 2000 万英镑的资金用于出借给中小企业。2014 年 2 月，英国政府对 Funding Circle 增加 4000 万英镑投资出借给中小企业。截至 2017

---

① 实际拖欠率，是指拖欠超过 45 天但尚未违约的贷款占全年未偿还贷款的比例。

年 7 月，Funding Circle 共完成 8 轮融资，总金额 4. 13 亿美元。其中股权融资 3. 73 亿美元，债务融资 4000 万美元。[①]

Funding Circle 平台经营的贷款项目众多，一是信用贷款，即无抵押贷款，用途灵活，要求个人担保，可以用作企业运营资金、扩张资金、资产购买等，最高可达 35 万英镑。二是抵押贷款，需要以企业全部的资产作为担保，由平台接管。个人担保同样是必需的，用途也较为广泛。三是资产融资，可以用于购买新资产或进行更新，资产将登记为平台所有或由平台接管，直到贷款偿清。四是房地产融资，这类贷款只可以用于房地产开发或投资，包括商业抵押、商业房产按揭，贷款金额较高，最高可达 300 万英镑。

中小企业在平台上提出借款申请，申请金额在 5000 英镑到 100 万英镑之间（房地产开发最高可达 300 万英镑），期限为 6 个月到 5 年，利率自 6% 起。若借款申请通过，资金一般一周内筹集到，每月等额还本付息。Funding Circle 根据企业的借款金额、目的、资质等，综合机器算法和人工评估对企业进行风险评级，将借款需求分为 A+、A、B、C、C-五个等级，供投资者参考。

平台最终利率由拍卖竞标结束时所有投标的加权利率决定。平台发布借款方的贷款需求后，投资者根据自身偏好设置所愿意投入的金额及愿意接受的回报率（一般在 6% ~ 15%），设置后便不可撤回。但只要企业没有提前启动贷款接受流程或者竞标期限还没有结束，而投资者若中标后被其他设置利率更低的投资者所

---

① 刘思平：《国外的 P2P 是如何运营的?》（英国 P2P 行业四大平台介绍），http：//chuansong. me/n/1379396，2015 年 5 月 15 日。

挤出，则可以设置更低的利率继续投标，最终的投标结果将由利率最低的那些人获得。

平台具有手动投标和自动投标两种投标方式。手动投标是投资者在浏览借款企业借款需求，了解其关键财务指标、信用评分和贷款用途的基础上自主选择出借对象及金额。而自动投标是平台根据投资者预设的预期平均利率、借款类型、单笔借款额占总意愿出借金额最大比例等标准自动匹配企业的借款需求进行投标。

Funding Circle 设立了一系列的风控机制。一是鼓励投资者投资分散化、小额出借，将资金平均出借给至少 100 个企业。二是对借款企业设置限制条件，如需是国内企业、至少成立两年、营业额超过 10 万英镑且不存在超过 250 英镑的未偿还贷款。三是对借款项目进行分级管理（A+，A，B，C，C-）。四是个人担保机制，由借款公司的一名董事对其借款项目提供个人担保。五是资金第三方托管，将投资者资金存放在巴克莱银行的客户隔离账户里。六是破产机制，若平台破产，平台上建立的借贷关系依然有效，所有的未偿还贷款将由第三方服务商 Link Financial Outsourcing Limited 代为追讨，而投资者存在巴克莱银行的资金将在 14 个工作日内分配到投资者的银行账户里。良好的风控机制使得 Funding Circle 平台的实际违约率和拖欠率逐年下降。2010 年 Funding Circle 平台实际拖欠率和实际违约率分别是 0 和 6.1%，到 2014 年时实际拖欠率和实际违约率分别是 0 和 0.1%。

平台针对投资者收取所出借资金的 1% 作为年服务费，在投资者每月收到偿还资金时扣除（平台上的未出借金额不收取费用）；此外，投资者通过二级市场转让债权时，平台还将收取未偿还资金总额的 0.25% 作为管理费。平台将根据不同的借款类型及期限按所借金额的一定比例向借款者一次性收取服务费。平台针对借款者收费的情况见表 7-2。

表 7-2　Funding Circle 平台针对借款者收费的情况

借款类型	期限	费率（%）
无抵押或抵押贷款	6 个月或 1 年	1.5~6
	2 年或 3 年	3~6
	4 年或 5 年	4~6
资产融资	2~5 年	5
房地产融资	6 个月至 5 年	2

在英国市场站稳脚跟后，Funding Circle 开始走出国门，开启全球化战略。其第一个对象就是美国。2013 年 10 月，完成 C 轮融资的 Funding Circle，收购美国 P2B 公司 Endurance Lending Network，开始进入美国市场。2017 年 7 月的官方数据显示，美国企业最高贷款额度为 50 万美元，短期贷款利率最低为 4.99%，申请人可在 10 分钟内完成申请，可在一天内得到结果。2015 年 10 月，Funding Circle 宣布收购德国 P2P 平台 Zencap，借此进入德国、西班牙和荷兰市场。2017 年 7 月的官方数据显示，德国、荷兰企业最高贷款额度为 25 万欧元，短期贷款利率最低为 3.79%。

从 2010 年创立到 2015 年 12 月，Funding Circle 借贷总额突破 15 亿美元。2016 年全年，Funding Circle 在全球范围内放贷 13 亿

美元，同比增长率高达 90%。2017 年前 6 个月，Funding Circle 在全球范围内的放贷量达到 8.4 亿美元。截至 2017 年 7 月，全球范围内放贷总量已超过 38 亿美元，超过 26000 家企业获得贷款，投资者达 63000 余人。2016 年美国著名商业和科技新闻网站 Business Insider 发布全球金融科技行业独角兽公司 TOP20 榜单，Funding Circle 以超过 10 亿美元的估值榜上有名。

2017 年 6 月，P2P-Banking 的数据显示，本月 Funding Circle 的借贷量达到了 1.55 亿美元，在整个 P2P 行业榜单上遥遥领先；较上月增加了 16%，较去年同期增加了 194%。另一家 P2P 巨头 Zopa 本月贷款量为 1.14 亿美元，较上月增加了 10%，较去年同期增加了 61%。2016 年 8 月，Funding Circle 的月借贷量首次超过 Zopa，此后便牢牢占据了借贷量榜单的头名，不断拉开与其他平台的差距，巩固自己在 P2P 网贷行业的领先地位。[①]

（三）Transfer Wise 平台

Transfer Wise 是一家提供国际汇款转账服务的 P2P 公司，总部位于伦敦。英国金融服务监管局授权 Transfer Wise 为经授权的支付机构。公司 2016 年对外确认已经完成一轮 2600 万美元的融资，Transfer Wise 在此轮融资中的估值为 11 亿美元，成功进入独角兽俱乐部。

Transfer Wise 成立于 2011 年，创始人 Taavet Hinrikus 和 Kristo Kaarmann 均是爱沙尼亚人。Hinrikus 因在 Skype 爱沙尼亚伦敦分

---

① 《月借贷量冲破 1.5 亿美元，Funding Circle 未来大无穷》，https：//www.iyiou.com/p/50701，2017-07-21。

部工作而住在伦敦，所以会定期收到从爱沙尼亚发过去的欧元工资；Kaarmann 在伦敦工作但有时要寄欧元回家支付抵押款。若通过银行转账，那么两人都面临一笔不小的转账费，为了规避转账费，他们想到利用中间市场汇率将钱兑换存到双方的账上，并由此创办出了 Transfer Wise 这家 P2P 金融初创企业，凭借转账费率低的优势吸引商务人士中的年轻群体，以及需要跨境支付薪水的中小企业。

Transfer Wise 平台利用真实中间市场汇率（即买卖汇率的中间值），运用点对点转账技术，将两个国家间对彼此货币有需求的人进行匹配，然后各自向对方的目标账户转移同等价值的本地货币以达到换汇的目的，这种模式只涉及本地银行之间的转账，而不涉及国际汇款，平台只收取 0.5%～1.5% 的服务费，一般在一个工作日之内就能完成汇款，使人们以更方便、更迅速、更省钱的方式完成国际转账。用户使用该平台时只需在网站上输入自己和对方的银行账户、汇款金额即可，其余步骤将由 Transfer Wise 自动完成。一方面，Transfer Wise 为用户节省了大笔银行手续费，因而受到大量用户追捧；另一方面，Transfer Wise 每年都能够吸引大量投资者的资金，其投资者中包括 PayPal 共同创办人彼得·提尔和维京集团创办人理查·布兰森。然而，各国反洗钱规范和文化差异也是 Transfer Wise 在未来发展中不得不考虑的问题，依据中国大陆目前的法律框架，该平台的业务模式是非法的。

Transfer Wise 从 2017 年初开始赢利。2017 年 8 月，Transfer Wise 公司的估值为 15 亿美元。2017 年 11 月，它在 E 轮融资中筹

集了 2.8 亿美元资金，用于在拉丁美洲和亚洲拓展市场，以及发展其针对企业客户的"无国界账户"服务。[①] Transfer Wise 公司现在服务于 200 多万个客户，提供 700 种汇款路径，该公司在英国国际转账市场上占有 10% 的份额，而且有望增长到 20%；该公司在美国国际转账市场上"才刚刚开始渗透"，公司计划在未来 12 个月向亚洲拓展，包括印度、尼泊尔。Transfer Wise 公司已在亚太地区拥有数十万个客户，在新加坡成立了一个区域中心办公室，在东京和悉尼建立了卫星办事处。现在，Transfer Wise 公司每天为其客户转账 10 亿美元资金，相对于使用银行服务来说，每天可以为客户节省 150 万美元交易费。

（四）Rate Setter 平台

Rate Setter 成立于 2010 年，总部位于英国伦敦，是全球第一家建立风险准备金机制以保障投资者权益的 P2P 企业，也是英国 P2P 金融协会的创始会员之一。成立初期仅向个人用户提供贷款，2012 年后开始向中小企业及房地产开发商提供贷款。Rate Setter 为贷款额度排名第三的 P2P 平台，仅次于 Zopa 和 Funding Circle。目前公司有 200 余名员工，信用审查团队约 40 人左右，平台总交易量超过 19 亿英镑，平均项目长度为 26 个月，为超过 40 万投资者与借款人提供服务。

Rate Setter 平台上的借款期限为 6 个月至 5 年，额度在 500 英镑至 25000 英镑，借款申请最普遍的用途是买车、住房装修、购

[①] 《跨境转账初创公司 Transfer Wise 融资 2.8 亿美元》，http：//tech. qq. com/a/20171102/033537. htm，2017－11－02。

买机票或投资。Rate Setter 对借款人资质的限制比较宽松，平台不提供商业贷款，只提供个人贷款，若出借人在平台上申请贷款用于商业用途，平台将根据出借人的申请人资质而不是其公司信息来判断是否放贷及额度。

在该平台申请借款首先需要提交借款信息，查询可借款额度；然后平台会根据借款人的借贷历史向借款人确认其资格和最高借款额度；接着借款人可以选择使用当前的最优贷款利率或自己设定更低的最优贷款利率等待借款人投标；若借方投标成功，平台将在一个工作日内发放贷款。

借款人提前还款无附加费用，但若借款人没有按时还款，平台会遵循一周后账户扣款—写信催款—讨债机构介入的顺序追要账款本息。如果 3 年期贷款在 90 天内没还款，或者变动利率贷款在 60 天内没还款，则定义为贷款违约。出借人条件是拥有英国的银行账户、至少 18 岁。公司或信托也可以在平台上出借款项。投资者可以自主决定出借期限及利率，投资期限以一个月为下限，出借金额以 10 英镑为下限。截至 2014 年 10 月 20 日，平台上总共超过 1.4 万出借人，平均投资额为 12000 英镑。

Rate Setter 平台对于投资者的保护体现在五个方面。一是再投资保证收益，即投资者的资金在匹配到合适的借款人之前可以进入再投资赚取利息，投资者可以自主选择再投资方式，也可以提取出来。二是允许投资者在借款人提前还款后重新投资。三是平台根据每日资金供求状况产生动态的市场利率，出借的先后由利率的竞争力和时间顺序决定，利率由最低的出借利率的加权贴现折算（权数为资金量的百分比，通常为 1%），借款人按照此利

率向出借人支付利息。四是投资者具有使用即时市场利率和自主
设定利率的自由，但若自主设置的利率过高，必然会导致出借困
难，影响利率的产生。五是投资者在 14 天之内可以取消投资而
不需要承担违约责任。

　　Rate Setter 平台有着一系列完善的风控机制。一是平台拥有
一套稳健而严格的信审制度，借款拒绝率超过 85%。二是客户资
金由第三方托管，存在银行的客户隔离账户中。三是建立了风险
准备金制度（Provision Fund），准备金由借款人按信用级别缴纳，
用于防范违约风险。测评机构 FE 给 Rate Setter 的风险评分为 1.0
（现金 = 0，富时 100 股指 = 100）。四是破产处理机制，若平台破
产，债权仍将由风险准备金和股东资本金来保障，只要债款还未
偿清，风险准备金将一直承担责任。Rate Setter 于 2010 年推出风
险准备金制度，是全球第一家建立风险准备金机制的 P2P 公司。
风险准备金主要来自借款人支付的利息所得，存放于 Rate Setter
Trustee Services 公司，平台不得任意支配。目前，利息覆盖率
（Interest Coverage Ratio）为 123%，资本覆盖率（Capital Coverage
Ratio）为 300%，迄今为止没有投资人遭受损失。2010 年实际违
约率为 2.032%，2014 年实际违约率下降为 0.222%。①

　　Rate Setter 平台收费主要来源于两个方面。一是，平台会根
据借款金额、期限及资质等，在贷款利率中计入向借款人收取的
约占借款金额 2% 的费用。二是，平台也会对出借人在债权到期
前申请回收资金的违约行为收取费用。这笔费用包括：①利率调

---

① 刘思平：《国外的 P2P 是如何运营的?》（英国 P2P 行业四大平台介绍），http://
chuansong.me/n/1379396，2015 年 5 月 15 日。

整；②收取未偿还贷款总额的 0.25% 为 Rate Setter 的管理费；③考虑到如果合约的利率上升，为使得出借人能够顺利转让债权，平台需收取分配费。截至目前，平台个人借款人贷款率约为 7%~8%，其中 1%~2% 为平台自留收益，1%~2% 会加入风险准备金中，其余为投资人收益。公司于 2014 年、2015 年实现盈利。自 2016 年起，出于获得更稳定的长期现金流的考虑，公司将收费模式调整至逐期收费，在前期收取 30% 的费用，而后逐步收费，直至借款人完全还款才获取全部收益。

（五）Market Invoice 平台

Market Invoice 于 2011 年 2 月在英国伦敦成立，是英国第一家面向全球投资者的在线票据交易平台。业务类似于传统的银行保理业务，融资方可以自由选择一张或多张票据出售，而且无需债券质押或提供个人担保。截至 2014 年 5 月 29 日，平台上的票据交易总量超过 2.76 亿英镑，为英国第四大网贷平台。2013 年 8 月，Market Invoice 获得英国政府 500 万英镑的投资用于出借给中小企业。

Market Invoice 对借款方设定的条件有：①公司注册地为英国，至少营运 6 个月；②年收入至少为 10 万英镑；③至少一名董事为英国居民；④票据债务人为大型终端客户（指年收入超过 5000 万英镑的企业或者公共部门机构）；⑤通过金融检查和反欺诈检查。

借款方通过输入公司收入、票据金额、还款时间等信息，可查询出最高贷款额度以及总费用。借款者在线上出售票据成功

后，一个工作日内资金即可到达公司账户。票据到期后，应付款
企业将资金打入巴克莱银行一个由 Market Invoice 持有和管理的银
行账户中；平台将资金分成三部分，一部分为投资者的本金和费
用，一部分为平台的处理费，剩余的一部分返还到融资方的账
户中。

平台对投资者资质的要求较高：①需是机构投资者，即对冲
基金、投资公司、家族办公室等；②高净值人群，过去一年收入
10 万英镑以上或者拥有 25 万英镑以上的净资产；③经验丰富的
投资者，如持有 CFA 证书、票据融资专家、私人股权投资者等。

新投资者初始存入的最低金额为 5 万英镑，投资者最低可以
投资票据金额的 1%。投资者在平台注册后，需受到 Market
Invoice 的全面审查并签署关于所接触到的票据及企业信息的严格
保密协议。投资者只能利用企业和票据信息决定是否购买，禁止
将这些信息向任何第三方传播。

投资者出借资金时，首先应在 Market Invoice 的账户中存入资
金；然后设置个人的投标参数以分散风险，投标时既可以设定投
标参数，利用平台的 AutoBid 工具自动投标，也可以在逐一查询
票据信息后手动投标，费用低、预付款额度高的投资者率先中
标；接下来依据平台推荐的相应标的信息购买票据；最后，在票
据到期时，平台会把资金存入投资者的账户中。

Market Invoice 平台在风险控制方面提出以下三项措施：一是
将客户的资金存放在第三方——巴克莱银行的客户隔离账户中，
平台只能依据标准条款汇出和汇入款项；二是所有支付给投资者
的费用以天计，因此如果票据提前或延迟偿付，费用会相应改

变；三是如果票据未得到支付，则融资方需要回购票据，回购期为票据预期偿还日的后 60 天。

平台收费模式如下。一方面，平台根据票据金额、预期还款期和票据数量对借款方收取加入管理费和处理费，通常一张票据在平台上出售的总平均费率为票据金额的 1.5%（包括对投资者的贴现费用，平台处理费约为 0.30%）；另一方面，根据投资者投放在平台上的资金量，对投资者所得到的利润按一定的比率收取费用。若票据未得到支付，则由平台代为追讨。在已完成的追讨案例中，大多数案例的贴现费用都得到偿付；而损失本金的案例平均损失少于 0.10%。截至 2014 年 5 月 29 日，Market Invoice 平台实际违约率为 1.09%，恢复率为 81.32%，具体损失率为 0.02%，运营较好。

（六）Alternative Business Funding 平台

股权众筹、P2P（P2B）、票据融资、养老金融资等新互联网融资平台将英国公民、社会组织与中小企业连接起来，大大拓宽了中小企业的融资渠道。不仅如此，在 2013 年底，英国影响力较大的、最具代表性的 7 家互联网融资平台（见表 7-3）联合成立 Alternative Business Funding 平台，总计为英国中小企业融资超过 5.8 亿英镑，占新型互联网融资市场 70% 的份额，是英国互联网融资企业的代表。7 家原本具有竞争性的领头公司联手推出一站式购物网站，有助于提供更加优质完善的服务，提高创新型金融产品的知名度和行业整体竞争能力，并且这种沟通合作使各个平台相互学习，促进知识和技术的转移扩散，也降低了企业创新成本。

表 7-3　**Alternative Business Funding 7 家互联网融资平台情况**

公司名称	类型	服务对象	成立时间	成交总额（英镑）	员工数（人）
Zopa	P2P	初具规模，年营业额 10 万英镑以上的企业	2005.3	P2P：4.82 亿 P2B：19 万	50
Funding Circle			2010.8	2.31 亿	95
Crowd Cube	股权型众筹	高风险高收益的初创企业	2011.2	0.19 亿	20
Seedrs			2012.7	600 万	18
Market Invoice	票据融资	年营业额 25 万至 5000 万英镑的企业	2011.2	1.3 亿	25
Platform Black			2012.7	0.41 亿	16
Pension-led Funding	养老金融资	以无形资产为抵押的企业	2006.4	2.1 亿	105

注：数据截至 2013 年底。

资料来源：菁虹：《英国互联网金融平台案例分析》，http://www.360doc.com/content/14/0926/15/19581245_412510992.shtml，2017 年 10 月 16 日。

第四节　政府对互联网金融市场的支持与监管

一　政府对互联网金融市场的支持

英国政府对互联网金融的支持主要体现在直接注资、税收优惠和促进研究三个方面。2015 年 3 月,英国政府出资 200 万英镑设立"P2P 影响力基金",该基金将通过 P2P 和众筹平台支持社会组织的活动。英国政府表示,出资建立这一基金一方面帮助社会组织解决融资问题,另一方面也展示政府对众筹和 P2P 平台发展的支持。此外,英国政府还采用税收激励的企业投资方案(EIS)和初创企业投资方案(SEIS)进行直接投资(例如,英国商业银行通过 P2P 网贷平台将超过 6000 万英镑的款项贷给中小企业)来促进互联网金融市场的发展。

除了直接注资外,英国政府还通过税收优惠政策间接助力互联网金融的发展。英国财政部表示,从 2016 年 4 月开始,通过 P2P 等互联网金融获得的收入中,第一笔 1000 英镑的收入完全免税。2016 年政府推广创新型金融个人储蓄账户(IFISA),允许 P2P 贷款协议被纳入具有免税性质的个人储蓄账户税收方案中。

2015 年 10 月,英国政府再次追加 1000 万英镑,用于金融科技的研究,促进互联网金融的发展。

二 政府对互联网金融市场的监管

与此同时,英国政府也加强对互联网金融的监管。主要包括以下内容。

1. P2P 行业自律监管

所有经营 P2P 融资的平台在满足《协会章程》入会标准的情况下都可以加入 P2P 金融协会(P2PFA),P2P 金融协会覆盖了英国95%的P2P市场。2011年，协会制定了8项会员准则、10项运营规则及详细的《协会章程》。

《协会章程》将强化平台运营者的责任，以确保平台的稳健性，使得运营风险得到有效管理；同时也会促使平台运营者给公众提供便捷、透明和低成本的融资服务。

《协会章程》对P2P融资平台有效经营的关键要求如下。

（1）高级管理人员要求。每个平台会员都至少要有一名董事作为会员代理人。

（2）最低的经营资本要求。每个会员都需要保持多于2万英镑的自有资金且能覆盖未来3个月的运营成本，有效控制借贷规模，规避风险。

（3）客户资金需交由第三方托管，并对隔离银行账户进行审计。

（4）适宜的信用和偿付能力评估。

（5）适宜的反洗钱和反欺诈措施。

（6）与《经营准则》相符的、透明的平台管理规章。

（7）营销活动及与客户的沟通都是透明的、公平的，不可具有误导性。

（8）安全可靠的IT系统。

（9）公正的投诉处理机制。

（10）一旦平台倒闭，要对存续合约进行有序管理。

此外，英国P2P金融协会要求同等对待零售投资者和机构投资者，充分确保零售投资者的权益。协会还要求会员平台在网站上发布净回报率，并以标准化的方法来发布坏账和违约等信息。

2. 政府对互联网金融的监管

（1）出台《众筹监管规则》

2013 年 10 月 24 日，为规范互联网金融行业发展，金融市场行为监管局发布了世界上第一部网贷行业专门的监管法规《关于众筹平台和其他相似活动的规范行为征求意见报告》，提出了若干监管建议。金融市场行为监管局认为投资类众筹平台应该扩大业务规模，但同时要确保投资者理解并可承受其中的风险、寻找合适的保护投资者权益的方法。征求意见报告共得到了 98 条反馈意见，金融市场行为监管局在采纳相关意见的基础上正式出台了《关于网络众筹和通过其他方式发行不易变现证券的监管规则》（以下简称《众筹监管规则》），2014 年 4 月该规则正式施行。金融市场行为监管局作为 P2P 的监管机构，对 P2P 进行准入审核与授权并对 P2P 市场进行评估，在明确监管措施有效性的基础上判定是否需要调整监管规则。

《众筹监管规则》对 P2P 行业的最低资本、客户资金管理、投资标的流转、信息披露、合格投资人等各方面都进行了细致的规定，尤其重视对投资者的保护，以避免客户资金损失和欺诈等事件发生。金融市场行为监管局建立了平台最低审慎资本标准、客户资金保护规则、信息披露制度、信息报告制度、合同解除权（后悔权）、平台倒闭后借贷管理安排与争端解决机制等基本监管规则。

具体来说，《众筹监管规则》认为需要纳入监管的众筹分为两类，即 P2P 网贷和投资型众筹，并制定了不同的监管标准，从事以上两类业务的公司需要取得金融市场行为监管局的授权。

对 P2P 网贷设定的要求为：第一，最低资本的确定按照静态最低资本（2017 年 4 月 1 日前为 2 万英镑，之后为 5 万英镑）和动态最低资本（P2P 网贷企业要根据平台借贷资产总规模采取差额累计制，达到最低资本限额要求）孰高法。第二，平台破产后仍应对原有借贷关系做出妥善处置，平台破产后应立即将投资者尚未贷出的资金返还，同时不得再接受借款方还回的资金。第三，如果网贷平台没有二级转让市场，投资者可在 14 天之内取消投资而不受到任何限制或承担任何违约责任。第四，投资者可以通过向金融申诉专员（FOS）投诉解决纠纷。第五，平台应用明确易懂的语言告知消费者其商业模式以及延期或违约贷款评估方式的信息，在与存款利率做对比说明时，必须要公平、清晰、无误导。第六，平台要定期向金融市场行为监管局报告相关审慎数据、客户资金情况、客户投诉情况、上一季度贷款信息等。

对于投资型众筹，规则首先对投资者资质做出规定。第一，要求投资者必须是高资产投资人，即年收入超过 10 万英镑或净资产超过 25 万英镑（不含常住房产、养老保险金）或者是经过金融市场行为监管局授权的机构认证的成熟投资者；第二，非成熟投资者（投资型众筹项目 2 个以下的投资人），其投资额不应超过其净资产（不含常住房产、养老保险金）的 10%。另外，众筹平台需要对项目提供简单的说明，但是如果说明构成投资建议，如星级评价、每周最佳投资等，则需要再向金融市场行为监管局申请投资咨询机构的授权。

（2）互联网金融平台普遍认可现行的政府监管力度

2015 年相关调查了针对英国金融市场行为监管局对 P2P 网贷平台和股权型众筹平台监管行为的认可度。结果显示，有 91% 的受调查 P2P 网贷平台和 89% 的投资型众筹平台认为现行监管力度合适。然而，对于金融市场行为监管局利用网络和社交媒体推广这项特别的监管措施，有 21% 的受调查平台认为多余且太过严厉。

第八章

英国金融监管职能的变迁

第一节　英国银行业早期非正式监管职能

英国银行业的监管历史，以《1979 年英格兰银行法》颁布为界，划分为两个阶段：1979 年以前的非正式监管阶段和 1979 年之后的依法监管阶段。

非正式监管，是相对于正式监管而言的，是指没有正式的监管规则，由监管者对金融群体进行监管，在银行处于危急之时，发出警告，它们或自我改变行为方式，或听从监管者意见进行运作。在英国金融监管历史上，非正式监管占主要地位。英国的非正式监管始于 19 世纪中叶。

英国的银行体系虽然历史悠久，却一直没有正式的法定监管体系。英格兰银行事实上履行着非正式地维持金融稳定的职能，其监管体系相对简单与不正式。1694 年，英格兰银行作为一家私营机构成立，成为享有政府特权的银行。该行专门管理政府债务，给政府提供贷款并开展商业银行活动，此后其功能逐渐加强。而当时除英格兰银行外，其余所有的商业银行都可以发行纸币，却没有金融监管措施，银行发行纸币只有纸币票额的限制，可以随意缩减或增加纸币供应量，因而常常出现纸币发行量远超流通领域中的实际需求量的问题。不仅如此，银行使用透支汇票引起了信用膨胀，造成了币值的混乱，银行倒闭现象开始增多。为了稳定金融秩序，借以维护整个经济秩序的正常运行，1833 年英国议会通过一项法案，规定只允许英格兰银行一家银行拥有纸币发行权。1844 年英国议会通过了《英格兰银行法》，这是英国经济法起步的重要标志之一，该法律规定，从此以后不准英格兰银行之外的其他银行发行银行券，英格兰银行发行的的银行券具有法定货币地位。货币的垄断发行权使得英格兰银行聚集了全国性的黄金储备并在危机时有能力为金融体系提供流动性，英格兰银行出色地完成了提供紧急流动性以及维持金融稳定的任务。但此时的英格兰银行仍然具有浓厚的商业银行色彩，英格兰银行关心的并不是整个银行体系的安全与稳定，而是自身资产的风险与安全。虽然英格兰银行的私营性质与其他银行并没有本质上的区别，但与其他商业银行相比较，还是具有两个明显的特点：一是实行股份制，资本实力雄厚，在与其他银行的竞争中处于优势地位；二是持有政府账户，管理政府国债，因此与政府关系密切，成为英国政府在金融业的臂膀，并依靠政府的支持，逐步确立了自己的统治地位。也正是这两点不同，奠定了英格兰银行的领头羊地位。当时英格兰银行的贴现办公室开始逐渐关注和研究与其发生业务往来的银行的信用状况，并以道义劝说的方式向有关银行提

出管理建议。在此基础上，随着历史的发展，逐步形成了一种
自愿参加和自愿接受英格兰银行非正式监管的制度。这种制度
在很大程度上依赖于英格兰银行与其他银行高层管理人员的相
互了解、相互信任和相互合作。这推动英格兰银行逐步演变为
英国的中央银行，奠定了进行非正式监管的基础。

1946年，英格兰银行被国有化，但此次国有化法令并未赋予
英格兰银行监管权力，英格兰银行继续进行非正式监管。《1946
年英格兰银行法》正式承认制定和实施货币政策是政府的责任，
英格兰银行有责任对货币政策提出独立建议并负责执行。其中第
四条第三款授权英格兰银行可以出于公共利益需要要求银行向其
提供信息或向银行提供建议。为确保英格兰银行能有效行使上述
权力，英格兰银行在给予银行陈述机会并获得财政部同意的情况
下，可以向银行发布指示。上述制度安排，维持了英格兰银行、
银行和财政部之间的动态平衡，促进了英国长期的金融稳定。从
银行角度而言，其面临破产时缺乏获得救助的预期，银行自觉地
避免从事高风险的行为，英格兰银行则通过其市场影响力和在危
机时刻向市场注入流动性维持金融体系的稳定，这形成了一种令
人诧异的局面：虽然英国缺乏正式的监管体系，其银行体系却保
持了长期的稳定。

非正式监管具有自己的特征。第一，强调监管者与被监
管者的合作关系、朋友关系，被监管者在遇到困难时，及时
主动地寻求中央银行或者监管机构解决困难，在银行监管中，
合作和友善的关系变得尤为重要。第二，重视信息传递和口
头建议功能在银行监管中的作用。通常，监管者会采取口头

建议的方式，建议被监管者改进经营方式，增加银行资本和增强经营的安全性；此外，监管者扮演信息中心的角色，在金融机构之间传递监管信息，强调社会作用和团体伦理。第三，自我监管的模式。英格兰银行通常对银行日常业务经营活动通过道义劝说的方式进行监督。在发现某家银行经营方面存在一些不合适之处时，英格兰银行便会向该银行发出一封较为正式的信函，在信函中对其不规范的经营行为进行劝导。虽然信函本身没有法律强制力，但在实施过程中，遇到不执行的情况少之又少；不仅如此，商业银行还会主动及时地向中央银行寻求解决问题和困难的办法，这也是英国银行业非正式监管的特色。1973 年，英国爆发了金融危机，危机中出现问题的银行是那些不接受非正式监管的银行，金融危机证明了非正式监管的必要性和有效性。

第二节　《1979 年英格兰银行法》：英国法定
金融监管体系的建立

英国银行业监管分为两类：一是政府机构对银行业的监管，包括英格兰银行、房屋互助协会等；二是非政府的自律性行业管理组织的自律管理，如股票交易所、兼并与收购委员会、证券咨询委员会和保险经纪人协会等，是一种混合型的监管体制。1970 年以前，英国从未有过正式的金融监管体系，对银行的监管主要是基于非正规的自律性原则和英格兰银行的道义劝说。在英国早期金融机构较少且较集中时，英格兰银行道义劝说尚可顺利进行。后来，随着金融机构的数量迅速扩大，开始构成了英国现代银行体系的雏形和构架，除了清算银行外，还有承兑行、贴现行、财务公司等，这样一来英格兰银行传统的君子协议、道义劝说就失去了实行的基础。1973～1975 年，英国发生了战后第六次经济危机，原因是希思保守党政府庞大的预算赤字政策，扩大政府开支，放松信贷，结果使英国的通货膨胀急剧恶化。银行业也出现了危机，主要是由于大量新设立的小规模金融机构（又称二级银行）在放松信贷过程中借短贷长，出现流动性不足的困境。二级银行发生挤兑危机，波及核心银行，被称为"二级银行危机"。这次二级银行危机暴露了《1946年英格兰银行法》非正式监管方式的弊端：大多数银行基本上没有受到监管，存款人保护制度缺失，监管质量低下。这次二级银行危机使英国政府深刻认识到必须修订《1946 年英格兰银行法》。因为该法仅规定，英格兰银行可以向金融机构提出劝诫，而"劝诫"又无法律强制力。另外，英国 1973 年加入了欧洲经济共同体，该组织通过了《欧洲银行法指令》（第一银行法指令），要求成员国必须建立银行授权体系，为了满足指令要求，英国面临制定法定监管体系的国际法义务。1977 年 12 月 12 日，欧洲经济共同体经济和财政部长会议制定了银行业协调指令，其目的是加强各成员从事信贷业务机构有关法律、条例、行政规定的协调，而英国作为欧洲经济共同体的成员也应依此指令加强其他成员法律的协调。当时仅英国与荷兰没有综合的银行立法，而欧洲经济共同体经济和财政部长会议银行业协调指令要求英国在 1979 年12 月前进行银行立法。内部的银行危机以及外部环境的变化迫使英国建立了法定监管体系，于是《1979 年英格兰银行法》应运而生了。《1979 年英格兰银行法》的出台，标志着英格兰银行规范了对存款银行的监管，同时将监管范围扩大到英国的批发性银行。这样就形成了实行不同监管措施的两级监管结构，英国金融监管开始进入规范化和法制化的轨道。

《1979 年英格兰银行法》的宗旨在于保护存款人的利益，确保金融体系的安全，维护社会公众的利益。《1979 年英格兰银行法》对英格兰银行监管的权力做了如下规定：一是登记管制。银行法授权英格兰银行审查和批准一切吸收存款的金融机构的设立登记。英格兰银行按照资本大小和信誉高低将申请者分为"认可银行"和"特别吸收存款机构"两类，分别发给营业执照，即所谓"二级牌照制"区别监管。英格兰银行将监管的重点放在后者身上，对前者则以自律为主，即所谓"双轨制"。二是英格兰银行有责任监督经营对外业务的银行，包括其国内外分支机构的活动。三是为了维护金融安全，还规定存款保证金制度，存款保证金第一次交纳的数额最高为 30 万英镑，以后根据存款增加情况补交。建立了"存款保护方案"，为非银行客户的存期在 5 年以下、金额在 10000 英镑以下的存款提供 75% 的保险，为此银行应根据其存款余额交纳相应的保险金，实行共同保险制度。

一 监管权力

《1979 年英格兰银行法》从法律上赋予了英格兰银行对银行业的正式监管权力。英格兰银行的监管权力包括：制定和执行银行监管政策；通过其授权活动对银行资本充足性、流动性、风险性和经营状况等进行全面监管；制定有关风险鉴别和风险规避的方法和计划；制定银行证券投资的政策和方法，并对市场风险进行监控；评价银行投资组合的风险程度等。银行监管委员会是负责英国银行业监管的最高权力机构。委员会由英格兰银行行长、副行长、监管局长以及六名专家组成，对银行监管起决定性作用。英格兰银行内设金融服务监管局，负责现场和非现场稽核，监管局下设监管小组，对国内和国外银行分别进行监管。

二 监管内容

英格兰银行对银行业监管的主要内容包括对银行资本充足率、资产流动性、准备金、审慎性、称职要求、连续监管和存款保护计划等。

1. 资本充足率

20世纪70年代的二级银行危机给英国造成严重打击，为了维持银行体制的稳定，金融当局要求银行增加资本金，更有效地保护存款人利益，并提出了资本充足率的评价方法。根据定义，银行资本通常由核心资本和附属资本组成。核心资本主要包括股票、已公布的累积利润；附属资本主要包括未公布利润、一般准备金和银行次等定期债务。英格兰银行规定，核心资本至少应占资本基础的50%；银行的次等定期债务不能超过其核心资本的50%；一般准备金不超过该银行风险权重资产的1.5%。在评定资本充足率时，英格兰银行除考虑核心资本与附属资本的比例外，还考虑银行面临的风险，如信用风险、利率风险、外汇风险、营业风险和其他风险。

2. 资产流动性

评价资产流动性的目的是保证银行具备足够的清偿能力，清偿能力主要针对银行资产风险和利率风险而言。为了保证银行的稳健运行，金融监管当局一般要求各银行尽可能地减少资产风险和利率风险。为实现这一目标，英格兰银行要求各银行：一是采取多样化的资产组合方式，包括现金、一级流动资产、二级流动资产、多样化的存款和其他借款来源；二是适当的期限匹配政策；三是满意的监控管理体系。在评价资产流动性时，英格兰银行首先考虑银行的管理质量，对每一个机构都根据其特定的环境进行评价，对各银行的资产流动性并没有相同的要求，而是与每一家银行进行具体协商，并在统计报告的基础上进行常规分析。

3. 准备金

银行的资本充足性与其准备金政策之间有着内在的联系，确定适度的准备金水平有利于保证银行的稳健运行，增加银行的实力。因此，银行必须定期提取呆账、坏账准备金。英格兰银行虽不直接参与制定各家银行准备金的提取比例，但对银行的准备金政策、监控信用风险的能力、贷款的可追回性和拖欠类型都进行认真的分析。

4. 审慎性

银行要保证审慎性经营就必须对其交易和债务进行认真、详细的记录，以了解其经营状况和风险暴露情况。为了保证统计数字的准确性和完整性，英格兰银行通常要求专门的报告会计定期报告银行的经营状况。

5. 称职要求

称职要求是指银行的代表人和主要的负责人必须满足任职资格，必须诚实、有竞争力、有管理经验，并具有良好的判断力；银行的董事会必须提供完整的业务经营计划，必须具备有经验的高级领导层和健全的组织机构。

6. 连续监管

在满足了上述条件之后，英格兰银行就可以授权其经营银行业务。授权活动是英格兰银行监管的核心，但在授权之后，它还要进行连续监管。连续监管包括定期报告统计数字，去银行访问以及进行正式的、审慎性的会晤。监管者对银行的风险要正确评价，要保护存款人的利益，如果对存款者构成威胁的话，英格兰银行有权撤销对该银行的授权，或者限制其经营活动。

7. 存款保护计划

对银行稳定来说，存款保护计划是一个重要方面。在存款保护计划下，即使市场发生波动和危机，存款人因有所保障而不会发生挤兑现象，从而减轻了银行的压力。为了防止银行倒闭给存款人造成损失，英国也制定了存款保护计划。该计划由存款保护委员会管理并执行，委员会主席由英格兰银行行长担任，并按照《1979 年英格兰银行法》设立。所有的银行必须对该计划贡献一定的份额，当银行倒闭时，存款保护委员会将对存款者给予补偿，补偿率最高为 75%，最高赔偿金额为 15000英镑。

三 监管方法

1979 年英国为银行监管确立了法律性框架，但是英格兰银行仍很重视非正式的监管方法，包括定期与不定期的会晤、座谈，对银行的资本充足率、流动性和赢利性进行认真研究，对银行的经营策略进行认真的分析等。

总的来说，此时英国的银行监管集立法、自管、道义劝说和自律于一体，是一种混合型管理体系。因为《1979 年英格兰银行法》确立的监管体系并没有完全抛弃非正式的监管方式。《1979 年英格兰银行法》采取了双层银行体系，银行被分为声誉好的银行与一般银行。英格兰银行仅对一般银行实行正式的监管，而对声誉好的银行仍然实行原先的非正式监管方式。受原先的非正式监管传统的影响，《1979 年英格兰银行法》并没有实行相对刚性的资本和流动性要求，这主要是想维持英格兰银行在监管中的灵活性。1979 年的监管体系变革并没有触及产生二级银行危机的深层次根源——英格兰银行的货币政策。宽松的货币政策导致了房地产价格的快速上涨，而银行则向房地产企业大量放贷，随后房地产的崩盘最终引发了银行危机。1979 年监管体系变革削弱了原先市场的约束力，却没有建立起替代市场约束的有效的国家监管。

第三节 《1987 年英格兰银行法》：英国建立统一银行监管体系

在 1981 年以前，英国一直习惯按金融机构经营的业务性质，将金融机构划分为银行金融机构和非银行金融机构。进入 80 年代以后，随着金融创新产品的不断涌现，非银行金融机构与银行金融机构经营的业务相互渗透加剧，国际金融业竞争日趋激烈，英国政府逐步放松了对金融机构的管制，银行的业务范围不断扩大。进入 90 年代以来，英国各金融中介机构业务日益交叉重叠，银行业、证券业、保险业之间不再存在明晰的界限，百货公司式的金融中介机构日益膨胀。80 年代在英国银行史上发生了两大著名事件：约翰逊·马休银行倒闭事件和伦敦证券交易所"大地震"改革。

1984 年 10 月，英国发生了约翰逊·马休（Johnson Matthey）银行倒闭事件。这是因为英格兰银行过度信赖银行的金融信誉，只注意对持牌接受存款机构进行监管而相对忽视对认可银行的监管。约翰逊·马休银行被归类为声誉好的银行而没有受到任何监管，英格兰银行也没制止其放贷过于集中的问题，该行故意延迟上交季度报告的行为也没有受到惩处。英格兰银行的积极干预使得该行在破产之前幸免于难。由于英格兰银行号召其他金融机构对约翰逊·马休银行提供救助，参与救助方承担了救助成本，这严重损害了英格兰银行与其他银行业金融机构的互信关系。1984 年的这次事件暴露了双层银行体系和《1979 年英格兰银行法》所建立的监管体系的缺陷。

1986 年 10 月伦敦证券交易所发生了被称为"大地震"的改革，是指 1986 年 10 月 27 日伦敦证券交易所宣布实行的伦敦证券市场在技术、操作和规章制度上的一次影响深远的大变革。主要内容是：允许本国和外国银行、保险公司以及证券公司申请成为交易所会员，允许交易所以外的银行或保险公司甚至外国公司100%地持有交易所会员公司的股份；以"双重资格"取代原先实行的"单一资格"，交易所成员公司可以兼具证券交易商和证券经纪商双重身份、双重职能；允许商业银行直接取得交易所会员的资格，从而顺利地参与证券业。伦敦证券交易所的"大地震"改革实质上导致了银行业与证券业的混业经营。

1984年约翰逊·马休银行倒闭和1986年金融"大地震"改革两大事件，促成了英国1987年的银行监管体系变革和《1987年英格兰银行法》的出台。

一 《1987年英格兰银行法》与《1979年英格兰银行法》的异同

《1987年英格兰银行法》虽然与《1979年英格兰银行法》有些不同，但前者仅是对后者的修改补充，基本目的仍为保护存款者利益，而二者的不同在于以下方面。

1. 监管机构增加

英格兰银行的监管职责有两个：一是按照《1987年英格兰银行法》，负责对所有银行机构进行谨慎监督；二是按照《1986年金融服务法》第43条的规定，负责对批发市场参与者进行谨慎监督、对它们的市场经营行为进行管理，监督的机构是依照上述两项职责设置的。为此，《1987年英格兰银行法》设立了金融服务监管局，且从英格兰银行分离出来。金融服务监管局中除正副总裁外，增加了六位有声望的各方面专家。履行监管任务，并有权给英格兰银行提出建议，当英格兰银行对其建议不予采纳时，必须向财政部说明。这是此次变革带来的机构上的变化。

英格兰银行内部设立银行监管委员会。负责指导和监督英格兰银行履行银行法所赋予的监管职责和权力。银行监管委员会由九名成员组成，其中英格兰银行行长任委员会主席，副行长及负责银行监管工作的执行理事为当然的成员，另外六名是由财政部部长和英格兰银行行长任命的非官方成员，他们大都是商业银行或者其他金融机构的董事长、行长等高级管理人员。该委员会每周召开一次例会，研究银行监督事宜，每年向财政部提交工作报告，报告由财长呈送国会，接受国会的质询与监督。

2. 统一了监理制度，以单一授权制度取代双轨制

将认可银行和特许吸收存款机构双轨制改为核准机构单轨制。

3. 强调了审计的重要性

要求审计师、会计师直接向英格兰银行报告，要求加强中央银行、审计、会计的密切合作，强化会计核算，建立内部控制制度。英格兰银行有权向金融机构、经理、大股东索取资料、业务报表和账册记录。凡拒绝提供上述资料者，处以 1000 英镑以下罚款或 2 年以下有期徒刑，或二者兼施。

4. 加强了风险管理

对贷款集中实行严格控制，规定所有英国银行对同一客户的贷款超过自有资本 10% 时，必须报英格兰银行备案，超过 25% 时必须事先报经英格兰银行批准。划分了 6 个等级国家信贷风险，规定了不同的呆账准备金率，还实行吸收英镑国内存款贷款的准备金制

度。把资产划分为 4 类，规定不同的风险权数，即现金与政府短期债务风险权数为 0；政府长期债券和银行一年以下存单风险权数为 30%，这是货币市场风险资产；1 年期内短期贷款和 1 年期以上的大额存单风险权数为 60%，这是轻度风险资产；标准风险资产包括公司股票、债券、3~5 年期的商业票据和中长期贷款，风险权数为 100%。规定资本与风险资产的比率不得低于 8%，另外还有流动性资产管理，要求现金（含短期政府债券在内）准备率为 10% 左右。同时加强了对存款人利益的保护，将"存款保险方案"的保险金额由原来的 10000 英镑提高到 20000 英镑。提出了审批银行从业资格应优先从保护存款人利益的角度出发的原则。

5. 授予英格兰银行更大的权力

增加了英格兰银行对金融机构的人事监督权，只有业绩好、经营稳健者才能做股东，才有资格组建金融机构。对拥有 500 万英镑资本的机构才允许使用银行名称，从事银行业务。在《1987 年英格兰银行法》颁布以后，1989 年 12 月 15 日欧洲经济共同体和财政部长委员会提出和通过了第二号银行业协调指令，要求各银行在 1993 年 1 月 1 日前要达到其规定的标准。其标准主要有：欧洲经济共同体一成员方可在另一成员方开办业务；新设立的金融机构自有资本不得低于 500 万欧洲货币单位；公布持有股权超过 10% 的股东身份；对非金融类附属机构每一单项参股不得超过银行自有资本的 10%，总参股不得超过自有资本的 50%；要建立健全会计审计制度；在整个欧洲经济共同体内除执行单一银行执照的规定与第二号银行业务指令外，还要执行 1989 年 6 月颁布的信用机构偿债率指令、自有资本指令、大额风险暴露指令等。

英格兰银行对金融机构发生的欺骗行为、违反金融法规的行为，有权撤销对该机构的经营许可，必要时可限制其经营范围。同时，金融机构对英格兰银行的监管处罚不服，可上诉至英国财政大臣。

二 《1987年英格兰银行法》监管内容

《1987年英格兰银行法》废除了双轨制，所有银行必须接受英格兰银行的统一监管。所有银行被要求满足资本充足、流动性要求、会计准则和其他要求。总体而言，该法扩张了英格兰银行的权限，英格兰银行拥有了授权或者取消银行执照的权力、信息收集权和调查权。当然，《1987年英格兰银行法》在强化金融监管的同时，仍保留了灵活性的特点。《1987年英格兰银行法》没有过多地就具体问题做详细的、强硬的规定，仅仅做了原则性的规定，给予英格兰银行更多的自主权。此次监管体系的变革并没有给英格兰银行的监管能力带来实质性的提升，权力上的扩张也没有让英格兰银行对问题银行进行果断的干预。表8-1是英国银行业市场准入制度监管汇总表。

表 8-1 英国银行业市场准入制度监管汇总表

范围	构成		具体内容	评价
准入资本金要求	最低资本要求		500万欧洲货币单位	较宽松
	缴付银行资本要求	资金来源要求	允许使用借入资本缴付	宽松
		缴付资本金形式	可以使用现金、非现金资产和政府债券缴付资本金	宽松

续表

范围	构成		具体内容	评价
所有权结构限制	单个股东持股限制		无限制，可持股100%	宽松
	关联方持股限制		无限制，可持股100%	宽松
	非金融机构持股限制		无限制，可持股100%	宽松
	非银行金融机构持股限制		无限制，可持股100%	宽松
业务准入限制	经营范围指标		混业经营，但需通过间接的形式，采用附属公司的方法，承担有限责任	较宽松
	银行从事证券、保险业务限制		须由独立注册的银行附属公司来经营，对控股比例未规定任何限制	较宽松
	银行从事不动产交易、非金融机构股权投资限制		准许银行从事，银行可以拥有非金融公司的股权，且对控股比例未加限制和规定	宽松
	银行分级制度指标		未加分级	较宽松
高级管理人员准入管理限制	管理人员准入条件	适当与适合原则	强调高管的资信和从业经历	较严格
		"四只眼"原则	必须具备2个以上董事	较严格
		居住地、居民要求	未做具体规定，强调居民原则	较宽松
	拒绝准入条件		机构董事、控制者或者经理有欺诈、暴力、玩忽职守、非诚信、非胜任经历的严禁从事	严格

资料来源：辛子波、张鹏：《英国银行业市场准入监管制度分析》，《时代金融》2006年第5期。

《1987年英格兰银行法》规定了英格兰银行授权银行吸收存款的六条标准：一是业务经营必须坚持谨慎的原则，即要保持充足的资本、充足的流动性、充足的呆账准备、充分的会计资料和各项控制制度；二是必须至少有两个人有效地参与经营决策及日常重大业务事项的管理，即"四只眼"原则，不能个人独断，缺乏相互监督；三是董事会的组成必须有充分的代表性；四是必须有足够的熟悉业务的专业人员；五是最小实收资本不少于500万欧洲货币单位；六是董事、控股人以及经理等高层管理人员必须称职。这六条授权标准，也是日常谨慎监督的标准。

（一）监督内容

1. 对高层管理人员及控股人资格的审查与监督

任何单位或者个人要想持有超过银行股票总额5%以上的股份，必须事先向金融服务监管局提出申请，征得金融服务监管局的同意后，方可购入银行的股票，否则属于违法行为。对银行的高层管理人员，如董事、经理等，英格兰银行虽然没有直接任命和否决的权力，但有权根据当事人的历史背景及管理业绩认定当事人为不称职人员，在这种情况下，商业银行一般会更改任命或者撤换现有管理人员。因为高层管理人士一经被英格兰银行认定为不称职，就意味着该机构不再符合授权的标准，英格兰银行随时可根据银行法的规定，取消对该机构的授权。因此，虽然英格兰银行不能任命和撤换商业银行的高层管理人员，但可以通过认定现有人员不称职对商业银行高级管理层的组成产生重大影响。由此可以看出，英格兰银行作为中央银行，对商业银行管理层的组成有着很大的权威和影响力。

2. 资本充足性

资本充足性是英格兰银行谨慎监督的核心内容。根据欧盟理事会的指令，英格兰银行自 1996 年起将对银行资本充足性实行新的监督办法，主要是将银行的资产进行划分：对传统的银行信贷业务资产仍按巴塞尔协议的办法进行监督，而对交易资产（主要由银行短期持有的交易证券头寸构成）实行有别于巴塞尔协议的监督办法。同时，增加了新的资本定义内容，除了原巴塞尔协议规定的核心资本和补充资本以外，定义了交易账户附属资本。该资本由两项组成：一是交易账户头寸在标明市场价格后所产生的未实现交易利润；二是短期后偿债务。

值得注意的是，英格兰银行不是规定一个统一的银行业资本充足性监督标准，而是针对不同的银行所从事的不同的业务性质，对不同的银行制定不同的资本充足性最低指标。最低指标一般为 9%~15%，高于巴塞尔协议要求的 8%的最低比例。在对每家银行确定最低指标的基础上增加 1%，确定一个警示指标。最低指标一经确定，就成为该银行按照银行法规定所必须持有的资本充足性的最低法定标准，如果该银行的实际资本充足率指标低于最低指标，则面临被取消经营存款资格的危险。警示指标是英格兰银行日常监督的指标。

3. 资产流动性

监督的方法是将银行的存款负债和资产，按照到期日划归为不同的时间段，然后用每一时间段的资产减去该时间段所对应的存款负债，计算一个非匹配额，用资产与负债的非匹配额与总的存款负债做比较，得出一个非匹配率。非匹配率是英格兰银行监督资产流动性的指标。一般地讲，八天以内到期的资产与负债的非匹配率不能低于10%，一个月内的非匹配率不能低于20%。

4. 大额风险

银行对单个客户的债权超过其资本基础的10%，即为大额风险。《1987年英格兰银行法》规定，银行要定期向英格兰银行报告大额暴露风险，银行不允许将其资本基础的10%贷给某一个或一组特定的借款人，同时，当大额暴露风险达到资本基础的25%时也必须事先报告英格兰银行。

5. 外汇交易

监督的指标是净敞口头寸的总额不能超过资本基础的15%。

（二）监管方式

1. 非现场监督

非现场监督是英格兰银行实施谨慎监督的主要方法。包括以下内容。

（1）报表监督

英格兰银行谨慎监督报表近十种，内容涉及资本充足性、资产流动性、信贷集中程度、外汇交易头寸控制等。商业银行每季报送上述报表，由英格兰银行的监督分析人员进行分析监督。如果报表显示商业银行突破了英格兰银行所制定的监督指标，英格兰银行会立即召见该行高级管理人士，商定补救措施，并监督商业银行在限期内恢复到控制指标之内。严重突破指标并且不能在限期内补救的，将面临被取消授权的危险。

（2）谨慎监督会谈

谨慎监督会谈是在报表分析的基础上与商业银行商谈有关问题的会谈。目前，英格兰银行规定每年至少与每一家商业银行举行 1~2 次谨慎监督会谈。会谈由英格兰银行负责监管召见机构的高级经理主持，报表分析人员和商业银行的主要负责人参加，同时规定同一个监督经理连续主持了与同一银行的四次会谈之后，接下来的会谈须由另外的监督经理代理主持，以便可以从不同角度发现问题、提出问题。谨慎监督会谈是英格兰银行获得报表以外资料的主要途径。

（3）三方会谈

英格兰银行每年至少与商业银行及其报告会计师举行一次三方会谈，会谈的中心议题是讨论报告会计师根据《1987 年英格兰银行法》第 39 条的规定所上报的检查报告中发现的问题。英国有六家大的会计师公司和二十多家中小会计师公司，这六家大的会计师公司几乎包揽了所有的对商业银行的外部审计和报告会计师的工作，这六家会计师公司是普华、永道、毕马威、安永、安达信和德勤。按照英格兰银行法的规定，英格兰银行为每个商业银行指定了报告会计师，负责上报银行法第 39 条规定的报告。报告会计师一般也是商业银行的外部审计师，这样做，也可使商业银行节省一笔不小的费用。第 39 条规定的报告有两份：一份是审核商业银行向英格兰银行报送的报表的准确性的；另一份是关于会计资料真实性、完整性和内部控制是否健全有效的。报告会计师每年上报一次报告，一般是在商业银行财务年度终了之后，结合对年终会计的审计，进行检查并书面报送商业银行，由商业银行提交英格兰银行，而不是由外部审计师直接送交中央银行。但当外部审计师认为问题严重时，有权直接向英格兰银行报告。

2. 现场检查

英格兰银行的现场检查主要依赖于会计师公司及其注册会计师和商业银行的业务专家，方式是检查组访问。金融服务监管局设有两个检查组，共十人，大都是来自商业银行的银行家和会计师公司的注册会计师，他们不属于英格兰银行的职员，而是按照合同为英格兰银行服务，一般服务期为 2~3 年，期满轮换。在进行现场检查时，一般由一名银行家、一名会计师组成检查组，由负责受查银行的报表分析人员协助，检查时间为 2~4 天。检查的重点是各项内部控制制度是否健全及有效，检查的方法主要是询问高层管理人员及业务经营人员，也进行少量的档案资料抽样检查。

在 1997 年工党政府实行重大改革之前，英国金融监管体制的大体框架是：英格兰银行负责银行业的监管；1985 年成立的证券与投资委员会负责证券市场的监管和处罚，证券与投资委员会主要通过各自律机构对证券市场进行监管，其下属三个主要自律机构：个人投资管理局（PIA）、证券期货管理局（SFA）及投资管理监管机构（IMRO）；贸工部负责监督保险机构的偿付能力；伦敦的劳合社则主要实行自律管理。图 8-1 是英国金融业监管机构的组织结构。

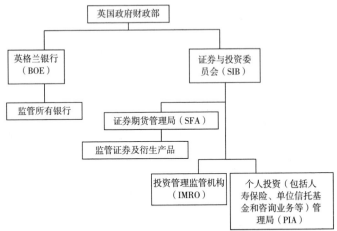

图 8-1　英国金融业监管机构组织结构

第四节　《1998 年英格兰银行法》：英国
新的金融监管框架奠定

1991 年和 1995 年英国先后发生了国际商业信用银行破产事件及巴林银行破产事件。这两起事件暴露出英格兰银行内部管理和监管方式上的缺陷。如对被监管机构的经营情况缺乏充分了解、英格兰银行内部机构设置存在缺陷、部门之间缺乏交流等。在国际商业信用银行破产事件中，英格兰银行虽然怀疑该行可能有违法行为，却没有及时取消银行执照。而在巴林银行破产事件中，英格兰银行完全漠视非银行业务所带来的风险，也没有采取有效的措施避免银行海外公司的欺诈行为。这两次严重的监管过失削弱了英格兰银行在随后的监管体系变革中的议价能力，严重损害了英格兰银行的声誉，也为监管体系变革埋下了伏笔。据此，英格兰银行首先对其内部机构的设置做了一些相应的调整。如在国际商业信用银行事件后成立了特别调查部和法律部，在巴林银行破产事件后对其国际监管部门进行了调整，并加强了与其他国家金融监管当局的合作等。与此同时，英国政府开始审视英格兰银行是否适合充当银行监管机构的角色。当时英国很多政策研究者认为同时履行货币政策与银行监管职能的中央银行往往面临利益冲突，削弱了其政策的中立性。为了避免银行破产，作为监管机构的中央银行可能不愿意实行货币紧缩政策，不愿意通过货币政策刺穿经济泡沫。将两种功能剥离将提升银行监管的专业化程度。为此，拉开了 1997 年英国银行法改革的序幕。

　　1997 年 5 月，工党政府上台不久，即宣布对原有的金融监管体制进行大刀阔斧的改革，以防范金融业日益增加的系统风险，确保金融业对英国经济的特殊作用，因此通过了《1998 年英格兰银行法》。改革主要涉及授予英格兰银行制定利率的权力和剥离它的银行监管职能，将银行监管职能转移给了金融服务监管局，使英格兰银行可以更专注于实现货币政策的目标，以保证货币政策更有效、公开、负责和不受短期政治投机的影响，学习美国、德国等在保持适度、稳定经济发展和低通货膨胀方面的经验，以及与设立独立中央银行的世界潮流保持一致。

　　此次改革的主要措施如下。

第一，调整英格兰银行作为中央银行的功能，授予其制定利率及调整金融政策等货币政策的决策权，而以前调整利率等必须取得财政部的同意；英格兰银行在制定及执行货币政策中的独立性在《1998年英格兰银行法》中得到确认。政府虽然仍通过设定通货膨胀率目标等方式保留设定货币政策目标的权力，但英格兰银行可以根据这一目标自行选择货币政策工具。而在此之前，其对货币政策如利率水平的调整均需得到财政部的同意，这是它自成立以来最大的一次权力扩张。

第二，在英格兰银行内部成立货币政策委员会。货币政策委员会是英格兰银行内专门负责制定货币政策的机构，具体制定货币政策，以实现英格兰银行的法定货币政策目标。该委员会由中央银行正副行长、银行界人士及金融专家组成。货币政策委员会集体决策，每月至少召开一次会议；行长或负责货币政策的副行长可随时召集会议。财政部可派一名代表出席会议，该代表可以发言，但无表决权。英格兰银行应在适当时候公告每次会议的内容，回顾货币政策决议，评估通货膨胀率，表明英格兰银行为完成其职责将采取的态度。英格兰银行公布的报告应得到货币政策委员会的核准。货币政策委员会在英格兰银行内享有相对的独立性，这主要表现在董事会无权审查货币政策委员会的工作内容。货币政策委员会相对独立于财政部，但财政部仍可对货币政策委员会施加一定的影响。事实上法律规定了财政部影响货币政策的机制。这些机制分述如下：①货币政策委员会成员。财政部可以任命4名货币政策委员会成员，他们在货币政策委员会中占有很大比例（4/9）。

②货币政策目标。财政部可以以书面形式通知货币政策委员会价格构成和政府的经济政策，实际上对货币政策目标的设定享有一定的权力。③财政部可派代表列席货币政策委员会会议。④财政部对英格兰银行为制定货币政策而收集信息享有一定的控制权。⑤在与英格兰银行行长磋商后，如果财政大臣和英格兰银行行长认为公共利益和极端的经济形势有此要求，财政大臣可以以命令的形式向货币政策委员会发出具有临时效力的指示，当财政部发出此种指示时，法定货币政策目标不发生效力。

第三，英格兰银行原有的政府债券管理、出售金边债券、监察债券市场与现金管理的责任，均转移至财政部，归财政部新设立的英国债务管理办公室管理。

第四，撤销英格兰银行监督商业银行的职能，在原来的证券与投资委员会的基础上，合并现有的 8 个金融监管机构，《1998 年英格兰银行法》规定明确由金融服务监管局统管，实行一体化金融监管。全面负责对英国银行、证券、保险、投资等全部投资机构和金融市场的监管。金融服务监管局的四大目标是：建立市场信心、使公众意识到金融服务的利益和风险、保护消费者、减少金融犯罪。组建金融服务监管局对所有金融机构和金融市场实行综合监管，使信息传递更为迅速，交流更为充分。①

---

① 辛立秋：《中国银保合作研究》，东北农业大学博士学位论文，2004，第 105 页。

第五，为了确保金融服务监管局能高效运作，财政部、英格兰银行与金融服务监管局三个机构之间签署了谅解备忘录，确定了明确职责、透明办公、避免重复、加强交流等四项原则，明确了彼此之间的分工合作关系，共同维护金融稳定。在新的金融体制框架下，财政部负责制定金融监管的结构框架和金融立法；英格兰银行负责制定和实施货币政策，保证支付清算体系有效运转，完善金融设施和降低系统性风险，保证金融体系的稳定，在特别情况下提供金融援助；金融服务监管局负责对金融机构和金融市场进行监管，并对违法违规行为进行处罚。

《1998 年英格兰银行法》奠定了英国新的金融监管框架的基础。新的框架明确划分政府和中央银行的职责，政府的职责是实现其经济目标并基于此设定通货膨胀目标。首先，该法剥离了英格兰银行的监管职责，作为维护英国金融体系整体稳定的中流砥柱，专注于货币政策的制定与实施，增强了英格兰银行运用货币政策的独立性和有效性，此举大大减轻了英格兰银行的责任，更有助于充分发挥英格兰银行在英国金融体系中的作用。其次，建立起一体化的金融监管体制，金融服务监管局的集中监管适应了英国金融业混业经营的大趋势，使得金融机构的混业经营成为可能。提高监管效率，减少监管费用，为英国金融业营造一个洁净的市场环境，提高公众对监管制度的信心。其改革力度之大，堪称英国金融体制改革的第二次"大地震"。[①] 再次，英国的统一监管模式代表了全球金融监管的发展趋势。最后，金融服务监管局

---

① 王琪琼、古雯：《80 年代以来英国金融体制的变革》，《国际金融研究》2001 年第 8 期，第 34~35 页。

对金融机构的监管并非简单局限于对于营业结果的考量，还重点对金融机构经营中产生的风险进行监控。事实上，在英国进行积极的证券及金融监管改革中，有效地放松管制，引入竞争，充分促进证券市场的发展及其国际化，促使英国金融市场提高效率、重现活力，从而奠定了伦敦国际金融中心的稳固地位。[①]

第五节 《2000 年金融服务与市场法》：三方合作金融监管框架体系建立

进入 20 世纪 90 年代以后，高科技和信息技术迅速在英国的金融领域推广，金融产品和服务创新层出不穷，导致金融业务的特征和界限日益模糊，金融机构的利润来源被大大拓宽，银行、证券、保险机构业务交叉，互相渗透，金融服务不断深化、广泛化甚至一体化，逐步形成了混业经营的局面。欧元于 1999 年 1 月 1 日登临历史舞台。为此，欧洲各国金融市场之间的整合速度在加快，各种交易规则在逐步统一。欧元的出现是国际货币体系中的一个历史性演变，从长远看，对欧洲乃至世界经济的发展都产生了深远的影响，并对美元直接形成挑战。在此背景下，地域上游离于欧洲大陆之外，又尚未加入欧洲货币联盟的英国，为了继续保持伦敦国际金融中心的地位，不得不考虑欧共体（欧盟）内部对金融监管同步的统一要求，改革其监管体制，使之逐步与欧洲各国金融监管制度相衔接。20 世纪末，金融业务与金融市场的

---

① 苏美香：《英国证券法律与监管体制分析及借鉴——兼谈对我国证券监管的启示》，《中南林业科技大学学报》2011 年第 5 期，第 95~96 页。

全球化成为金融领域的突出现象，这种现象主要表现为金融资源能够在各个国家的金融市场上实现自由流动，并在合理资源配置的过程中寻求最大化的利益。金融的全球化逐渐模糊了不同金融机构的界限，为了在金融全球化过程中增强竞争力，很多国家都放开了对金融机构混业经营的限制，开始允许同一家金融机构从事证券、银行以及保险等多种业务，由此开始出现一些全能型金融集团。在此背景下，之前主要对分业经营设置的分散监管体制开始逐渐转化成对混业经营制定的单一监管体制，开始由一家独立的监管机构来监管金融集团。因为分业监管的模式可能会提高监管金融集团的成本，还可能会因为不同的监管机构需要进行交流和协调等问题而影响到监管的效能，甚至还会产生严重监管失误。因此，变革旧的金融监管体制的呼声不断增强。

一 《2000 年金融服务与市场法》颁布

在这种背景下，2000 年 6 月，英国皇室批准《2000 年金融服务与市场法》，实行单一主体监管模式，2000～2009 年是英国金融实行单一主体监管的时期。单一主体监管指的是政府设立一个独立的机构负责整个金融行业的监管，并提供单一的金融监管法律框架对金融机构进行监管。单一主体监管模式的主要特征：第一，独立单一的监管主体。《2000 年金融服务与市场法》通过法律的方式确定金融服务监管局是英国唯一独立全面综合监管金融业的机构。该法赋予了金融服务监管局监管金融业所需的全部法律权限。第二，混业监管模式。混业监管是指设立单一的综合性产业监管机构，由它对数个相互关联的领域统一行使监管权，新法的出台赋予了金融服务监管局更大的权力。单一主体监管时期的到来，结束了关于立法监管与行业自律两种模式谁好谁坏的争论。行业自律难以适应新形势下金融领域自身发展的需求，已经不能作为主要监管模式。金融服务监管局作为一个监管机构，其独立性比较强，能与当前的全球化背景相适应，代表了金融监管模式今后的一大发展方向。

《2000年金融服务与市场法》从法律上明确了金融服务监管局与被监管者的责任、权利和义务，统一了监管标准，规范了金融市场的运作，是英国规范金融业的一部"基本法"，并实现了英国金融监管的统一。金融服务监管局独立于政府，其法定权责由《2000年金融服务与市场法》规定。金融服务监管局的董事会负责制定金融服务监管局的整体政策，执行部门则负责日常管理与决策。金融服务监管局向财政部负责，并通过财政部向议会负责。它完全依靠被监管者提供运行资金，负责向被监管者、消费者以及其他第三方提供关于其目标、计划、政策、规则的全面信息。根据《2000年金融服务与市场法》，金融服务监管局的法定目标如下。

一是保持公众对英国金融体系的信心，维护公众对金融系统稳定性的合理预期。二是促进公众知悉。及时向公众披露金融市场及产品的信息，纠正消费者对一些金融产品及服务的误解。三是保护消费者，这是其中心任务。金融服务监管局要求各金融机构在推销自己的金融产品时都要保证高度透明。另外，当银行或金融企业经营不善而倒闭时，金融服务监管局要尽量让消费者得到应得的补偿。强调保护信息不对称的小投资者。四是减少金融犯罪。金融服务监管局严密监管金融机构的活动，防止并惩罚舞弊现象以及金融市场上传导错误信息或以虚假信息谋利的行为。五是提供政治问责及公共问责，金融服务监管局的年度报告包括关于其在何种程度上实现了这些法定目标的评估。议会对金融服务监管局的审查可能就集中于金融服务监管局如何实现了这些法定目标。六是控制金融服务监管局行使其职责（包括制定规则、提供建议和指令、确定一般性政策和原则等）的方式（例如，有义务说明其公布的规则草案与其法定目标之间的联系）。七是协助提供法律问责（如果出现错误解释其法定目标或忽略考虑其法定目标的情况，金融服务监管局有可能受到司法审查）。

《2000年金融服务与市场法》赋予金融服务监管局规则制定权，该权限具有准立法性质。规则可以分为一般规则、具体规则和同意规则。一般规则适用于所有被授权的行为，金融服务监管局享有的自由裁量权也比较大，这类规则主要有授权的信托规则、保险业务规则和资产确认等。金融服务监管局还可制定具体规则来实现法定的监管目标。同意规则包括同意金融机构合并和反垄断等相关规则。三类规则各自发挥不同的功能，具体规则和同意规则有助于维持监管的灵活性，而一般规则可以保持规则的稳定性。

二 三大金融管理部门的分工与合作

《2000年金融服务与市场法》开始实施后，英国三大金融管理部门也正式开始明确的分工与合作。金融服务监管局虽有很大的独立性，但它与英格兰银行及财政部也有很多密切的关系，三大金融管理部门分工明确又密切合作。为保证英国金融市场有效运行，实现金融稳定、金融监管和货币政策之间的紧密联系，英国政府建立了由财政部、英格兰银行和金融服务监管局共同参加的金融稳定协调框架。三方发布了《财政部、英格兰银行和金融服务监管局之间的谅解备忘录》（以下简称《三方谅解备忘录》），设计了三方分工合作的制度性安排。《三方谅解备忘录》明确规定财政部、英格兰银行和金融服务监管局共同负有维护英国金融体系稳定的责任，同时提出三者之间分工协作的指导原则：第一，明确责任。每一个机构都必须对自己的行为负责。第二，强调透明度。国会、市场和公众均有权知道各个机构分别履行何种职能。第三，避免重复。为避免效率低下，每一机构必须有明确的职能。第四，经常交换信息，帮助各机构有效履行职责。财政部在金融监管协调机制中拥有最高权力，代表英国政府负责三方的组织协调工作，扮演着领导者的角色。

（一）三方分工

英格兰银行职责：对整个金融体系的稳定负责。作为其货币政策功能的一部分，英格兰银行负责对整个金融体系进行监控，负责国内货币领域的稳定，并通过其在市场的日常操作处理和解决每日市场流动性的波动问题。作为银行的银行，英格兰银行应就支付体系的发展完善以及其他可能出现的问题为财政部充当顾问。为降低系统风险，英格兰银行负责加快金融基础设施的改善和建设，特别是国内及跨国间支付体系的建设和改善。负责对整个金融领域进行广泛观察，并在金融服务监管局的高层领导中享有代表权。除此之外，通过对支付体系的直接介入，英格兰银行应能首先发现潜在问题，为国内国际金融市场和支付体系的稳定提供咨询和建议。应有能力在特殊情况下采取官方的金融业务操作，行使最后贷款人的职能。应有能力在提高本国金融部门营运效率及国际竞争力方面充分发挥作用等。

金融服务监管局职责：从 2001 年 12 月 1 日起，金融服务监管局开始对英国金融业实行全面监管。金融服务监管局的机构由四个部分组成：董事会、首席执行官、三名管理董事各领导一个业务部门（分别为监管、风险和执行）以及一些需要直接向首席执行官报告的职能机构。金融服务监管局的决策机构是董事会，由财政部指定，包括一名主席、一名首席执行官、两名管理董事和十名非执行董事（包含一名首席非执行董事，即副主席）。董事会负责制定金融服务监管局的全部政策。主席负责金融服务监管局的全面管理工作。首席执行官和管理董事负责日常决策和行政管理，向主席负责。非执行董事的主要职责是确保金融服务监管局的高效运作。金融服务监管局的监管理念是：不以"控制"为基础，而是运用谨慎规则对被监管机构进行监管；不以频繁到银行查账为手段，而是在"外部"保持一定距离进行监管；重视被监管机构的会计报告；充分发挥专业技术人员的作用。金融服务监管局对所有金融机构进行审批并谨慎监管；对金融市场、清算和结算体系进行监管；在职权范围内，具体处理对金融机构、市场和清算体系有重大影响的案件等。

财政部职责：全面负责金融监管组织构架的搭建和金融监管的立法事项，并负责制定货币政策目标。财政部虽然没有像英格兰银行和金融服务监管局那样的具体操作职能，但在很多情况下，金融服务监管局和英格兰银行有必要就可能发生的问题与财政部协商。

（二）三方合作

金融服务监管局和英格兰银行应密切合作，避免对被监管者的同一数据重复采集，减轻被监管者的负担。英格兰银行负责金融稳定部门的副行长是金融服务监管局董事会成员，而金融服务监管局主席也是英格兰银行董事会成员。英格兰银行和金融服务监管局在所有层次均需保持紧密接触。

金融服务监管局和英格兰银行签署信息互享协定，保证双方能充分、自由地分享信息。

除上述安排外，三方将设常务委员会，互派代表参加。每月召开例会讨论重要事项以及其他有关金融稳定的大事。任何一方认为有必要召开三方会议以应对紧急事态时，均可在任何时间内提出建议。每一方均需指定联络代表，以便随时取得联系。

在特殊情况下，英格兰银行有必要在其货币市场的例行业务操作中采取非常措施，为商业银行提供紧急流动性支持。此类措施通常仅在以下情况下采用，当对整个金融体系的安全构成威胁，或有可能使全国出现严重的经济动荡等，如英格兰银行或金融服务监管局发现这种问题并认为有必要采取此类行动时，两者必须立即通知对方并就此向对方咨询。在任何情况下，英格兰银行和金融服务监管局均需紧密配合，并立即通知财政部，以使财政部有拒绝、采取援助行动的选择。只要条件允许，任何一方均需将事态的发展情况不断通知他方。

任何主要政策发生变化，每一机构均应事先通知他方，如政策变化可能牵涉另一机构的职责时，应在政策调整前征询另一机构的意见。

金融服务监管局和英格兰银行应与国际监管组织和有关委员会进行全力合作。两者在巴塞尔委员会中，在欧洲货币委员会下属的银行监管委员会中，以及在其他国际委员会中，均享有代表资格，如在那些仅有一家享有成员资格的组织中，需保证另一家在任何会议前也能向该组织提供信息、发表观点，并在会后向另一组织报告会议情况。金融服务监管局与英格兰银行均应使财政部随时了解其所在的国际监管组织的各项发展。

三　英国金融监管指导原则、手段、理念和方法的变化

在新的金融监管框架下，英国金融监管指导原则、手段、理念和方法也发生了一些变化。

首先，监管指导原则发生了变化。除了继续实行政府监管与行业自律相结合及保护投资者利益原则外，监管指导原则的其他方面发生了变化，主要体现在以下两点：第一，实行金融监管职能与货币政策职能分离原则。货币稳定与金融稳定虽然密切相关，但不是一个概念。分离原则体现了金融在经济中日益重要，以至于有必要在传统中央银行中把负责金融稳定的职能单列出来。这种做法在各国金融监管中已成为一种潮流。第二，实行金融监管成本由被监管者支付原则，意味着现场检查等相关费用将由金融机构自身承担。

其次，监管手段发生了变化。继续采用现场与非现场相结合的检查方法，但金融服务监管局的工作重心转向非现场检查和宏

观指引方面，真实性检查则主要依靠外部审计机构。金融服务监管局成立时间不长，监管人员数量有限，而英国金融机构众多，市场成分复杂，变化迅速，仅仅依靠金融服务监管局本身的力量对其进行现场检查不仅是不够的，也几乎是不可能的。同时，对现场检查投入过多，就会严重影响对整体金融机构风险的把握和了解。在这种情况下，金融服务监管局自成立之日起就注意寻求市场中介服务力量的支持，主要借助外部审计师对银行的现场审计开展监管工作。为了更好地培养这种外部力量，金融服务监管局依法加强了对社会外部审计机构及其审计人员的引导和规范工作。这样做既可使外部审计成为银行监管的一支重要力量，也可弥补金融服务监管局自身监管人力不足和专业技术人员缺乏的状况。在新的监管框架内，金融服务监管局、外部审计机构以及商业金融机构根据有关法律各自行使职责，金融服务监管局主要发挥协调、指导和监督作用。由于外部审计机构的作用至关重要，金融服务监管局对其做出了特别约束，要求审计师事务所依照有关法律规定，每年定期向金融服务监管局出具法律义务确认书，确认其审计人员是否符合法规要求。确认书需以书面形式完成，内容包括事务所和审计人员的行为以及审计报告是否符合法规要求等，而且对每一家银行要有分别的确认书，并列明审计师在审计过程中的职责等，从而保证审计报告的严肃性和真实性。

与此同时，为了适应迅速发展变化的金融市场，金融服务监管局对商业银行提出了一些基本监管要求。例如，银行必须为其管理层提供有效信息以使其能够充分识别和控制风险，包括银行业务现状、各项业务营运结果、资产与负债价值表现分析、表外业务价值表现分析、与资产和负债各项目相关的收入与支出分析、银行存在的风险种类分析等。银行制定的内控制度必须涵盖银行经营的各个方面，并有具体措施保证其顺利实施。银行必须加强内控系统的信息技术化管理，管理层有责任了解银行信息系统对电子化的依赖程度，并建立相应的保护体系等。

最后，监管结构的调整也带来了监管理念和方式的变化。监管理念将从重点保护存款人转为维持金融体系稳定。在新的监管框架下，监管机构可以给法定目标进行排序，从而指导监管行为。从监管方式上看，金融服务监管局将法定目标与风险监管有机结合，根据风险对法定监管目标可能造成的损害确定监管行为。金融服务监管局将风险监管确定为两个阶段——风险确认和风险评估。第一阶段主要通过收集被监管机构信息，进行市场研究，以及访问消费者或该行业巡视官所提供的消息来确认风险。第二阶段将对所有的风险进行评估和可能对法定监管目标造成的损害进行排序，这一阶段将采取标准化的指标分析并进行成本收益分析。

英国 1998 年启动的此次金融监管体系变革对英国金融业的发展与深化将产生重大影响，其积极意义主要体现在以下几方面。

（1）历经几百年后，英格兰银行终于获得了独立制定和操作货币政策的地位，市场化了的英国经济及金融业也就在某种意义上获得了更多政策上的稳定因素。

（2）金融服务监管局的建立标志着英国金融分业监管时代的结束，由金融服务监管局全面行使对商业银行、投资银行、证券、期货、保险等九个金融行业的监管职能。金融机构开始在统一的监管机制下运行，混业经营的纵深发展得到了制度上的保障，符合经济一体化的发展要求。

（3）金融服务监管局的建立同时显示出金融在经济发展中日益突出的重要地位，以电子信息技术为基础的金融创新不断推进。

（4）英国金融监管体制由此形成财政部、中央银行和金融服务监管局三足鼎立的局面，也被称为三方监管体制。

第六节 2008 年金融危机以来：英国建立全方位的新的金融监管模式

2008 年，受美国次贷危机的影响，英国发生了历史上最为严重的金融危机。高储蓄国家的大量货币涌入英国金融市场，这些货币往往选择相对安全的政府债券，作为应对，英国政府采取了降息和宽松的货币政策，这降低了国债的收益率，同时提高了市场参与者寻找一种更高回报的投资产品的需求，而金融创新（资产债券化）则满足了市场的需求。作为一种金融创新，资产债券化将银行非流动性资产通过一定的结构安排（打包、分割）出售给机构投资者，然而，由于许多机构投资者购买债券化资产的资金来源于银行，风险并没有从银行转移到机构投资者手中。金融危机暴露了政府金融监管和市场存在的缺陷。英国的金融监管机构在次贷危机之前未能识别金融系统风险，危机之后无论是中央银行还是金融服务监管局也未能及时发挥事后的救济功能，暴露了英国在 1998 年改革后建立与施行的三方监管体制存在重大失误与缺陷。首先，责任界限不清。财政部、英格兰银行以及金融服务监管局三方没有任何一个机构明确负责监测、识别、防范和化解金融体系风险，维护金融稳定。其次，沟通协调不足。英格兰银行负责金融稳定分析，金融服务监管局负责单个机构监管，两者之间完全分离。英格兰银行难以掌握重要机构的相关信息，因此难以及时发现和化解风险；而金融服务监管局对金融机构日常经营行为进行监管，完全以单个机构为重，职责过于宽泛，难以对系统性风险做出研判。最后，处置机制缺乏。银行挤兑和破产事件发生时，缺乏完善的工具和机制进行迅速、有序的处理。

金融监管体制的上述缺陷，促使英国议会和政府出台了一系列法案，进行了新一轮的金融监管体制改革。

一　出台《2009 年英格兰银行法》、《改革金融市场》白皮书以及《2010 年金融服务法》

2009 年 2 月 12 日，英国议会通过了《2009 年英格兰银行法》。2009 年 7 月 8 日，英国财政大臣达林公布了《改革金融市场》白皮书。而后又提出了《金融服务法》提案，该提案是英国自 2007 年以来为应对银行和金融危机而进行的第三次立法的内容，还包括改善金融消费者地位的举措，它的主要内容均来自《改革金融市场》白皮书，同时也参考了各方的相关建议。2009 年 11 月 19 日，英国政府将该提案提交给英国议会审议；2010 年 4 月 8 日，英国议会批准了《2010 年金融服务法》。英国金融监管改革的内容主要体现在《2009 年英格兰银行法》和《2010 年金融服务法》中。

（一）《2009 年英格兰银行法》

《2009 年英格兰银行法》是英国颁布的位阶最高、最有影响力的金融监管体制改革法案。《2009 年英格兰银行法》共有 8 个部分，主要内容有：明确规定英格兰银行作为中央银行在金融稳定中的法定职责和所处的核心地位，授权英格兰银行在危机时可以做出必要的反应，提出建立银行业特别决议机制（简称 SRR），成立金融稳定委员会（简称 FSC），强化相关的金融稳定政策工具和相关部门的权限，完善金融服务补偿计划（简称 FSCS）。

银行业特别决议机制的建立主要是为了规定相关处理办法，以应对银行业出现的各种危机。它由英格兰银行、财政部和金融服务监管局共同发挥作用。银行业特别决议机制的目标是确保金融机构能够实现有序破产，尽可能保证金融体系正常运行，保护纳税人利益，将破产事件对金融体系和实体经济的影响最小化。当金融机构出现破产风险时，首先在征询财政部意见之后，由问题机构的微观审慎监管者（审慎监管局或金融市场行为监管局）及处置当局（英格兰银行）共同决定是否进入处置程序；其次，在征询其他各方意见之后，处置当局（英格兰银行）决定采用何种工具并展开处置（由财政部接管或注资的情形除外）；再次，财政部决定是否暂时接管问题机构或进行注资，此时财政部和处置当局（英格兰银行）共同进行处置；最后，由金融服务补偿计划赔付或转移受保存款。

银行业特别决议机制具体由三个方面构成：①三种稳定手段。一是私人部门购买，即把问题银行的全部或部分业务出售给其他私人购买者；二是过桥银行受让，即由英格兰银行设立一家全资拥有的公司，即过桥银行，把问题银行的全部或部分业务转让给该公司；三是暂时性国有化，接受问题银行业务的公司必须是财政部指定或全资所有的。这三项手段关于股份和其他财产业务的转让有明确规定，私人部门购买、过桥银行受让中的财产转让由英格兰银行决定实施，而暂时性国有化手段中财产转让必须由财政部决定，因为其动用的是政府公共资金。②银行破产程序。当法院决定银行进入破产程序后，指定一个清算人负责安排该破产银行的适合存款人把账户转移或者从金融服务补偿计划中获得赔偿，清算完毕后由清算人注销终止该银行。③银行接管程序。该程序被用于私人部门购买和过桥银行受让两种手段中，当接受英格兰银行申请后法院指定一个专门的银行接管者，该接管者被要求确保该银行的不出售或不转让部分（剩余银行）能够提供相应服务和便利，以保证私人部门购买者或者受让的过桥银行有效运作。

金融稳定委员会扩大了英格兰银行的权力，规定英格兰银行的一个重要目标是与财政部和金融服务监管局一起保护和增强英国金融系统的稳定性，并强化了相关的金融稳定政策工具和权限。金融稳定委员会由英格兰银行行长、两位副行长和四位非执行理事组成，主要作用是提供与维护金融稳定相关的建议、约束英格兰银行维稳权的使用以及控制英格兰银行在银行间支付系统中的操作等。

《2009年英格兰银行法》为此后的英国金融改革确立了指导原则与思想，但该法案依然力求在三方监管的框架内解决问题，不失为一大缺憾。

（二）《改革金融市场》白皮书

2009年7月布朗政府推出《改革金融市场》白皮书，目的是将《2009年英格兰银行法》中规定的原则具体化，同时扭转本届政府在应对金融危机时给公众造成的不良影响。白皮书共176页，分为两个部分，白皮书的前3章阐述了英国政府对国际金融危机成因的分析和已采取的应对措施，从第4章开始是改革建议，提出应当加强金融监管，成立金融稳定理事会，取代原来由财政部、英格兰银行和金融服务监管局组成的三方监管机构，进一步完善和强化金融服务监管局的职能，在加强金融监管的同时进一步促进竞争，提高金融机构风险暴露的透明度，保护消费者的利益。在控制系统性风险方面，应从观念上改变，各监管者和英格兰银行需要一道工作，把金融系统当成一个整体看待。具体内容如下。

第一，改革监管机构。首先，常规机构间合作安排的正式化。一方面新设立金融稳定理事会取代原先的委员会。金融稳定理事会的目标是分析和检查英国经济金融中出现的风险，协调三方，做出适当反应。金融稳定理事会每年定期召开会议，讨论当局对系统性风险的评估和考虑采取相应的行动。金融稳定理事会也会在必要时会面讨论特定部门和行业涉及金融稳定的风险，并协调和干预监管行动。另一方面创建民主问责制，在公共政策制定和执行时，政府将讨论设立关于金融稳定理事会的民主问责制，该机制可能通过更广泛的议会审查来实现。其次，增强金融服务监管局的治理安排和法律框架。白皮书提出，政府将重新审查金融服务监管局的法定目标和治理，以便支持金融服务监管局集中于审慎性监管、系统层面风险和提供一个清晰的立法权限来采取行动维护金融稳定。改革的其中一个目标是让金融服务监管局在监管层面考虑更加广泛的欧洲甚至全球金融稳定的影响。再次，扩大金融服务监管局的权力。在原有授权的基础上，提出应给予金融服务监管局新的权力，主要有允许金融服务监管局制定相应规章，修改《金融服务法》以确保金融服务监管局能使用自己的主动许可变化和干预权，有权惩罚未经金融服务监管局批准而行使控制性功能的个人，修改《金融服务法》以便金融服务监管局采取紧急行动来限制卖空以及相应披露等。最后，增强金融服务补偿计划的作用。政府认为当银行业出现危机时，金融服务补偿计划能够有效地发挥作用。其作用主要有三点：作为其他成员国的存款保证计划在英国的单一联系点，当其他国家的赔偿计划需要向英国金融服务企业的顾客赔偿时，作为代理人出面应对；当赔偿协议确定好后作为支付代理人，把赔偿金支付给本国金融服务企业的顾客。在新权力之下，金融服务补偿计划不一定要使用自有资金（或者提高税收）来支付赔偿，赔偿资金将由另外的计划或者有义务支付赔偿的个人提供，而且金融服务补偿计划也不用忍受因为这项工作而增加的额外管理成本。

第二，培育竞争市场。为了培育富有竞争力的金融市场，更好地为消费者服务，白皮书建议应当在提高金融服务监管局的消费者能力和快速有效赔偿（通过监管者或者法院）等方面推进改革。

第三，控制系统性风险。白皮书提出，各监管者和英格兰银行要把金融系统当成整体看待，具体措施有：加强审慎性监管，提高金融机构风险暴露的透明度，强化市场约束机制，强化具有系统重要性的批发金融市场的功能，强化金融服务监管局在监控、评估和降低由金融体系中的相互关联所导致的系统性风险方面的职能，抑制过度信用条件和风险承担行为，以降低金融传染风险，确保银行对经济波动更加富有弹性，避免加剧经济下滑。

第四，加强金融消费者利益保护。要确保消费者能够获得所需的金融服务，金融机构应该为消费者提供高度透明的金融产品，对于给大量消费者造成损害的金融产品和服务，消费者有权提起诉讼，追讨损失。

第五，加强国际和欧洲监管合作。通过统一的监管标准和措施来提高各国金融监管的水平，防范监管套利所带来的金融风险，加强以金融稳定理事会为核心的国际金融监管体系的建设。欧洲金融一体化的发展使得其内部金融风险传染的可能性大大增加，因此欧洲范围内的金融监管合作需要得到特别强调。英国是全球性金融中心，其金融服务监管局的金融监管需要有国际视角，加强跨境监管合作，加强国际金融风险预警系统的建设。

白皮书出台后，有分析认为其内容过于保守，并未触及金融体制中的深层次问题。2010 年 5 月，工党在英国大选中失利，工党政府下台，《改革金融市场》白皮书中所提出的内容并没有得到执行。

（三）2010 年新一轮的金融监管体制改革

2010 年 5 月，英国政权更迭，布朗政府下台，卡梅伦政府上台。新上台的保守党提出一系列改革金融监管体制的主张。

为维护金融稳定，重塑英国稳健安全的银行体系，英国政府于 2010 年 6 月成立银行业独立委员会，负责审查英国银行业的稳定性和竞争力并提出具体改革方案。经过调查研究并向社会广泛征求意见，银行业独立委员会于 2011 年 9 月 12 日发布银行业改革方案报告。该报告认为，银行过高的杠杆率、流动性不足以及过度的冒险行为是本次国际金融危机蔓延的重要原因，而银行自身较低的损失吸收能力使其在危机到来时无法有效开展自我救助，迫使由纳税人来承担损失与救助成本。因此，报告提出了英国银行业未来一揽子改革建议，重点包括：在零售业务和投资银行业务之间构筑"防火墙"，以防范跨行业风险传递，提高银行业监管标准，对系统重要性银行和零售性银行制定更加严格的监管标准和要求，提高损失吸收能力，增强市场活力，提升有效竞争水平等。改革建议不是回归分业经营，而是通过"母公司控股子公司分业经营"的集团架构，既有效隔离风险，又充分发挥综合经营优势；改革建议平衡了保障金融服务效率和维护金融体系安全的关系，体现了服务实体经济与降低"大而不能倒"风险的双重目标。

2010 年 7 月，英国财政部公布了《金融监管的新方法：判断、焦点及稳定性》白皮书。白皮书的主要内容包括：撤销英国金融服务监管局，在英国中央银行英格兰银行下新设审慎监管局，负责对存款类机构、投资银行和保险公司等金融机构进行审慎监管；设立金融政策委员会（FPC），增强宏观审慎层面的沟通协调，强化应对系统性风险能力；新设消费者保护和市场管理局（CPMA），维持公众对金融服务市场的信心。

虽然废除金融服务监管局，但在白皮书中仍然提出增强金融服务监管局的权力，这两者实际上并不矛盾，因为按照改革时间表，金融服务监管局将在 2012 年废除，在此前的过渡期中，仍然需要金融服务监管局在英国金融体系中扮演重要角色。

2011 年 6 月 16 日，英国财政部发布了题为《新的金融监管措施：改革蓝图》白皮书，这个包含了法律草案的白皮书堪称英国金融监管改革的里程碑。白皮书认为，英国在三方监管体系下，由英格兰银行、金融服务监管局及英国财政部三个管理当局对金融稳定共同负责，但这一体系被证明在很多重要方面是不成功的，因此提出了以确保金融体系的长期稳定和可持续性为目标的改革设想。该白皮书确定新的金融监管框架及主要政府机构在该框架中的职能，并提出新监管机构有望在 2012 年底或者 2013 年初实现；提出修改《2010 年金融服务法》，以落实改革方案，更加综合的《金融服务法》版本将于短期内公布；设立金融政策委员会；原有的英国金融服务监管局被分拆为两个机构：审慎监管局和金融市场行为监管局，其中后者以保护消费者和提升市场信心为主要责任。在这一轮机构整改过程中，新机构不仅继承原有机构的权力，同时还会增加新的权力。

根据 2011 年 6 月 16 日《新的金融监管措施：改革蓝图》白皮书，英国政府出台了《2012 年金融服务法》，对英国金融监管体制进行全面改革。从基本格局看，"准双峰"监管模式将取代既有的三方监管体制，重构的英国金融监管体系框架是：撤销原有的金融服务监管局；在英格兰银行内部建立新的金融政策委员会，专门负责宏观审慎监管；成立审慎监管局，负责微观审慎管理；成立金融市场行为监管局，负责监管所有金融服务行为；审慎监管局和金融市场行为监管局受金融政策委员会的指导。改革后的英格兰银行集货币政策制定与执行、宏观审慎监管与微观审慎监管于一身。对银行治理结构进行了修订，修改了金融稳定理事会的角色；并且新设立监督委员会；监管协调机制的重要性也更加凸显。修改了银行行长任期，从最多两个五年任期改为一个八年任期。英国新的金融监管体系框架如图 8-2 所示。

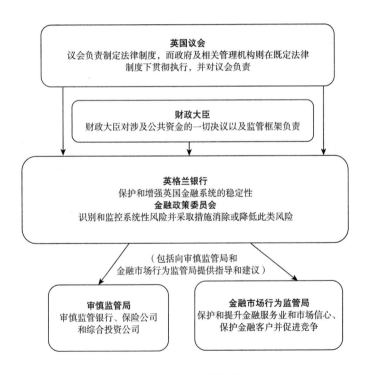

图 8-2　英国新的金融监管体系框架

二 《2012 年金融服务法》：新金融监管框架下各部门职能分析

《2012 年金融服务法》建立了三个新的金融服务管理机构，其中权力最大的一个是金融政策委员会，承担金融管理责任并监督金融部门，对另外两个新建的金融监督机构有监督和指导权。另外两个机构是审慎监管局和金融市场行为监管局，前者负责监督单个金融公司的安全和健康状况，后者负责保护消费者，使其避免受到不公平的对待，确保金融服务行业的雇员遵守规则。换言之，金融服务监管局的审慎监管职能和行为监管职能将分别由新设立的审慎监管局和金融市场行为监管局承继，而后两者在与宏观审慎监管有关的方面都将接受金融政策委员会的指导。新的法案意味着在正常时期，英格兰银行将负责金融服务业的管理和稳定，向议会负责。但是一旦出现危机，纳税人的钱受到了威胁，财政大臣将有权行动、同时对此负责。

1. 金融政策委员会

英国既有金融监管方法的缺陷突出表现在宏观审慎监管严重不足上。宏观审慎政策致力于通过集中关注系统风险来加强既有监管框架，使目光超越旨在确保单个企业安全和稳健经营的具体监管要求，找到对整个金融系统有利的安全标准，是对微观审慎监管（单个企业监管）的重要补充。金融政策委员会的设立正是为了实施宏观审慎监管。

金融政策委员会将以英格兰银行董事会下设委员会的形式存在。金融政策委员会的总体目标是帮助实现英格兰银行维护和增强金融系统稳定这一法定目标（以下简称"金融稳定目标"）。其主要职责是识别、监控并采取措施消除或减少系统性风险，以维护和增强英国金融系统的风险抵御能力。金融政策委员会履行以下四项主要职能：①监控英国金融系统稳定性，以便识别和评估系统性风险；②向审慎监管局和金融市场行为监管局发出指示；③向英格兰银行、财政部、金融市场行为监管局、审慎监管局或其他监管机构提出建议；④撰写《金融稳定报告》。此外，英格兰银行还可在征得财政部同意后安排金融政策委员会履行其他职能。总的来说，金融政策委员会将是一个位于监管框架顶峰的强大机构，在全系统范围内观察风险积累情况并采取相应行动。

金融政策委员会每半年发布一次《金融稳定报告》，对威胁英国金融体系稳定的风险因素做出总结，向市场参与者提示系统性风险。此外，金融政策委员会还具有建议权和指示权。金融政策委员会的建议权包括：一是可以建议审慎监管局和金融市场行为监管局采取措施减少风险。除不可针对单家被监管实体的微观监管提出建议之外，金融政策委员会可对审慎监管局和金融市场行为监管局监管行为的任何方面提出建议。二是可以向财政部提出建议，包括《金融服务法》下受监管的金融活动范围、金融市场行为监管局和审慎监管局职责分工等。三是可以对英格兰银行其他部门或其他市场机构和组织提出建议，但这些部门或机构并无法定义务对金融政策委员会的建议做出回应。所谓金融政策委员会的指示权，即金融政策委员会有权要求审慎监管局和金融市场行为监管局采用特定的宏观审慎工具。财政部已经赋予金融政策委员会在逆周期资本缓冲（CCB）以及部门资本要求（SCR）方面的指示权，并计划参考国际标准的进展情况，赋予金融政策委员会就因时而变的杠杆率发出指示的权力。若需要额外指示权，金融政策委员会可随时向财政部提出。逆周期资本缓冲和部门资本要求均为银行业的资本缓冲工具，在风险周期的不同阶段，采用不同资本要求可以增强银行的损失吸收能力和抗风险能力。运用逆周期资本缓冲，金融政策委员会可以在正常的微观审慎标准之上，要求审慎监管局对英国银行业所有风险暴露采用更高的资本要求。而通过运用更具针对性的部门资本要求，金融政策委员会可以对住房贷款、商业贷款等金融体系特定部门采用更高资本要求；也可以做出更为细致的安排，如对贷款与资产价值之比较高或贷款与收入之比较低的住房抵押贷款暴露采用更高资本要求。当金融稳定面临威胁时，金融政策委员会可以提高逆周期资本缓冲和部门资本要求，要求银行提高资本缓冲以应对潜在冲击；而当金融体系风险减退时，则可考虑减少之前额外增加的资本要求。

金融政策委员会每季度都开展以下工作：一是收集英格兰银行经济学家的调查研究结果，了解最新经济金融进展，并参考其对于特定问题的看法。此外，金融政策委员会还从英格兰银行的市场部门，以及银行、交易经纪商、资产管理公司、基金公司等金融机构获取市场信息，从审慎监管局和金融市场行为监管局获取监管信息。二是金融政策委员会探讨与英国金融体系稳定相关

的问题，鉴别在哪些领域需要以及如何进行宏观审慎干预。三是
召开会议制定宏观审慎政策。金融政策委员会的新建议或指示须
由英格兰银行行长或负责金融稳定的副行长在场，获得多数与会
者通过。政策会议也对之前的建议或指示做出回顾和评估，决定
是否保留。四是金融政策委员会将建议和指示发到相关部门和机
构，公布会议纪要，每半年通过《金融稳定报告》发布金融市场
评估和展望。

2. 审慎监管局与金融市场行为监管局

（1）监管目标和职责。审慎监管局的监管目标包括一般监管
目标（促进审慎监管局许可实体的安全性和稳健性）和保险监管
目标（确保保单持有人或可能成为保单持有人的人享有适当程度
的保护），为适应未来可能的发展，规定财政部在必要时可以以
命令的形式为审慎监管局确立新的目标。主要职责是对银行、房
屋互助协会、信用合作社、保险机构以及主要的投资机构等进行
审慎监管。

金融市场行为监管局战略目标单一，即保护和增强对英国金
融系统的信心。作为补充，金融市场行为监管局还有三项操作目
标，即消费者保护目标（确保消费者受到适当程度的保护）、健
全性目标（保护和增强英国金融体系的健全）以及效率与选择目
标（促进市场上的效率和选择）。此外，金融市场行为监管局在
履行职能时还必须致力于促进市场竞争。由金融服务监管局行使
的对认可投资交易所（简称"认可交易所"）的认可和监管权、
由金融服务监管局作为英国上市主管机关行使的职权都将继续由

金融市场行为监管局行使。

（2）监管范围。审慎监管局负责对吸收存款机构（包括银行、房屋互助协会和信用合作社）、保险公司、大型投资公司或复杂投资公司（证券公司）进行审慎监管，金融市场行为监管局负责对一般投资公司、投资交易所（证券交易所）及其他金融机构（如保险经纪公司、基金管理公司等）进行审慎和行为监管。换言之，银行、保险公司和某些投资公司（即具有审慎重要性的金融机构）由审慎监管局和金融市场行为监管局进行双重监管，而其他所有金融机构则由金融市场行为监管局单独监管。

受审慎监管局监管的活动是指由审慎监管局负责进行审慎监管的金融活动。白皮书授权财政部以命令的形式明确"受审慎监管局监管的活动"的定义，并规定财政部可以授权审慎监管局确立相关标准和制定相关规则。审慎监管局许可实体是指经审慎监管局许可从事包括一种或多种受审慎监管局监管的活动在内的受监管活动的被许可实体。所有吸收存款机构和保险公司均为审慎监管局许可实体。此外，若审慎监管局认为某些投资公司有可能对金融系统稳定性或该公司集团内的一个或多个受审慎监管局监管实体造成重大风险，亦可将其纳入审慎监管范围。审慎监管局审慎监管六类机构：存款吸收机构、一般保险机构、人寿保险机构、劳埃德保险市场的管理代理人、劳埃德保险市场机构和主要交易机构。

金融市场行为监管局最初负责对英国金融服务业约 25000 家公司进行监管，2014 年 4 月 1 日起新增约 50000 家消费信贷公司。为促进支付体系竞争和创新、保护支付服务使用者权益，2015 年

4月1日设立了支付系统监管局（PSR）负责对财政部指定的重要支付系统进行监管。金融市场行为监管局监管的部门或机构包括托管银行、基金管理公司、信用合作社、零售性银行、房屋互助协会、寿险公司、保险中介公司、抵押中介公司、抵押贷款机构、财务咨询公司、财务管理公司等。

审慎监管局监管的机构同时也受到金融市场行为监管局监管。对于这些机构，审慎监管局负责其资本充足率、流动性等审慎监管问题，金融市场行为监管局负责行为监管，包括金融产品监管、金融犯罪行为防范等；新机构设立、高管任职资格须经审慎监管局、金融市场行为监管局双方同意，审慎监管局起主导作用；当金融市场行为监管局做出的决策可能影响金融体系稳定时，审慎监管局有权否决。而对于其他机构，金融市场行为监管局承担审慎监管和行为监管两项职责。

（3）监管原则和方法。《新的金融监管措施：改革蓝图》白皮书规定了审慎监管局和金融市场行为监管局必须共同遵循的六项监管原则：①以最有效、最经济的方式使用各自的监管资源；②对特定主体或特定活动施加的负担或限制应当同施加该负担或限制的预期收益成比例；③消费者应当对自己的决定负责；④监管对象的高管层应当对监管对象的合规情况负责；⑤在适当情形下，由监管机构公布受监管实体的信息或者要求后者公布信息，以帮助实现各自监管目标；⑥监管机构应当尽可能透明地履行职能。

审慎监管局的监管方式一是监管法规，即设定标准或政策；二是有效监管，即评估受监管机构对金融稳定造成的风险，必要时采取措施消除风险。这种监管方式的特点一是以审慎判断为基础；二是对未来一定范围内影响监管目标和系统稳定的各种风险进行前瞻性考虑，预先干预，排除风险；三是监管有重点，合理分配监管资源。

审慎监管局采取所谓"判断导向"监管方法，其核心要素是在进行决策和采取行动时拥有更大的自由裁量权。这种方法将集中于前瞻性分析，同时也将分析单个企业倒闭时如何对其进行处置、这种做法对包括其他审慎监管局许可实体在内的整个金融系统可能造成的影响以及公共资金的可能用途。作为其主动监管方法的一部分，审慎监管局将根据上述分析来识别企业自身的弱点，并在适当时运用主动干预权，要求企业改正这些弱点。表8-2是审慎监管局"判断导向"监管方法的具体表现。

表 8-2　审慎监管局"判断导向"监管方法的具体表现

规则	(1) 更多地使用原则，"目的性"地使用和强制实施其制定的规则，要求监管对象的行为不仅符合规则的文字，还要符合规则的"精神"； (2) 审慎监管局必须在所制定的规则中包含简短的目的说明，以便受监管企业理解规则背后的原理及其希望达到的结果
许可	在金融市场准入方面行使判断权时，审慎监管局将着眼于企业整体来进行考虑，只有当其认定企业受到审慎的管理并拥有可行的业务模式和有效的风险控制机制时才会批准申请
被批准人员	审慎监管局将运用"判断导向"的方法来确定个人是否适于行使首席执行官等重大影响力职能

具体来说，金融市场行为监管局的战略目标是保证相关市场良好运行。为实现这一战略目标，金融市场行为监管局设定了三

大操作目标：①金融消费者保护目标——确保适度的金融消费者保护；②诚信度目标——保护和提升英国金融市场的诚信度；③竞争性目标——从金融消费者利益角度出发促进金融市场的有效竞争。金融市场行为监管局在保护消费者方面采取了多种措施和方法。第一，制定金融机构履行基本义务的 11 项原则：诚信，具备适当的技能并尽职尽责，管理和控制风险，财务稳健，遵守市场行为的正当标准，充分考虑消费者利益，向客户进行信息披露并充分考虑客户获取信息的需求，公平处理利益冲突，建立消费者信任，对客户资产提供保护，向监管者披露信息等。第二，利用贯穿于整个监管周期内的各种监管工具在所有监管环节保护金融消费者。在许可环节，金融市场行为监管局的许可部门采用"阈值条件"分析金融机构的整个业务模式（包括非金融市场行为监管局监管的业务），一旦金融机构风险过高，金融市场行为监管局会拒绝其业务申请，确保新进入者不会对消费者形成不可承受的风险。在日常监管环节，金融市场行为监管局的监管体系分为金融机构系统评估框架（FSF）、事件驱动监管、问题与产品监管三个核心。在执法环节，金融市场行为监管局将对违反规则的金融机构采取强硬和具有意义的行动，如公开谴责、罚款、市场禁入、停业整顿等，对行为不当的金融机构予以处罚，以形成足够有效的威慑。在打击金融犯罪环节，采取反洗钱、打击恐怖主义融资、防止贪污贿赂、保护信息数据安全和防止金融欺诈等行动。

《2012 年金融服务法》还对金融市场行为监管局在执行具体监管任务时需遵守的八项原则做了规定：①高效和经济原则——

金融市场行为监管局需以高效和经济的方式分配资源，财政部可对金融市场行为监管局监管行为的资金使用情况进行监督；②比例性原则——金融市场行为监管局需确保其监管行为的成本与收益成比例，主要技术手段是执行成本-收益分析；③可持续性增长原则——金融市场行为监管局需确保英国经济在中长期保持可持续增长态势；④消费者责任原则——金融市场行为监管局应引导消费者对其消费决定负责；⑤高管人员责任原则——金融市场行为监管局应引导受监督机构的高管人员对机构的行为负责，确保符合相关的监管要求；⑥识别不同监管主体差异原则——根据《2000年金融服务与市场法》的相关要求，在适当情况下金融市场行为监管局需识别不同受监管主体的差异；⑦公开及披露原则——金融市场行为监管局应自行或要求受监管机构主体及个人公开发布相关市场信息，增强市场秩序并促进消费者对金融相关问题的知情权；⑧透明度原则——金融市场行为监管局在履行监管职责时应及时向社会大众报告及与被监管机构沟通监管决定。

3. 英格兰银行和财政部监管职责的变化

《新的金融监管措施：改革蓝图》白皮书明确和强化了英格兰银行的金融稳定职能，此外还进一步规定，英格兰银行董事会必须根据其金融稳定目标制定金融稳定战略，并不时审查，在必要时修订该战略。在已负责的银行业特别决议机制的基础上，英格兰银行将发挥更大的危机处理功能，同财政部之间也将有更为明晰的职责划分。根据白皮书，所有涉及公共资金的决定最终仍将由财政大臣负责做出，但英格兰银行必须向前者及时提供决策所需信息。除此之外，英格兰银行还将对具有系统重要性的金融市场基础设施直接进行审慎监管。此前，英格兰银行根据《2009年银行法》已获得对支付系统的监管权，白皮书进一步赋予其对结算系统和作为中央对手方的认可清算所的监管权。认可交易所将继续由承继金融服务监管局行为监管职能的金融市场行为监管局监管，但那些既提供交易所服务又提供中央对手方清算服务的机构则将受到双重监管：其作为认可清算所开展的业务由英格兰银行监管，作为认可交易所开展的业务则由金融市场行为监管局监管。

英格兰银行开始兼具宏观审慎监管与微观审慎监管的双重职能：宏观审慎监管通过货币政策委员会来维持金融体系的稳定和活力，而微观审慎监管则通过审慎监管局得以实现。一旦货币政策委员会认为存在影响金融稳定的因素时，则可以向金融市场行为监管局和审慎监管局发布指令，要求两者采取必要的措施以实施宏观审慎监管。

财政部与英格兰银行之间合作主要体现在日常建议及危机管理两方面。财政部每年向金融政策委员会发出书面通知，告知政府的经济政策方向，并对金融政策委员会维护金融稳定的职责提出建议；而金融政策委员会也可就审慎监管范围以及需要采用的宏观审慎工具等事项向财政部提出建议。危机中，为保护公众资金，财政部有权要求英格兰银行向特定机构提供援助或采用特定种类的维稳工具。

4. 新的监管协调机制

清晰、及时、有效的监管协调机制的缺位是英国金融监管体制在危机中暴露出的重大缺陷，也是改革的重点关注事项。正如白皮书所指出的那样，每个监管机构都需要同其他机构进行有效协调，以便将市场主体的监管负担减到最低，并确保有关事项不会因为监管缺口而被遗漏。

（1）审慎监管局与金融市场行为监管局之间的协调

①一般协调机制

审慎监管局和金融市场行为监管局之间的一般协调机制包括法定协调职责、法定谅解备忘录和审慎监管局的"否决权"。

白皮书明确规定，审慎监管局和金融市场行为监管局在行使各自的"限定职能"时必须相互协调。对于金融市场行为监管局而言，限定职能是其与监管被许可实体有关的职能或者与审慎监管局行使类似或相关职能的事项有关的其他职能；对于审慎监管局而言，其所有公共职能均为限定职能。而对于行使限定职能的任一监管机构而言，所谓"共同监管利益"是指另一监管机构对相同主体行使类似或相关职能，或者另一监管机构对其他主体行使职能但涉及类似主题，抑或前者对限定职能的行使可能影响后者追求其目标。根据白皮书的规定，审慎监管局和金融市场行为监管局必须签订和保持一份谅解备忘录，说明其在行使与监管被许可实体或者与具有共同监管利益的事项有关的限定职能时各自扮演的角色，及其在行使此种职能时将如何遵行上述协调职责。同时，谅解备忘录还必须规定审慎监管局和金融市场行为监管局在以下几个方面的协调问题：与国外监管当局之间的关系；与新成立的欧盟金融监管当局（即欧洲银行业监管局、欧洲证券与市场监管局和欧洲保险与职业年金监管局）之间的关系；行使其与金融服务补偿计划有关的职能。审慎监管局和金融市场行为监管局必须至少每年对谅解备忘录审查一次。

②具体监管过程和领域内的协调机制

a. 经营许可的申请和给予

对于金融业务经营许可的申请原则，白皮书的规定是向审慎监管者申请，即由负责对申请人进行审慎监管的机构（对于双重监管企业而言是审慎监管局，对于其他企业而言是金融市场行为监管局）来统一受理和审批该申请人的所有申请。具言之，申请人应当向所谓"适当监管者"提出申请：当申请从事的受监管活动构成或包括受审慎监管局监管的活动，或者申请人是审慎监管局许可实体时，适当监管者为审慎监管局；其他情形下均为金融市场行为监管局。这种单方负责制免除了申请人向不同监管机构分别提交申请的负担，有助于提高准入效率。不过，为了确保必要的协调，审慎监管局在给予申请人（双重监管企业）许可之前必须征得金融市场行为监管局的同意。此外，若申请人所在集团中有审慎监管局许可实体，则金融市场行为监管局必须咨询审慎监管局。

b. 经营许可的变更和撤销

经营许可的变更和撤销分为依申请变更（撤销）和依职权变更（撤销）。

依申请变更（撤销）的程序和权力与申请过程相对应。应非审慎监管局许可实体申请，金融市场行为监管局可以变更其经营许可，变更方式包括在经营许可中增加某项受监管活动（但不得是受审慎监管局监管的活动）、去除某项受监管活动或者改变金融市场行为监管局许可的某项受监管活动的范围。金融市场行为监管局亦可应经营者申请撤销其经营许可。但金融市场行为监管局有权拒绝变更或撤销经营许可的申请,若其认为这样做有利于推进其任何一项操作目标。此外,若申请人所在集团中有审慎监管局许可实体,则金融市场行为监管局必须咨询审慎监管局。同样地,应审慎监管局许可实体申请,审慎监管局可以变更其经营许可,具体方式同上,但需征得金融市场行为监管局同意;非审慎监管局许可实体亦可向审慎监管局申请在其许可中增加某项受审慎监管局监管的活动,但审慎监管局在给予许可前必须征得金融市场行为监管局同意。应审慎监管局许可实体申请,审慎监管局可以撤销其申请,此时无须征得金融市场行为监管局同意。与金融市场行为监管局一样,审慎监管局可以拒绝变更或撤销许可的申请。

c. 规则的制定及豁免

当涉及审慎监管局和金融市场行为监管局双重监管企业时,针对同一企业中的相同功能,双方可能都会制定规则。因此,为了确保监管的连贯和协调,审慎监管局和金融市场行为监管局有必要相互协商。基本原则是,二者只能基于各自的监管目标来制定规则,例如,审慎监管局不得制定主要定位于消费者保护或市场行为的规则,金融市场行为监管局也不得制定适用于双重监管企业的审慎规则。为此白皮书规定,审慎监管局和金融市场行为监管局在制定任何规则之前都必须相互协商。若协商无法取得一致,可以选择咨询金融政策委员会;后者可以向双方提出建议,并可根据需要附加"或遵行或解释"。当然,如前所述,审慎监管局还有另一种可能的选择，即动用其否决权来阻止金融市场行为监管局制定相关规则。

除制定一般性规则之外，有时可能需要针对特定企业或企业集团豁免适用或修改某些规则。根据现行规定，若相关规则对于受影响企业不适用或者过于繁重，金融市场行为监管局可以应企业申请或者依职权豁免该规则的适用，例如，允许企业使用与国际标准模式有差异但对其业务而言更适当的资本模式。根据白皮书，审慎监管局和金融市场行为监管局将同样有权豁免适用或修改其自身制定的规则；但当涉及审慎监管局许可实体或审慎监管局许可实体所属集团的其他成员时，审慎监管局和金融市场行为监管局在做出豁免或修改决定之前必须相互协商。

（2）金融政策委员会与审慎监管局和金融市场行为监管局之间的协调

用英国财政部的官方表述来说，作为微观监管者的审慎监管局和金融市场行为监管局与作为宏观审慎监管者的金融政策委员会之间的关系主要表现为事关金融稳定的信息、建议和专业知识的合作性的双向交流，即金融政策委员会需要充分了解审慎监管局和金融市场行为监管局各自监管领域内可能影响金融稳定的任何新情况，包括后者对这些情况的严重性的评估。反过来，金融政策委员会可以就事关金融系统稳定及其风险的所有问题向审慎监管局和金融市场行为监管局提供建议和专业知识，在必要时金融政策委员会还可以向两家微观监管机构发出有约束力的指示和具有准约束力的"或遵行或解释"的建议。

金融政策委员会还可以在审慎监管局和金融市场行为监管局

之间扮演仲裁员的角色。当审慎监管局和金融市场行为监管局就特定事项存在争议且无法通过协商加以解决时，如果事关系统稳定性，双方可以选择听取金融政策委员会的意见和建议。不过，这种做法是审慎监管局和金融市场行为监管局的权利而非义务，并不意味着自动要求后者就规则制定和执行咨询金融政策委员会。

（3）英格兰银行与金融市场行为监管局之间的协调

英格兰银行与金融市场行为监管局的协调集中体现在对认可清算所的监管上。尽管英格兰银行将成为认可清算所的审慎监管机构，但其仍需要在许多关键领域同金融市场行为监管局密切合作，包括：①认可清算所与由金融市场行为监管局进行审慎和行为监管的认可交易所和其他交易平台之间的连接；②对自我清算的交易所（即自行提供中央对手方清算设施的认可交易所）与包括单独的认可交易所和认可清算所在内的集团的监管；③英国在欧洲证券与市场监管局（金融市场行为监管局将在其中代表英国）中的代表权问题；④与中央对手方认可清算所有关的任何业务行为问题。此外，根据白皮书的规定，在英格兰银行追求其金融稳定目标的过程中，金融市场行为监管局必须采取其认为适当的方式与前者进行合作，合作方式包括但不限于共享金融市场行为监管局不被禁止披露的信息。

（4）英格兰银行与审慎监管局之间的协调

无论从地位（英格兰银行的子公司）还是职能（审慎监管）看，审慎监管局与英格兰银行的关系都比金融市场行为监管局更为密切，因此包括信息共享在内的协调义务和机制更为具体明确。通过将审慎监管局设置为英格兰银行集团的一员，政府期待英格兰银行和审慎监管局的官员之间建立起持续、密切的工作关系，使得有关金融稳定的信息在二者之间自由共享。英格兰银行、审慎监管局和金融市场行为监管局都将有权从其直接监管的企业处收集信息，而审慎监管局还将承继金融服务监管局所拥有的、为金融稳定需要而从非受监管实体处收集信息的特别权力。这样，审慎监管局将从审慎监管局许可实体和非受监管实体处收集英格兰银行集团所需要的信息（与英格兰银行的货币和流动性职能有关的信息除外，因为这些信息根据《1998 年英格兰银行法》可以由英格兰银行直接收集）。白皮书明确规定，无论英格兰银行是否提出请求，审慎监管局都必须向前者披露在其掌握之中的、在其看来有助于或可能有助于前者实现金融稳定目标的信息。

图 8-3 是以英格兰银行为核心的新金融监管框架。从中可以看出，英国新金融监管框架的重要特征之一是规定了财政部、英格兰银行与金融市场行为监管局之间的合作机制，将货币政策与监管政策相结合，确保在货币稳定、经济和就业增长的同时实现金融稳定；同时将宏观审慎监管与微观审慎监管相结合，确保单个机构审慎经营，金融体系稳健发展。

货币政策委员会（MPC）、金融政策委员会以及审慎监管局董事会三者的成员都存在重合，其中行长和负责金融稳定的副行长为三大委员会/董事会的共同成员。这确保了英格兰银行内部各个机构之间信息交流的有效性和政策的一致性。具体而言，货币政策委员会及金融政策委员会双方在制定政策时都将考虑其政

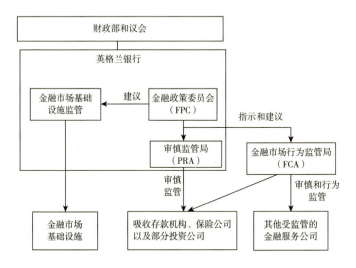

图 8-3　以英格兰银行为核心的新金融监管框架

策对于经济增长和金融稳定两个方面的影响。金融政策委员会认为货币政策给金融稳定带来显著威胁，且无法通过宏观审慎政策得到化解时，应向货币政策委员会提出。而金融政策委员会和审慎监管局之间的配合体现在：审慎监管局按要求向金融政策委员会报送被监管机构相关信息和分析报告，参与金融政策委员会决策会议；金融政策委员会根据其对整体风险的研判，对审慎监管局提出进行微观审慎监管的指示和建议。

　　审慎监管局和金融市场行为监管局之间也存在密切的协作关系，双方的首席执行官互为对方董事会成员。法律规定两家机构在制定政策和执行监管时都必须进行协调。而金融政策委员会和金融市场行为监管局之间的沟通体现在：一方面，金融政策委员会对金融市场行为监管局具有指示和建议权；另一方面，金融市场行为监管局首席执行官作为金融政策委员会的投票成员，直接参与宏观审慎政策的制定。图 8-4 是英格兰银行三大政策制定机构的成员构成。

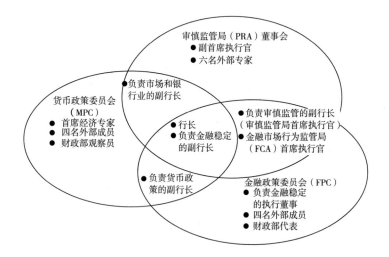

图 8-4　英格兰银行三大政策制定机构的成员构成

注：负责市场和银行业的副行长定期参加金融政策委员会会议。金融政策委员会的财政部代表为非投票成员。

资料来源：英格兰银行网站。

5. 英国新金融监管框架的特征与弊端和问题

新金融监管框架呈现以下基本特征。

一是强化了中央银行在金融监管中的核心地位。金融危机的爆发凸显了进行逆周期宏观审慎管理、及时防范和化解金融体系风险的必要性。在新的金融监管框架下，宏观审慎管理机构的设立使英格兰银行在金融监管中的地位有了实质性的变化。英格兰银行集货币政策制定执行、宏观审慎管理和微观审慎监管职能于一身，维护金融稳定的职责得以强化。一方面，英格兰银行能够根据信贷周期和经济周期的发展变化，有效配合货币政策和宏观审慎政策；另一方面，英格兰银行不仅可以通过审慎监管局了解金融体系的发展状况，及时发现威胁金融稳定的风险因素，还可以根据整体金融风险形势变化和宏观审慎管理需要，通过权力强大的金融政策委员会指示或建议审慎监管局对特定部门或机构采取监管行动，宏观审慎监管和微观审慎监管相结合，确保了宏观审慎监管政策在防范系统性风险中的合理性和有效性。

二是加强了监管机构之间的信息共享及沟通协作。在新的金融监管框架下，三大监管机构金融政策委员会、审慎监管局以及金融市场行为监管局之间建立了较为完善的信息共享和沟通协作机制。这一方面体现在监管框架的组织架构设计上，金融政策委员会和审慎监管局同为英格兰银行下属机构，而金融政策委员会、审慎监管局董事会和金融市场行为监管局董事会成员都存在重叠，这为各机构进行直接的政策交流和互动提供了平台。另一方面，与危机之前财政部、英格兰银行和金融服务监管局之间非正式的合作关系不同，《金融服务法》《英格兰银行法》等法律规定了危机后三大监管机构的权利和义务，各机构之间签订的正式合作备忘录则进一步明确了彼此在不同领域的分工合作，完善的法律规定和问责机制为有效沟通提供了保障。

三是建立了以央行为主导、分工明确的处置机制。《英格兰银行法》规定英格兰银行为金融机构处置当局，且明确了英格兰银行与其他机构在处置程序中的分工合作：微观审慎监管者审慎监管局及金融市场行为监管局根据监管指标变化，判断被监管机构是否存在破产风险；财政部负责判断使用处置工具能否实现维护金融体系稳定的目标，进而是否需要动用公众资金；而英格兰银行的处置职责贯穿始终，包括判定是否启动处置程序、选定处置工具、执行处置程序以及配合政府接管问题机构。英格兰银行在处置机制中的主导地位有助于及时发现和化解单个机构风险，保障金融服务，维护公众对金融体系的信心，从而避免单个机构风险传导至整个金融体系。

英国新金融监管框架以英格兰银行为核心，有利于信息沟通合作以及各类政策的一致性，但也存在一定的弊端和问题，表现如下。

一是英格兰银行的权力过于集中，可能影响其政策的合理性。英国工党前影子大臣 Ed Balls 曾指出，在危机前的监管架构下，财政部、英格兰银行和金融服务监管局三足鼎立，能够通过辩论产生较为合理的政策方案；而目前英格兰银行一家独大，缺乏制约。他还认为，审慎监管局应当与财政部建立直接联系。金融稳定理事会 2013 年组织的有关英国监管框架同行评估报告指出，事实上英格兰银行几位高层做出很多重大决策，群体思维风险增加，因此金融政策委员会和审慎监管局董事会中独立外部成员的角色十分重要。

二是金融政策委员会指示权的界定还有待进一步明确。金融稳定理事会同行评估报告指出，金融政策委员会向审慎监管局、金融市场行为监管局发出的关于金融机构及其风险的指示只是一般性原则还是具体要求尚不明确。如果指示过于具体，金融政策委员会对审慎监管操作层面的问题就有很大影响力，可能导致金融政策委员会与审慎监管局、金融市场行为监管局的冲突。标准麦加利（渣打）银行首席执行官 Peter Sands 认为，金融政策委员会可以就银行业整体或特定部门的贷款提出资本要求，事实上可以影响经济中各个部门的银行信贷；金融政策委员会权力过大，但不一定具备足够的履职能力。

三是金融稳定决策对金融行为风险考虑不足。金融稳定理事会同行评估报告指出，金融政策委员会对银行资本的要求关注较多，金融政策委员会与审慎监管局的关系比与金融市场行为监管局的关系更为紧密；由于金融从业道德和行为对金融稳定也可能产生较大影响，应通过加强行为监管来降低风险，因此金融政策委员会与金融市场行为监管局应建立更为密切的合作关系。

总之，2008 年金融危机后，英国金融监管体制改革较为全面、力度很大，力图强化中央银行的地位和宏观审慎监管的作用。确立的新的金融监管框架有利于避免旧框架中可能出现的相关部门过多而相互扯皮的现象，有利于及时防范和化解系统性金融风险。但英格兰银行作为新监管框架中的核心机构，有必要大大强化监管能力，处理好与其他相关机构的关系，加强货币政策调控与金融监管的协调，实现货币调控与维护金融稳定的有机结合。

第七节　未来英国金融监管体系的改革取向

在后金融危机时代，为维护金融稳定，重塑英国稳健安全的银行体系，英国政府于 2010 年 6 月成立银行业独立委员会（ICB），负责审查英国银行业的稳定性和竞争力，英国银行业独立委员会秉承提升银行业稳健性、保护纳税人及消费者利益的基本职能，主要从四个方面提出了对英国银行业改革的建议。

一 适度隔离商业银行的零售业务

国际金融危机爆发之前，混业经营是欧美国家金融机构的主流经营模式。然而，国际金融危机爆发之后，许多商业银行由于资产方的头寸损失或变现困难，负债方的融资来源受阻，或者遭受巨大的亏损，或者出现严重的流动性困难，零售性银行业务的客户反而因此受到直接损害，挤兑成为他们最为本能的反应。政府为维护金融市场参与者的信心和金融市场稳定，被迫对金融机构开展了大规模的救助活动。上述循环实质上是普通纳税人对大型金融机构的一种变相补贴。为改变这种状况，英国银行业独立委员会提出对商业银行集团旗下的零售性银行业务进行适度的隔离和保护。其主要措施为：在零售性银行业务与投资银行业务以及批发性银行业务之间建立"防火墙"，禁止零售性银行业务的资金沉淀用作其他高风险业务，并对零售性银行实行独立和更为严格的资本要求。①

二 引入更为严格的资本充足率

国际金融危机爆发之后，一些资本充足率满足巴塞尔委员会最低资本要求的商业银行同样不堪一击，从而表明现有的资本管理存在着严重的缺陷。在资本充足监管方面，英国银行业独立委

---

① 王清、陈团廷：《英国银行业改革方向：防范跨行业风险传递》，《金融发展评论》2011 年第 12 期，第 31~33 页。

员会建议对影响英国系统性风险的大银行和从事零售性银行业务
的机构施加10%的一级资本（股权资本）要求；对于其他类型的商
业银行，可采用巴塞尔委员会改革建议的7%的一级资本要求。英
国银行业独立委员会引入根据机构主要业务类型不同而实施差别化
的资本充足要求，这是后金融危机时代商业银行监管改革中的一
大创举。更高的资本充足要求和对零售性银行业务的"特别对
待"，显示了英国银行业独立委员会对通过资本充足管理提升整
个银行体系稳健性和加强对零售性银行业务消费者保护的决心。

三 推动形成高度竞争的银行体系

英国银行业独立委员会认为集中化程度较高的银行业，限制
了银行之间的竞争，不利于商业银行更好地为客户特别是零售性
银行客户服务。为此，提出了促进商业银行之间竞争的众多举
措。一是建议劳埃德银行在已提上日程的出售600家分行的基础
上，考虑出售更多的分支机构，降低该行在英国零售性银行业务
市场的份额；二是建议大力提升客户转换服务银行过程中的便捷
性，在转移账户过程中强调应特别关注客户的保密性，客户对服
务机构的自由选择可促进商业银行改善服务水平；三是建议在英
国金融监管机构未来的改革中，应将是否能够促进金融机构之间
的有效竞争作为重要的考量因素之一；四是建议在银行准入方
面，可通过鼓励较小的商业银行采用更为先进的风险管理技术、
与其他银行共享管理经验、为新进入者提供必要支持等措施适度
降低银行业新进入者的准入门槛。推动形成竞争程度更高的商业
银行体系，是英国银行业改革与其他国家以及国际金融监管机构

改革相比较而言更为独特和新颖的内容，体现了英国银行业独立委员会保护消费者利益的基本出发点。

四 建立债权人损失分担机制

英国银行业独立委员会认为在必要时应当由债权人而非纳税人或储户承担商业银行损失，这样做能够加强债权人对商业银行经营管理应有的监督。英国银行业独立委员会据此建议商业银行债务可以作为一种或有资本，在当商业银行一级资本或总资本水平低于某一临界值之时，通过注销债务或启动"债转股"程序，维持商业银行的资本充足。此外，英国银行业独立委员会还建议引入"挽救性债券"机制，即当商业银行难以运转但还不至于破产之时，通过注销债券或"债转股"等手段优化商业银行的资本结构，保障商业银行的持续经营。关于债权人损失分担机制的建议，都是通过牺牲债权人的部分利益来降低商业银行出现危机的可能性，并减轻冲击力，体现了英国银行业独立委员会将维护储户和纳税人利益作为改革的核心原则。然而，由于此类债券可能缺乏有效的市场需求，债权人分担损失机制的有效实施还存在着较大的障碍。

英国银行业独立委员会关于银行业改革的建议，由于内容牵涉面较广，将可能产生一系列重要的影响。首先，商业银行经营管理成本上升。英国多数本土商业银行为达到资本充足率监管要求，需要经历权益性资本的融资过程，对资金的争夺将提高商业银行的融资成本。其次，商业银行获利能力将下降。在更高的资本充足率的要求之下，商业银行很可能被迫主动收缩资本消耗较大同时也是赢利能力较高的业务。由于对零售性银行业务实施隔离，投资银行业务和批发性银行业务失去了相对廉价的资金来源，两类赢利水平较高业务的占比可能会相对下降，整体上降低商业银行的获利能力。再次，商业银行或将加大金融创新力度。每一次金融监管的改革都会诱发大规模的金融创新，毫无疑问，英国银行业独立委员会此次关于银行业改革的建议，也将为商业银行提供较为广阔的创新空间，极有可能成为英国商业银行进行新一轮金融创新的重要领域。最后，银行业的改革无疑将使得金融监管当局的监管难度和监管成本加大，国别监管要求的差异将诱发监管套利行为。从长远看，后金融危机时代的改革将有助于逐渐提升英国金融系统的稳定性，并可能在长期内成为强化伦敦国际金融中心地位的推动力。

第九章

英国金融组织变迁的启示

第一节 保持中央银行独立性，完善金融立法

在金融立法方面，英国 1969 年、1979 年、1987 年、1998 年、2009 年多次修改制定《英格兰银行法》，其中体现了中央银行法学的最新研究成果，顺应了中央银行法发展的潮流，对于中国具有极大的参考价值。

一 进一步揭示中央银行的货币政策本质，增强独立性

在三百多年的历史中，英格兰银行作为国家银行的角色从未发生改变，但它所负责的其他事务则随着经济的发展和政治的演进发生过多次改变。1970 年以前，英国从未有过正式的金融监管体系，对银行的监管主要是基于非正规的自律性原则和英格兰银行的道义劝说。但随着金融机构的数量迅速扩大，英国现代银行体系的雏形和构架开始构成，《1979 年英格兰银行法》正式确立

法定监管体系。英国 20 世纪 80 年代的金融自由化改革打破了金融体系的专业化分工，各种金融机构之间的界限越来越模糊，客观上需要一个机构对所有金融机构进行统一监管。当时英国多个监管机构，监管成本高，监管力度不足，在一定程度上引发了英国 90 年代的金融危机。英格兰银行对政府的依赖使其在行使货币政策权和金融监管权时存在潜在的利益冲突，因此有必要将两种权力分离。《1998 年英格兰银行法》剥离了中央银行货币政策职能与金融监管职能，因为金融监管并不是中央银行的本质职能，英国将英格兰银行的非本质职能剥离出去，使它可以专门履行中央银行的职能，实为明智之举。作为中央银行，最重要的职责就是制定和执行具有高度连续性的货币政策，促进经济的长期稳定和繁荣。为了有效地履行这一职责，客观上要求中央银行在地位上具有高度独立性，因此，英国政府主动提出增加英格兰银行在制定和执行货币政策方面的权力。

英格兰银行自成立之初就与政府关系密切，甚至一度被英国政府收归国有，独立性仅限于协助政府制定货币政策并实施，直至 1997 年的独立性改革。英国政府在 1997 年 5 月做出了改革中央银行的重大决定：一是授予英格兰银行货币政策决定权，二是成立没有政府代表的货币政策委员会。正是这次改革使英格兰银行走上了独立化的道路。英格兰银行具有相对独立性。英格兰银行名义上隶属财政部，但实际上所享有的独立性要远远高于法律所赋予的独立性。除了依照银行法执行对银行业的监管之外，还承担了金融市场的管理职能。实践中财政部一般尊重英格兰银行的决定，英格兰银行也主动寻求财政部支持而相互配合。英格兰银行的独立性体现在以下方面。

1. 人事独立性

作为英格兰银行最高决策机构，英格兰银行理事会的 16 名成员没有政府代表。下院议员、政府工作人员不得担任理事。

2. 经济独立性

英格兰银行一般不给政府垫款，只提供少量的隔夜资金融通。英格兰银行通过每周对国库券招标、卖出国库券筹集资金来解决政府的融资需要。

3. 政策独立性

《1998 年英格兰银行法》把原法中"财政部有权对英格兰银行发布命令"改为"与货币政策无关的问题，财政部有权对英格兰银行发布指令"，由此，英格兰银行取得了较大的法律独立性。在货币政策工具的运用方面，英格兰银行有直接决定的权力。而且，为使货币政策决策免受各种政治压力，《1998 年英格兰银行法》规定，政府的各部部长、其他依靠国会拨款的政府部门工作人员，以及英格兰银行理事会的理事不得担任货币政策委员会的委员。此外，财政部向英格兰银行发出的有关货币政策目标的书面指示必须公开发表，并且要提交国会备案。由此看出，英格兰银行在政策制定和实施上具有较大的独立性。

中国在加入 WTO 之后，也面临着对金融创新和新兴金融工具进行监管的问题。如果要进行有效监管，监管主体就不应该拥有互相冲突的职能。这都要求中国人民银行只负责货币政策，银监会负责金融监管。二者不能相互冲突，并且相对独立行使职能，共同配合接受国务院直接领导。

二 中央银行的工作高度透明，促进了经济民主

绝对的权力会导致绝对的腐败，法律既要使中央银行具有高度的独立性，也应使这一独立的权力不被滥用。英格兰银行法中的防范措施主要表现在两个方面，一是关于透明度和经济民主的规定。比如法律对英格兰银行提出了公示要求。事实上英格兰银行不仅以传统方式进行公示，而且以电子方式在网上公示；不仅公示了法定内容，而且公示了一些其他内容，从而使其工作有很高的透明度。中央银行工作的透明度就是对私人经济民主的保障。不仅如此，英格兰银行的官方网站还设有联系信箱，听取公众的意见。二是英格兰银行内部各组成部分之间的分工与制衡。依据该法，制定货币政策的权力和执行货币政策的权力相对独立，董事会中的执行人员和非执行人员分工明晰，这些都避免了权力的过分集中。董事会和货币政策委员会中的外部人士也是对英格兰银行内部人士的制约。与之形成对比的是，《中华人民共和国中国人民银行法》在对信息公开规定上有待完善，不利于提高中央银行工作的透明度。实践证明，中央银行工作的不透明会助长市场上小道消息的传播和内幕消息的利用，不利于金融市场的健康发展。

三 金融立法始终秉承重视和保护消费者权益原则

银行是一个经营存款人存款的金融机构，由于其经营对

象——货币的特殊性，故其对社会公众具有广泛的影响力，银行破产涉及社会公众的利益，故监管机构必须对银行破产做出严格的限制。英国在这方面走在了世界金融监管的前列，它开创了存款人保险制度，在英国银行退出市场时最大限度地保护存款人利益。按照英国的公司法规定，商业银行不允许以私人所有制的形式进入市场，不能参与工商企业的投资，以及证券投资活动，从而保证了所有者与银行之间的明确界限，防止银行用客户存款投资证券业务从而谋取利润，而将风险转移给客户或者存款保险机构。早在 1979 年，英国就在银行法中对存款保险制度进行了规定。1982 年，强制性存款保险计划开始正式实施，参与该计划的银行要依据一定标准进行捐款，从而建立相应的存款保险金。该计划给每一位存款人提供最高的保险金额是 1.5 万～2 万英镑。这项计划由独立于中央银行的官营保险公司单独实施，并强制银行投保，它的确立最大限度地保护存款人的利益，最终促成了英国完善的破产法律制度。

作为金融消费者权益保护领域最具代表性的国家，英国早在《2000 年金融服务与市场法》中就首次采用了"金融消费者"这一概念，把保护消费者作为与增强公众信心、提高公众认知、减少金融犯罪并重的四大监管目标，并要求当时的综合金融监管机构——金融服务监管局负责保护金融消费者。然而，金融监管体制的固有缺陷使英国在此次金融危机中身受重创，促使其进行大刀阔斧的改革。《2012 年金融服务法》出台，金融服务监管局不再承担消费者金融教育的具体工作，而是将其内部的金融教育部门独立出来，成立消费者金融教育局（CFEB），由其独立、系统、全面地开展消费者金融教育工作。《2012 年金融服务法》规定撤销作为综合监管机构的金融服务监管局，并由金融市场行为监管局继承消费者保护功能。在监管体制更迭之外，有关金融消费者保护的具体制度设计也有了若干发展和变化，建立了极具特色的消费者团体"超级申诉"机制，同时强化了金融消费者保护主管部门与专门机构之间的监管协调。2001 年 9 月设立的金融申诉专员服务公司（FOS）作为独立第三方，公平、合理、迅速、非正式地处理消费者与金融服务机构间的个别争议（从保险、抵押贷款到投资和信用），属于纠纷处理的操作机构，不负责制定相关法规。2001 年 12 月设立的金融服务补偿计划（FSCS）是行使公共职能的独立私人部门，对监管方独立，但要向财政部负责，主要职责是存款保险和投资赔付。2001 年 9 月设立的投资处理专员室（OCC）是承担公共职能的公司制企业，接受机构和消费者对金融监管当局（以前为金融服务监管局，现为审慎监管局和金融市场行为监管局）的投诉。投资处理专员室监管的范围包括金融监管当局的众多行为和决策，但是不包括金融监管当局与内部雇员的纠纷以及金融监管当局的一般商业合同和商业行为。2011 年 4 月消费者金融教育局更名为货币咨询服务公司（MAS）。货币咨询服务公司通过向公众提供免费、公正的货币咨询建议，加快消费者金融教育的推广，提高公众对金融事务的了解和认识，提升公众管理自身金融事务的能力。

第二节 英格兰银行货币政策制度设计的启示

一 中央银行的独立性是良好货币政策的首要前提

英格兰银行成立后，长期为财政提供资金，作为交换，英国长期禁止在英格兰和威尔士设立有 6 名以上股东的银行。在大陆，对股份制银行的设立实行严格的特许制度，由于取得特许权的成本非常之高，所以，股份制银行没有得到发展。英格兰银行一度长期是伦敦地区唯一的发行行，因此，它应该承担调节货币供给的责任，但它还有私人目的，即以贷出新发行的银行券获利，就调节货币而言，银行券的发行需要与经济周期反向变动，而放贷获利需要与经济周期同向变动。在英格兰银行成为正式的中央银行之前，社会利益和私人利益的冲突就没有间断过。19 世纪中期之前，经特许设立的股份银行通常都会向政府提供贷款以获取经济上的利益。例如，英格兰银行每 10 年一次的特许权展期前，都要向政府提供大笔贷款以继续获得特许状。但是，由于多数国家的政局不是很稳定，因此，政府拖延还款甚至赖账时有发生，从而给银行体系带来了不稳定性。1825 年的资本主义第一次金融危机使英格兰 10% 以上的银行倒闭，迫使政府对银行业做了初步的变革。1826 年，英国打破了英格兰银行对股份制银行这一制度创新的垄断，允许在伦敦 65 英里以外的地区设立股份制银行，1833 年则进一步允许不发行银行券的股份制银行进入伦敦。根本性的变革出现在 1863 年，新银行法确立了银行的公司制原则以及股份制银行的非特许设立。到1890年左右，股份制银行成为英国银行业最重要的力量，银行业实现了企业制度的现代化。

中央银行独立包括政治独立与经济独立，前者是指中央银行自主选择其货币政策终极目标，后者是指中央银行操作独立，如自主制定利率。无论如何，货币政策委员会要取得良好绩效，其操作独立性必须满足。中央银行相当程度的独立性，有效地避免了政府短视行为所带来的通货膨胀倾向。1997年后，英格兰银行实施了独立操作。根据《英格兰银行法》，通货膨胀目标由财政大臣制定，而利率则由英格兰银行货币政策委员会自行决定。《1998年英格兰银行法》使得英格兰银行的银行监管职能和货币政策职能分离。英国后来的经济发展证明，中央银行独立不但不会损害政府经济政策目标的实现，反而更有利于实现政府的经济政策目标。

二 价格稳定是英国货币政策目标实现的核心前提

经历20世纪70年代的通货膨胀之后，各国已经认识到稳定的通货膨胀对于一国经济持续稳定增长至关重要。没有稳定的货币环境，就不会有可持续的稳定增长，1997年之前英国数十年的经历说明了这点。工党政府上台伊始建立的货币政策新框架，核心理念之一就是价格稳定应该成为整个新制度的基石，在价格稳定的基础之上，英格兰银行再促进政府经济政策目标的实现。在以价格稳定作为货币政策目标之后，英国实现了"良好的10年"，即无通货膨胀的稳固扩张。价格稳定所带来的作用不容置疑，也正因为此，现在大部分国家都以价格稳定作为货币政策的目标，甚至在一些国家成为唯一的目标。有必要指出的是，英格兰银行货币政策委员会所要追求的价格稳定，并不是一个模糊的定性目标，而是一个公众能够观察的年度消费价格通货膨胀率 2% 的法定目标。如果仅仅是一个定性目标，价格稳定并不能减少多少金融市场与公众面对的不确定性，反过来无形中降低了货币政策的可信度与效力。

三　公开性、前瞻性、国际性是英国货币政策的典型特征

货币政策委员会成员构成的合理性保证了货币政策委员会的有效运作。货币政策委员会的成员结构主要包括两部分：一是中央银行的固定成员，其占比达 5/9；二是由政府任命的经济学专家成员，占比为 4/9。委员会成员结构的合理性成为保证货币政策决策客观科学的重要基础。货币政策委员会运作程序规范，即在每月例会之前，由专家学者对未来经济金融走势的判断提供大量的数据分析资料，并充分接受货币政策委员会成员的质询，使得货币政策决策尽可能符合实际。而货币政策透明度高，及时向社会公众发出政策信号，使得各经济主体有较充足的时间提前调整投资经营行为，有利于经济金融的稳定。

科学高效的公开市场体系既为公开市场的充分运作提供了保证，又使得商业银行只需在中央银行保持很低的储备（商业银行仅向中央银行按其存款总额交存 0.15% 的资金），可以充分运用头寸。政府制定的价格目标是着眼于解决未来的通货膨胀，而不

是解决眼前的通货膨胀，货币政策也是紧紧围绕这一未来目标的实现而制定的。英格兰货币政策的经济分析预测系统十分健全和制度化，并把重点放在对未来趋势的分析预测上，因而提高了货币政策的预见性。

英格兰银行货币政策的制定，除了以国内经济金融的变化作为依据外，在很大程度上还要参考国际经济金融的走势。由于英国金融市场一天 24 小时与世界不同时差地区金融市场不间断地保持大量的交易活动，英国金融与世界金融具有高度的紧密联系，因此，英国的货币政策给各个国家的经济带来较大影响，受到全世界的极大关注。

四　高度透明的货币政策框架是货币政策成功运行的重要保障

良好的透明度促进金融市场与行为人对于货币政策的恰当预期。货币政策透明度成为 20 世纪 90 年代以来各国中央银行发展的一个重要趋势，既有政治上的原因，也有经济上的原因。在某种程度上，后者是中央银行家追求透明度的一个主要原因。货币政策的有效执行，依赖于公众对于货币政策的预期与预测。如果货币政策仍然像 90 年代以前那样隐晦莫测，那么在一个金融体系日趋成熟、金融创新层出不穷、金融全球化持续发展的环境下，其效力必将大打折扣。

从政治上来看，获得了更多独立权力的中央银行有必要采取更加透明的策略，以便让立法机关、政府及公众对其实施可能的监督。没有透明度，对于中央银行，公众将面临"民主的赤字"。

英国货币政策新框架一个重要内容，即英格兰银行及其货币政策委员会保持良好的透明度。无论是大量的公开出版物，还是通过各种渠道与公众的良好沟通，以及在议会上下两院的听证报告会，都有效确保了透明度的实现。这种透明度，也是英格兰银行对其政策负责任的一个必备条件。可以说，英国货币政策新框架对透明度、责任与独立操作权力做到了非常恰当的权衡考虑，其设计确保了一个新制度成功运行。

五 弹性的货币政策制度是货币政策成功运行的重要条件

施行简单的货币政策规则，如弗里德曼曾经鼓吹的简单规则，在各国中央银行的实践中并没有多少活动舞台。如果仅靠一个简单规则就能确保货币政策良好运行，那么我们就可以完全摒弃整个中央银行制度，而仅仅依赖计算机程序就能实施中央银行所做的一切工作。然而这是不可能的事，因为货币政策面对的环境存在高度的不确定性，经济运行并不能完全可预测。这点反映在中央银行价格稳定的法定目标上，就是这个目标应该是长期可执行目标，而不是任何一个时点上的法定要求。根据英国财政部给英格兰银行的"任务函"，即委员会的价格稳定目标是中长期目标，年度消费价格指数通货膨胀率为2%。但是这个数量目标并不是要求英格兰银行每时每刻都把通货膨胀率锚定在目标值上，如果由于外部冲击或者临时事件而出现通货膨胀法定目标落空，那并不意味着英格兰银行的工作失误。为此，新制度引入公开信制度，以处理这种非常情况。如果实际中的通货膨胀超出或者低于法定目标 1 个百分点，那么英格兰银行货币政策委员会将被要求向财政大臣致公开信，信件内容包括：为何会出现法定目标落空的情况，英格兰银行将采取何种措施恢复法定目标，其采取的货币手段如何实现政府经济政策目标。如果没有上述弹性的货币政策制度，那么就会引发经济更加波动。

第三节　英国银行与非银行金融机构发展启示

一　商业银行必须要根据自身特点制定发展目标和战略

20 世纪 80 年代以来，英国随着金融市场利率市场放开、外国银行进入、银行与非银行之间经营壁垒消失，混业经营成为主流，对商业银行的赢利能力和生存能力提出了挑战。著名的四大清算银行被迫进行转型。劳埃德银行在退出投资银行业务领域的同时，先后对房地产抵押贷款和保险市场进行了并购，实现了零售业务的一体化营销，通过并购活动既减少了竞争对手，又优化了对零售市场的服务，取得了较好的回报。巴克莱银行在推行全能战略过程中，没有有效经营自己的信贷业务，漠视风险管理，在经济周期的衰退期盲目扩张贷款，造成巨大损失。而米兰德银行由于对亏损巨大的投资银行业务迟迟不愿放弃，业务经营举步维艰，最后被汇丰银行兼并。英国四大清算银行业务领域从全能向集中化发展的实践表明，商业银行应该保持对市场需求和自身资源持续的研究和分析，对不能赢利的业务、区域应大胆退出。英国四大清算银行不仅在投资银行业务领域中失败，而且在商业银行的传统业务中也有不少教训，原因是未能较好地处理经济周期与贷款投放、国内业务与国外业务的关系，大量贷款投放到国外市场和房地产市场，致使经济周期和地区经济结构变化时，大量贷款沉淀，形成巨额损失。[①] 中国的商业银行在市场竞争中不能盲目跟风，盲目扩张，更应该努力提高和强化自身的市场特色，专注于核心市场竞争力。

二　加强养老保险基金的监管，增加养老保险基金的投资规模

英国的养老基金实行市场化改革，但法律监管比较完备。英国鼓励私人和社会团体承办养老保险事业，以减少政府的保障范围和项目，减轻政府财政负担；鼓励商业性保险的发展，并做出规定：凡是符合条件的企业和单位，经批准可以自己设立养老保险项目，使部分保险项目从国家社会保障体系中脱离出来。英国的职业养老基金一般都外部集资管理，雇主根据雇员人数和工资额按期将一定数目的养老保险费缴付给独立于公司的外部养老基金会，由它管理养老基金，并向退休的雇员发放养老金。由外部独立的机构集资、管理养老基金，将养老基金与公司财务完全分离。这样，即使公司因经营不善而遇到财务困难，退休员工的养

---

① 周翔：《英国四大清算银行的战略转型对我国商业银行的启示》，《经济前沿》2002 年第 4 期，第 29~31 页。

老金仍有支付的保证。英国职业养老基金投资对受托人的法律监管比较严格。1995 年的《养老金法案》对受托人职责产生了较大的影响，法案规定，受托人必须接受职业养老金监管局（OPRA）的监管；对不能作为受托人的情形做出了规定。例如，养老金计划的审计师和精算师不能成为受托人；受托人在投资时应履行谨慎的义务，即应以恰当合理的方式投资运作养老金资产；法案要求受托人必须准备和保管好投资政策声明书（SIP），投资政策声明书规定了养老金的投资目标，必须包括以下内容：可以投资的品种；不同类别资产的配置比例；可承受的风险和投资的分散化策略；投资的期望回报；投资的实施方式等。[①] 另外，英国资本市场发展较早并且比较健全。2007 年英国养老基金投资组合情况为：养老基金的 53% 投资于股票市场，11% 投资于政府债券，3% 投资于企业债券，6% 投资于银行存款，9% 投资于不动产，18% 投资于外国资产。[②] 我国的养老基金是由全国社会保障基金来统一管理和投资运营的。随着我国资本市场和金融市场发展日趋完善，在保证基金营运安全的前提下，可以尝试进行市场化改革，管理方式从政府集中垄断管理转变为私人基金公司分散性管理，在投资方式上应加大对股票市场的投资额度；加大对国外资本市场的投资额度，实现基金的分散投资，从而降低风险增加收益。

---

① 刘雪梅：《英国的职业养老金计划研究》，湖南师范大学硕士学位论文，2007，第 75~76 页。
② 王志斌、冯潇、张魁：《养老基金管理的国外模式及其启示——以英国、智利的案例分析》，《中国市场》2010 年第 19 期，第 148 页。

三 健全的法律监管体制是证券市场发达的有力保障

英国证券市场所实行的是法律框架下的自律性管理，保护投资者和重视公司利益的灵活管理，集中指导下的专业化市场管理。证券市场是在《1986 年金融服务法》以后才走上法制道路，并建立证券与投资委员会，行使《金融服务法》赋予的大部分权力。证券与投资委员会的首要任务是按照法律规定的要求制定法规实施细则，以便使法律上阐明的投资保护条款转化为实际执行的准则，来指导投资行为。英国证券法律体系一般分为两个层次。第一层次是证券交易所制定的有关证券运行的基本规章准则，最有代表性的是伦敦证券交易所制定的规章，它对证券交易所内的组织和公司证券上市等问题做了规定。主要有《证券交易所监管条例和规则》、《收购与合并准则》、《大规模收购股权准则》、《证券交易商行动准则》和《伦敦证券交易所上市规则》等。第二层次是政府制定的有关证券市场的法律、法规。英国《公司法》、《金融服务法》和《财务服务法》等是证券上市监管的主要法律基础。英国证券监管体制主要分为两个部分：一是由证券交易商协会、没有立法地位的收购与合并问题专门小组和证券业理事会三个机构组成的管理体制。二是证券交易所的管理。例如，伦敦证券交易所在长期的证券交易中逐步形成一套相对完备的自律体制，伦敦证券交易所成为全国证券市场的中心，其证券交易活动基本按照习惯形成的自律体制运作，而国家有关单行法规和司法判例对证券活动主要是间接调整。金融大地震之后，英国金融监管当局积极探索监管的新模式，开始建立统一监管体制，以维护伦敦的国际金融中心地位。在全球金融改革的浪潮中，不断强化集中监管成为其改革的特色。以此为鉴，我国可以考虑成立由证监会、银监会、保监会、中央银行等机构的代表组成的协调机构，以安全性与效率性为统一目标，建立配套的金融监管制度，强化混业经营的法律环境，逐步扩展金融企业的业务范围，为我国金融业的全面发展提供保障。

四　民营企业上市和企业并购重组是投资银行发展的机遇

19 世纪英国的伦敦是国际经济金融中心，英国的投资银行即承兑行随之不断壮大，出现了罗斯柴尔德、巴林等一些实力雄厚的大银行。一战后，国际金融中心开始由英国向美国转移，英国承兑行的地位也随之不断下降。20 世纪 70 年代，英国的投资银行业才重新崛起。在投资银行崛起的过程中，民营化、企业并购和证券市场变革起了重要的推动作用。

首先，民营企业上市步伐的加快为投资银行业务规模的扩大提供了有力的支撑。20 世纪 70 年代的石油危机导致英国出现了巨额的财政赤字，为了弥补赤字，英国政府开始了国有企业"民营化"的改革。民营化采用公开上市、私募、出售国有资产、重组或分割注入新的私人资本等形式进行。在民营化的过程中私人银行可以提供广泛的服务，包括帮助制定国有企业出售方案，为股票上市提供咨询服务和代理发行等。如瓦堡银行集团、施罗德集团公司、巴林银行在 20 世纪 80 年代均有出色表现。

其次，日益活跃的企业并购重组为投资银行业务的创新提供了良好的平台。许多承兑行利用自有股本或代为管理的共同基金积极参与 80 年代企业的兼并和收购。进入 20 世纪 90 年代，英国的公司并购开始呈下降趋势，承兑行将业务的重点由并购业务转向为企业重组提供金融服务。而到 1994 年，随着公司并购的再次升温，英国承兑行又不失时机地提供服务。统计表明，1994 年全球 10 大跨境并购业务中 6 件有英国承兑行的参与。由此可见，英国承兑行从并购浪潮中获得丰厚利润的同时，在全球投资银行业中占据了举足轻重的地位。

最后，证券市场的发展为投资银行业的发展打下了一定的经济基础。1986 年 10 月通过了《金融服务法》，冲破了英国承兑行和商业银行严格的业务界限，允许商业银行和外资直接进入投资银行领域。商业银行和外资的进入，迫使承兑行进行大规模的整合，业务重心也从全能战略转向主攻优势战略，致力于专业化的服务。一部分承兑行如瓦堡银行集团、国民西敏寺银行选择了兼做经纪、自营及原有的业务；另一部分承兑行如施罗德集团公司、罗斯柴尔德银行则把精力主要集中于一级市场、公司财务等传统的承兑行业务以及有自身特色的业务。[①]

第四节　英国政策性金融机构运作监管体系的启示

英国政府历来重视政策性金融制度安排，不仅较早地建立了

---

① 罗富民：《英国投资银行业的兴起对我国发展的启示》，《西南农业大学学报》2004 年第 3 期，第 24~25 页。

世界上第一家进出口政策性金融机构，作为政策性住房金融机构的国家房屋互助协会也成立和运作了一百多年。同时，还紧密配合国家发展战略和经济社会发展的迫切需要，适时组建了涉及农业、中小企业、绿色环保等领域的新的政策性金融机构，政策性金融体系日趋健全和完善。政府在立法、监管与资金方面给予政策性金融组织不少的支持，政策性金融机构适时调整资金投向，并加强反腐、信息披露及碳金融支持等工作力度，在尊重市场机制作用的前提下，有效地发挥了政策性金融机构对金融市场的补充完善作用。英国合理而规范的政策性金融机构体系、运作机制以及监管模式，为我国政策性金融机构的改革发展提供了良好的范例，具有重要的借鉴意义。

一 明晰的法律保障是金融机构成功运营的基石

无论对于政策性金融机构还是商业性金融机构来说，完善的法律制度都是其生存的基石，也是英国等国家金融机构成功运营的原因之一。如英国对于出口信贷担保署设立有专门的《出口担保和海外投资法案》，而对于某些政策性金融机构则统一适用一般法律，如《政府资源与账户法案》同时适用于农业支付署与中小企业管理局。再如，为应对英国经济的绿色转型，推动英国电力生产的低碳化，《可再生能源义务法令》推出了可再生能源义务政策，以法律强制力促使供电公司向发电企业收购一定数量的可再生能源电力。这在一定程度上保证了此类政策性金融机构的经营管理自主权，防止政策性金融成为政治斗争工具，也能够防止政府过度干涉其经营管理以及寻租现象的出现。

英国房屋互助协会的经营一直保持谨慎的原则,安全性较好。有关法规要求房屋互助协会的商业资产中必须有75%以上是以住房作为抵押品而提供的抵押贷款,且应对住房先行估价,实际上在住宅投资方面出现的坏账金额也相当低。有关法规还对流动资金的投资方向及范围做了严格的限制,须主要将资产投资于授权银行及政府的债券和由政府出面担保的证券。法规要求协会保持足够数量的储备和全面的财务记录,加强内部控制系统。为了确保房屋互助协会的信誉和经营安全,房屋互助协会委员会要求会员保持两种最低准备金比率,第一种是"流动性比率"(要求会员必须至少保持占其资产总额7.5%的流动性资产);第二种是"最低准备金比率"(要求房屋互助协会必须保持一定数量的资产作为准备金)。

二 有效的监管体系和较高的资本充足率

英国高度发达的政策性金融体系不仅有完善的法律做保障,还有对政策性金融机构进行有效监管,仅英国房屋互助协会的住房抵押贷款业务监管就受"三方"(金融服务监管局、英格兰银行以及财政部)监管。其中,英格兰银行主要负责管理货币市场,其作为最后贷款人的目的是确保贷款机构有充足的货币需求量。财政部制定抵押贷款服务业及其监管的相关政策制度,并对住房整体情况进行相应的调控。金融服务监管局则对贷款的机构进行监管,以保护借款人利益,维持住房抵押贷款市场的秩序。而"三方"之间也相互制约、相互监督,使得监管机制更加有效。

资本充足率反映了银行抵御风险的能力，也是支持其规模扩张的前提。在资本充足率方面，房屋互助协会虽为政策性金融机构，但其资本充足率也依据巴塞尔协议的资本计量和资本标准来计算。房屋互助协会委员会是根据 1986 年的法律设立的。该委员会有权认可房屋互助协会，可以取消认可资格；可以要求改变行规，以及对房屋互助协会进行检查，监督法规的实施。虽然《1986 年房屋互助协会法》没有具体的资本要求，但是房屋互助协会委员会有资本要求。资产根据风险进行加权，但与英格兰银行的方法不同。5 年以上业主居住的住房抵押要求资本担保，其数额为资产的 1%。到期低于此的抵押资本担保比例为 2%。风险更大的抵押资本担保比例可达 4%～6%。根据欧共体的指引，房屋互助协会必须遵循 8% 的风险资产比率，此为最低限度的可以接受的资本水平。虽然法律没有规定流动资产比率，但房屋互助协会委员会规定现金、银行存款、中央政府票据、在英格兰或国民储蓄银行的存款、国库券、来自银行和大公司的存款单，以及地方当局的贷款与票据可以算作流动资产。该委员会鼓励房屋互助协会保持 15% 以上的流动水平。根据 1986 年的法律还设立了一个存款保护计划，对 90% 的存款予以保险，最大保险额为 20000 英镑。20 世纪 80 年代以来，英国放松了对金融机构的限制，英国房屋互助协会的组织机构发生了重大变化，数量持续减少，少数几家大型房屋互助协会的规模不断扩大。1995 年，英国房屋互助协会数量进一步减少到 80 家，资产总额超过了 13000 亿英镑，其中 3 家最大的房屋互助协会的资产总额相当于全国房屋互助协会总资产的 1/2。2013 年英国房屋互助协会核心资本率为

12.27%，较上年度低了 0.3%，但仍远远高于巴塞尔协议规定的 4%。2013 年资本充足率达到了 20%，较上年度增加 1%，超出巴塞尔协议规定的 8%。因此总偿付率截至 2013 年末达到了 19.1%，抗金融风险能力不断提高。①

三 积极吸纳社会资本流入，发挥市场的决定性作用

英国的政策性金融组织仅靠政府扶持资金远远不够，所以都需要积极吸纳社会资本注入。比如，绿色投资银行所开发的良性循环商业运作模式值得借鉴，为实现英国经济的绿色转型，仅仅依靠政府注入的启动资本远远实现不了。绿色投资银行必须撬动社会资本进入绿色投资领域，因此，其商业模型的目标是向私营部门展示绿色项目的投资吸引力。商业模型以绿色投资银行向绿色项目提供融资开始，通过示范效应和可复制经验的推广、技术和融资手段的创新等，提高绿色项目利润率，实现资本的循环利用和对社会资本的吸引。② 2015～2016 年绿色投资银行年报显示，绿色投资银行投资的预期回报率高达 10.3%。③ 因此，对于中国构建绿色金融体系而言，应着手建立环保政策性银行，可以先做试点、总结经验，进一步强化项目的选择，调动私人部门的积极性，通过政府扶持，利用融资杠杆，扶持环保产业基础设施的建

---

① 王伟、张雅博、吴东晖：《英国政策性金融组织结构及其启示》，《武汉金融》2015 年第 6 期，第 43 页。

② 刘茂伟：《英国绿色投资银行运作模式的借鉴及启示》，《当代金融家》2015 年第 10 期，第 126～127 页。

③ United Kingdom Green Investment Bank，Annual Report and Accounts 2015-2016，2016-07-13，2016-10-01，https：//www.gov.uk/government/uploads/system/uploads/attachment datafile/533615/annual- repo 几 and_account 2016-web.pdf.

设，发挥基础设施的涓流效应。从政府的角度而言，要满足政府对低碳绿色的需求，对于社会资本而言，要满足资本的获利需求。

英国政府与市场合作的关系一般为公私合作伙伴模式，现阶段政策性金融机构运营的模式是政府通过签订合约来向私营部门购买高质量的公共服务并且由私人资本来承担经营风险，以提高政策性金融机构的运作效率及收益。此运营模式不仅被应用于英国各个重要基础性产业领域，也被大多数欧盟国家所采用。[①] 中国市场经济的发展也离不开政策性金融制度安排，而且比发达国家更加需要完善配套的政策性金融体系。党的十八届三中全会通过的《中共中央关于全面深化改革若干重大问题的决定》及《国家新型城镇化规划（2014—2020年）》要求，抓紧研究建立城市基础设施政策性金融机构、住宅政策性金融机构等新型政策性金融机构。我国建立健全政策性金融体系可以充分借鉴英国经验，必须坚持以市场经济为导向的基本原则，正确处理好政府和市场的关系，使市场在金融资源配置中起决定性的作用。

第五节 英国金融组织监管制度的变迁启示

英国银行业的监管体系具有这样几个特点。首先，英国对银行业的监管主体呈现多元化特点，由英格兰银行、英格兰银行下设的审慎监管局和金融市场行为监管局共同负责监管。其次，英国银行

---

① 王伟、张雅博、吴东晖：《英国政策性金融组织结构及其启示》，《武汉金融》2015年第6期，第44页。

业必须遵循完备、严格的信息披露制度，所有的银行均需按照监管要求的格式和详细程度定期提交监管报表。再次，英国对银行业的监管更多的是通过各项法律、规章、制度实施，而非事事审批，经营范围有明确的准入制度，在经营范围内的金融产品创新并不需要监管部门审批。最后，基于监管要求，银行中的合规部门更具权威性，业务部门发展新业务须咨询合规部门的意见。

一 多元化监管主体的相互协调配合

2009 年之前的英国金融业多元化监管是由金融服务监管局与金融服务和市场特别法庭（FSMT）配合完成的。金融服务监管局作为英国独立对金融业实行全面监管的机构，主要负责颁布相关金融行业准则、制定相关的金融监管法规、给被监管者提供建议以及确定一般准则和提供政策指引等。在金融服务监管局一统金融监管大权的情况下，为了保证监管权力正当行使而不被滥用，英国成立了专门的金融监管监督机构：金融服务和市场特别法庭。该法庭于 2001 年 12 月 1 日与金融服务监管局同时开始运作。金融服务和市场特别法庭的主要任务是审理金融服务监管局与被监管组织之间发生的，且经过充分协商而无法解决的问题。其审理方式有两种，一是闭门审理，即不公开审理；二是公开审理，这是主要的审理方式。金融服务和市场特别法庭的设立对制约金融服务监管局起到了很大的作用，以此确立了对于金融服务监管局的司法监管体制，从而更好地保障被监管金融机构的合法权利，促进各金融机构的良性发展，以不断提高英国在国际金融界的地位。

2009 年之后，英国的多元化监管表现为监管责任由英格兰银行、英格兰银行下设的审慎监管局和金融市场行为监管局共同负责。英国在 2010 年 6 月通过了新金融监管的改革方案，大幅度地改动了金融监管体制，在这次改革中放弃了原来以三方协作为基础的监管体制，而是把中央银行放在金融稳定框架核心位置，让其具有宏观审慎监管职能，从而使得中央银行的权力较为集中；与之同时，审慎监管局主要对金融机构进行系统重要性和金融稳定性的监管，金融市场行为监管局则主要对各类金融服务业务进行监管，维护消费者的合法权益。这在一定程度上体现了银行业监管思路由功能型转变为目标型。这些监管机构相互配合、相互协作，共同为英国银行的稳定发展保驾护航。

在全球层面上，英国银行监管模式所产生的变革，在一定程度上代表着在混业经营时代全球金融业的发展方向。首先，银行的监管走向法制化；其次，银行的监管走向内部化，应该以银行内控建设作为前提，对银行进行监管；最后，银行的监管走向责任化，要对监管机构进行监管，对其中监管渎职或者失败者进行惩罚和警示，监管人员也不能到其所监管的机构从事职务。

二 效率优先、方式灵活的银行监管制度

效率优先的银行监管制度是指尽量利用有限的资源，在提供更多服务的基础上少收费，尽量做到金融活动统一监管而不给金融企业带来太多的负担。英国通过变革金融制度这一方式来增强银行业在全球化浪潮中的竞争力和实力，这其中的价值取向是效率先行，安全第二。英国为了对商业银行自身发展的空间进行拓

展，提高金融业的国际竞争力，最先运用大地震式的方法，放松在银行分业体制方面的法律管制，让商业银行的业务范围扩展到投资、存贷款以及保险等领域。英国对银行分业经营进行监管的松绑后，又针对既有监管体制难以与金融超市发展相适应的问题推出了一项一体化金融监管制度。

英格兰银行的监管方式是比较成熟和灵活，特别是非现场检查方面。主要体现在：充分利用现有的已初具规模的中央银行系统的检查队伍，加强现场检查；非现场监管应逐步向关注重要信息和指标过渡。随着外资银行数量的增多和业务量的扩大，反馈回来的信息量也会不断增加，在经过了一段时间的全面收集信息、分析信息之后，应转向关注重要信息，以便使非现场监管更有效率；适时召开审慎监管会议，监管人员应与被监管银行建立一种良好的、合作式的关系，保持对银行的经营作风和特点的了解，充实非现场监管内容。

三　完备的信息披露制度

信息披露制度是银行为保障存款人利益、接受社会公众的监督而依法将自身的财务变化、经营状况等信息和资料向银行管理部门报告并向社会公告，以使存款人充分了解情况的制度。一项完备的信息披露制度必须保证信息披露及时、公开、透明、准确。完备的信息披露制度要求银行必须根据监管当局要求的格式和详细程度定期向监管当局提供收入、支出报表和资产负债表，作为上市公司的商业银行还要定期向证券交易监管机构提供有关的财务报告。银行向公众和监管机构提供的统计数据和其他信息对银行的管理层起到市场约束作用。英格兰银行以前的监管是在银行自愿将相关信息提供给它的基础上进行的。银行法赋予监管机构向银行索取信息的权利，商业法庭对英格兰银行所享有的要求金融机构向其提供相关资料和文件的权利进行了确认，相关的金融机构有义务提供相关的资料和文件，但这与对客户的保密义务之间并不抵触，[①] 当英格兰银行或者法庭收到这些资料或者信息后，相关的金融机构依然对这些信息负有保密义务。这就要求银行既要向其监管机构提供信息，又要对储户的信息进行保密。英国银行二者兼顾，使得其在很长一段时间里经营状况良好，客观上保证了英国经济的稳定发展。

不仅在银行领域实施信息披露制度，在互联网金融方面，英国的信息披露制度也比较成熟。2014 年 3 月 6 日，英国金融市场行为监管局发布了《关于网络众筹和通过其他方式发行不易变现证券的监管规则》，监管规则中要求众筹平台披露的信息主要包括两个方面：一方面是关于平台的信息，另一方面是关于众筹平台提供的服务信息。其中，关于众筹平台提供的服务信息主要包括，过去和未来投资情况的实际违约率和预期违约率；概述计算预期违约率过程中使用的假设；借贷风险情况评估描述；担保情况信息；可能的实际收益率；有关税收计算信息；平台处理延迟支付和违约的程序等。英国金融市场行为监管局强调在信息披露中表明此类借贷协议并不在金融服务补偿计划范围，并且由于风险的不同，禁止直接将借贷投资收益率与存款利率进行比较，或

---

① 秦飞：《现行英国银行监管法律制度研究》，山西大学硕士学位论文，2013，第 13 页。

在比较时，充分显著地揭示两者之间的不同风险特征。

英国的信息披露制度特别值得中国借鉴。我国由于尚未设立存款保险制度，投资者风险意识不强，一旦经审批的金融企业发生危机，社会公众普遍要求政府予以兜底补偿。因此，建议参考金融市场行为监管局的规定，要求中国的银行组织、互联网金融的 P2P 和众筹机构建立信息披露制度，对信息的真实性、准确性负责，确保公开披露的信息内容通俗易懂，无虚假或误导性陈述，无重大遗漏。建议参考目前银行间市场交易商协会、证券投资基金业协会对于银行间市场发债、私募基金的管理方式，设立 P2P 和众筹行业自律注册制度，明确注册应达到的资金、技术、管理人员、内控制度等方面的要求，奠定行业管理的基础。建议引入合格投资人概念。要求股权众筹必须达到一定条件的合格投资者方可进行投资。在 P2P 网贷方面，可以考虑对投资人风险承受能力进行测试。此外，还需加强宣传提高消费者风险防范意识和水平，完善金融消费者投诉处理机制，力争通过替代性纠纷解决机制（ADR）解决 P2P 网贷和众筹纠纷。

四　严格的市场准入和退出制度

所谓市场准入监管主要指银行的监管当局依据法律和法规，对金融机构的市场进入实施管制的行为。从一般的经济学角度出发，新机构进入必然会降低该行业的平均利润水平，如果有不符合行业标准的机构进入该行业，还可能会给该行业带来风险。所以，对银行机构市场准入的监管，有利于保证银行机构数量合理，把一些可能带来风险的不合条件的金融机构排除在行业之外。英国金融监管机构所制定的市场准入制度包括对注册资本、机构、业务范围和管理人员的任职资格等进行审批。

在英国，现行银行业的市场退出机制的核心是存款保险制度，这种制度有效地保护了银行破产时公众的利益。1982年英国设立存款保护局（DPB），这一部门的成立象征着英国正式建立和实施了存款保险制度。当时所经营的存款保险制度主要是在中央银行带领之下对存款保障基金进行管理。英国的存款保险制度与其他国家相比，主要有以下几方面的特点：首先，所制定的制度目标非常单一，只对小额的存款人实施保护，所以该存款保险制度只能对中央银行的监管进行补充，缺乏一定的独立性。其次，该存款保险制度只采取一些事后弥补性质的措施，而对于参保机构平时的正常运营没有权力进行干涉和监督。最后，中央银行行长兼任该保险局局长，这就使得存款保险制度是由政府进行控制和管理的。

对于银行破产而言，1989年英国破产法修正案第一次指出，银行的破产同样适用于普通的破产法，所以银行法中对破产问题就没有再进行单独的规定。银行进入破产程序后，就由法院来主导，法院对其破产的接管人或者管理人进行指派，同时还要在银行实施破产活动时进行监管。在跨国银行的市场退出问题上，实施的是单一法人制度，由此银行的关闭是作为单一法人实现的，在国外所设立的分支机构只作为该法人所设立的办事处。当某家跨国银行退出市场时，在全世界范围内的所有债权人，都有在清算中获得清偿的权利，其中有一项一般的法则，规定任何一家分支机构在清算债权的过程中都不能获得优于其他分支机构的债权。在英国，对分支机构进行清算所采用的方式与对整体法人的清算方式是一样的，但监管当局并不是作为清算人，因为英国银行的清算法与商业法人的清算法是一致的。这种完善的破产法律制度最大限度地保护了存款人的利益，使银行与存款人之间建立了一种信任机制，免去了存款人的后顾之忧，客观上促进了银行的发展。

五　政府与市场在银行监管中的各自角色定位清晰

英国银行监管体系的历史变迁深刻地反映了政府和市场在银行监管中的角色变化。从最初的市场主导到后来的历次监管体系变革实际上是逐渐扩大政府的作用而削弱了市场的力量。危机后的变革让市场参与方以及公众获得了暂时的安全感，而随后则迎来更为严重的金融危机。经验表明，政府在银行领域角色的强化并没有产生预期的效果，政府在银行监管领域的一系列措施往往在削弱市场对银行的监控的同时，并没有填补市场所留下的空白。银行监管领域应适用有限政府理论，通过有效的公司治理、强化信息披露和银行高管薪酬的改革让市场力量有效控制银行风险，而政府的角色应当定位为通过规制来充分发挥市场约束力。

参考文献

中文文献

〔法〕费尔南·布罗代尔:《15 至 18 世纪的物质文明、经济与资本主义》,施康强、顾良译,生活·读书·新知三联书店,2002。

〔美〕查尔斯·金德尔伯格:《西欧金融史》,徐子键、何建雄、朱忠译,中国金融出版社,2010。

〔美〕戴维·罗伯兹:《英国史:1688 年至今》,鲁光桓译,中山大学出版社,1990。

〔美〕约翰·N·德勒巴克、〔美〕约翰·V·C·奈编《新制度经济学前沿》,经济科学出版社,2003。

〔英〕W. H. B. 考特:《简明英国经济史》,方廷钰等译,商务印书馆,1992。

〔英〕克拉潘:《现代英国经济史》(上卷第一分册),商务印书馆,2011。

刘雪梅:《英国的职业养老金计划研究》,湖南师范大学硕士学位论文,2007。

刘茂伟:《英国绿色投资银行运作模式的借鉴及启示》,《当代金融家》2015 年第 10 期。

罗富民：《英国投资银行业的兴起对我国发展的启示》，《西南农业大学学报》2004 年第 3 期。

秦飞：《现行英国银行监管法律制度研究》，山西大学硕士论文，2013。

苏美香：《英国证券法律与监管体制分析及借鉴——兼谈对我国证券监管的启示》，《中南林业科技大学学报》2011 年第 5期，第 95~96 页。

王琪琼、古雯：《80 年代以来英国金融体制的变革》，《国际金融研究》2001 年第 8 期。

王清、陈团廷：《英国银行业改革方向：防范跨行业风险传递》，《金融发展评论》2011 年第 12 期。

王伟、张雅博、吴东晖：《英国政策性金融组织结构及其启示》，《武汉金融》2015 年第 6 期。

王志斌、冯潇、张魁：《养老基金管理的国外模式及其启示——以英国、智利的案例分析》，《中国市场》2010 年第 19 期。

周翔：《英国四大清算银行的战略转型对我国商业银行的启示》，《经济前沿》2002 年第 4 期。

《跨境转账初创公司 Transfer Wise 融资 2.8 亿美元》，http：//tech. qq. com/a/20171102/033537. htm，2017-11-02。

《南海泡沫、挤兑与最后贷款人》，《上海证券报》2016 年 5月 23 日，http：//finance. eastmoney. com/news/1372，2016052362 6247938. html。

《他山之石：英国的政府引导基金》，《中国财经报》2017 年

10 月 17 日，http：//www.cfen.com.cn/dzb/dzb/page_ 5/201710/
t20171017_ 2722196.html。

《英国养老金体系与资本市场》，中国证监会，http：//
www.csrc.gov.cn/pub/newsite/ztzl/yjbg/201405/t20140528_ 25505
0.html，2012-09-27。

《月借贷量冲破 1.5 亿美元，Funding Circle 未来大无穷》，
https：//www.iyiou.com/p/50701，2017-07-21。

刘金源：《论 18 世纪英国银行业的兴起》，《历史教学》2013
年第 7 期。

安月雷：《从私人银行到中央银行：试论 18 世纪英格兰银行
职能的转变》，华东师范大学硕士学位论文，2009。

陈芳、任丹妮、郑六江、邵骏：《英国互联网金融发展情况
及其经验启示》，《金融会计》2016 年第 6 期。

陈国庆：《英国金融体系的特征和新发展》（下），《南开经
济研究》1990 年第 4 期。

程肯、秦征、李桂革：《英国房屋互助协会的发展》，《中国
房地产金融》2000 年第 10 期。

范文燕：《劳埃德银行：对"大而全"说不》，http：//
www.doc88.com/p-97482343 92594.html。

傅晓青：《英国、日本和美国银行制度演变的基本条件》，
《华南金融研究》2001 年第 3 期。

甘培根、王煜：《论英格兰银行货币政策的发展》，《国际金
融研究》1991 年第 1 期。

郭建伟：《英格兰银行货币政策委员会的绩效、成功经验及

其启示》,《海南金融》2009 年第 1 期。

贺小末:《英国出口信贷担保署的职能与作用》,《国际贸易问题》1983 年第 6 期。

江蓓蓓:《窥探英国绿色投资银行管理模式》,《21 世纪经济报道》2015 年 3 月 30 日第 18 版。

蒋协新、秦富、利明、李文平、王莉茜:《英国农业支出政策及其经验》(上),《世界农业》2002 年第 10 期。

李国运:《南海公司事件案例研究》,《审计研究》2007 年 2 期。

李宏伟:《英格兰银行的职能定位及货币政策运作给我们的启示》,《西南金融》2000 年第 10 期。

李晓春:《英、美、日对外资银行法律监管的比较及其借鉴》,《现代日本经济》2004 年第 4 期。

林军:《英国扶持中小企业发展的政策及其启示》,《甘肃省经济管理干部学院学报》2006 年第 2 期。

刘思平:《国外的 P2P 是如何运营的?》(英国 P2P 行业四大平台介绍),http://chuansong.me/n/1379396,2015 年 5 月 15 日。

刘振芳:《英国金融机构的国际化》,《欧洲》1994 年第 6 期。

陆军:《英国银行业的监管及其问题》,《世界经济文汇》1997 年第 5 期。

罗富民:《英国投资银行业的兴起对我国发展的启示》,《西南农业大学学报》2004 年第 3 期。

罗可群、伍方裴：《中外文化名著选读》（下册），广东高等教育出版社，1996。

马克思：《资本论》第一卷，载《马克思恩格斯全集》第 23 卷，人民出版社，1957。

钱东宁：《历史悠久的英国银行业》，《西欧研究》1990 年第 3 期。

盈灿咨询：《拓展视界：英国互联网金融行业最新研究报告》，https：//max.book118.com/html/2017/0106/80600075.shtm。

朱海莎、钟永红：《英国四大银行经营战略的变革与启示》，《金融论坛》2005 年第 7 期。

宋新国：《借鉴英国保险投资经验 拓展我国保险投资渠道》，《金融科学》1997 年第 4 期。

唐逸如、毕彤彤：《英国互联网金融行业为何发展又好又快》，《国际金融报》2016 年 2 月 29 日。

汪竹松：《颇具特色的英国邮政储蓄品种》，《新金融》1996 年第 4 期。

汪祖杰：《现代货币金融学》，中国金融出版社，2003。

王浩：《英国商人银行策略调整》，《证券市场导报》1995 年第 2 期。

王利民：《"南海泡沫"的由来及破灭》，《经济导刊》1994 年第 1 期。

王燕：《从私人股份银行到中央银行——英格兰银行三百周年回顾》，《上海金融》1995 年第 10 期。

吴放：《英国票据市场的三大支柱》，《金融时报》2000 年 11

月 10 日。

辛立秋:《中国银保合作研究》,东北农业大学博士学位论文,2004。

徐瑾:《英国从"中间区域"突围——战火中诞生的英格兰银行》,http://www.docin.com/p-1276215558.html。

杨德森:《英格兰银行史》,商务印书馆,1926。

杨胜刚:《比较金融制度》,北京大学出版社,2005。

杨璇:《英格兰银行建立的原因探究》,吉林大学硕士学位论文,2012。

张立军:《英国对中小企业融资支持及其借鉴》,《世界经济情况》2006 年第 7 期。

张铃娣:《英国养老金信托法律规制研究》,中南大学硕士学位论文,2009。

张云:《论英国绿色投资银行(GIB)的发展借鉴》,《齐齐哈尔大学学报》2015 年第 6 期。

英文文献

B. R. Mitchell, *British Historical Statistics*, Cambridge, Cambridge University Press, 1988.

David Armitage, "The Projecting Age: William Paterson and the Bank of England", *History Today* 44 (6), 1994.

E. Lipson, *The Economic History of England*, Vol. Ⅲ, London: A. & C. Black Ltd., 1931.

E. Philip Davis, *The Regulation of Funded Pension—A Case Study of the United Kingdom*, Discussion Paper No. PI-2009 (revised), 2000.

Godfrey Michael, *A Short Account of the Bank of England*, London, 1695.

HM Government, Update on the Design of the Green Investment Bank, 2011 - OS - 01, 2016 - 10 - 01, https: //www. gov. uk/ government/uploads/system/uploads/ attachmentee datalfile/31825/I1 - 917-update-design-green-investment-bank. pdf.

John Carswell, *The South Sea Bubble*, London: Cresset Press, 1960.

John Giuseppi, *The Bank of England: A History from Its Foundation in 1694*, London: Evans Brothers Limited.

John Ramsay McCulloch, *Historical Sketch of the Bank of England: With an Examination of the Question as to the Prolongation of the Exclusive Privileges of That Establishment*, Nabu Press, 2010.

John Torbuck, *A Collection of the Parliamentary Debates in England*, Vol. Ⅶ, London: Great Britain Parliment, 1741.

Milton Briggs, *Economic History of England*, London: W. B. Clive, 1914.

M. W. Thomas (ed), *A Survey of English Economic History*, London: Black & Son Ltd. , 1957.

Peter Mathias, *The First Industrial Nation: An Economic History of Britain 1700-1914*, London: Methuen & Co. Ltd. , 1983.

P. G. M. Dickson, *The Financial Revolution in England: A Study in the Development of Public Credit*, London: Macmillan, 1967.

Richard Dale, *The First Crash: Lessons from the South Sea Bubble*,

Princeton: Princeton University Press, 2004.

Richard Roberts & David Kynaston (eds.), *The Bank of England: Money, Power and Influence 1694-1994*, Oxford: Clarendon Press.

R. D. Richards, *The Early History of Banking in England*, Routledge, 2012.

Sidney Homer and Richard Sylla, *A History of Interest Rates*, the Third Edition, revised, New Brunswick and London: The Rutgers University, 1996.

The Green Investment Bank Commission, Unlocking Investment to Deliver Britain's Low Carbon Future, 2010 - 06 - 01, https: // www. e3g. org/docs/ Unlocking-investment to deliver Britains low-carbon future - = Green Investment Bank Commission Report June -2010. pdf.

T. S. Ashton, *The Industrial Revolution 1760 - 1830*, Oxford University Press, 1969.

United Kingdom Green Investment Bank, Annual Report and Accounts 2015 - 2016 , 2016 - 07 - 13, 2016 - 10 - 01, https: // www. gov. uk/government/uploads/system/uploads/attachment data-lfile/533615/annual- repo 儿 and_ account 2016-web. pdf.

Youssef, Cassis and Philip Cottrell, *The World of Private Banking*, London: MPG Books Group, 2009.

图书在版编目（CIP）数据

英国金融组织变迁 / 马金华著. -- 北京：社会科
学文献出版社，2018.8
（中外经济比较研究）
ISBN 978-7-5201-2859-9

Ⅰ.①英… Ⅱ.①马… Ⅲ.①金融组织-变迁-研究
-英国 Ⅳ.①F835.613

中国版本图书馆 CIP 数据核字（2018）第 119183 号

·中外经济比较研究·

英国金融组织变迁

著　者／马金华

出 版 人／谢寿光
项目统筹／陈凤玲
责任编辑／陈凤玲

出　　版／社会科学文献出版社·经济与管理分社（010）59367226
　　　　　　地址：北京市北三环中路甲 29 号院华龙大厦　邮编：100029
　　　　　　网址：www.ssap.com.cn
发　　行／市场营销中心（010）59367081　59367018
印　　装／三河市东方印刷有限公司

规　　格／开本：880mm×1230mm　1/32
　　　　　　印张：10.25　字数：228 千字
版　　次／2018 年 8 月第 1 版　2018 年 8 月第 1 次印刷
书　　号／ISBN 978-7-5201-2859-9
定　　价／68.00 元

本书如有印装质量问题，请与读者服务中心（010-59367028）联系